马克思主义哲学史学科的奠基、拓展和深化

庄福龄先生诞辰95周年纪念文集

梁树发 聂锦芳 | 编

图书在版编目（CIP）数据

马克思主义哲学史学科的奠基、拓展和深化 : 庄福龄先生诞辰95周年纪念文集 / 梁树发，聂锦芳编. — 北京 : 中央编译出版社, 2025. 2. -- ISBN 978-7-5117-4849-2

Ⅰ. K825.1-53

中国国家版本馆CIP数据核字第202544EF71号

马克思主义哲学史学科的奠基、拓展和深化：庄福龄先生诞辰95周年纪念文集

责任编辑	李媛媛
责任印制	李　颖
出版发行	中央编译出版社
地　　址	北京市海淀区北四环西路 69 号（100080）
电　　话	（010）55627391（总编室）　　（010）55627310（编辑室） （010）55627320（发行部）　　（010）55627377（新技术部）
经　　销	全国新华书店
印　　刷	佳兴达印刷（天津）有限公司
开　　本	710 毫米 × 1000 毫米 1/16
字　　数	291 千字
印　　张	22.75
版　　次	2025 年 2 月第 1 版
印　　次	2025 年 2 月第 1 次印刷
定　　价	95.00 元

新浪微博：@中央编译出版社　　　微　信：中央编译出版社（ID：cctphome）
淘宝店铺：中央编译出版社直销店（http://shop108367160.taobao.com）（010）55627331

本社常年法律顾问：北京市吴栾赵阎律师事务所律师　闫军　梁勤
凡有印装质量问题，本社负责调换，电话：（010）55626985

庄福龄（1929年1月17日—2016年11月30日），江苏镇江人。1947年入国立上海商学院学习，1949年加入中国共产党，1951年起担任上海财经学院教师。1953年至1955年在中国人民大学马列主义研究班学习，毕业后留校任教，兼任马列主义研究班哲学分班班主任。1964年参与筹建中国人民大学马列主义发展史研究所。1970年中国人民大学解散，随研究所至北京大学工作。1978年中国人民大学复校后，一直在马列主义发展史研究所、马克思主义学院任教。为中国人民大学荣誉一级教授、博士生导师。2016年逝世。

庄福龄是中国马克思主义哲学史和马克思主义发展史学科的开拓者之一，参与策划、主编《马克思主义哲学史稿》、《马克思主义哲学史》（八卷本）、《马克思主义史》（四卷本）、《毛泽东哲学思想史》等，主编《简明马克思主义史》、《中国马克思主义哲学传播史》、《毛泽东哲学思想史》（三卷本）、《马克思主义中国化研究》（三卷本）、《毛泽东思想概论》等，在晚年提议、指导并参与主编《马克思主义发展史》（十卷本），另著有《马克思主义中国化的伟大理论成果》《中国体制改革的哲学探索》《庄福龄自选集》等，具有广泛的学术影响和社会影响。庄福龄是中国马克思主义哲学史学会的创始人之一，担任第一至六届会长，为学会的发展壮大作出了重大贡献。

马克思主义哲学史学科的
奠基、拓展和深化

庄福龄晚年在读报。

1994年5月,庄福龄培养的第一个博士生张新通过论文答辩,与会答辩委员、秘书和学生留影。前排左起:徐志宏、夏甄陶、黄顺基、崔自铎、何祚庥、黄枬森、冯景源、庄福龄;后排左起:李亚彬、谢荷生、张新、聂锦芳、魏小萍。

1995年5月5日,庄福龄(前排左八)与黄枬森(前排左五)、顾锦屏(前排左七)等出席在南昌召开的纪念恩格斯诞辰100周年学术研讨会,与会者留影。

1999年1月,庄福龄70周岁诞辰,部分学生为其庆生。

2008年2月,中国马克思主义哲学史学会2008年年会期间,部分与会者和学生为庄福龄、袁寿庄夫妇祝贺80岁华诞。

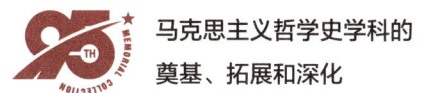 马克思主义哲学史学科的奠基、拓展和深化

2012年6月15日,庄福龄出席在北京大学召开的"文本学研究与对马克思思想的新理解"学术研讨会。

2015年春节期间,庄福龄、袁寿庄夫妇与家人在一起。

2016年2月13日,庄福龄与前来探望的学生王东、梁树发、邱守娟、聂锦芳留影。

2016年12月2日上午,庄福龄教授遗体告别仪式在北京市八宝山殡仪馆举行,前往悼念的部分学生留影。

2023年12月3日,"庄福龄与马克思主义哲学史学科的奠基、拓展和深化"学术研讨会在中国人民大学举行。

目录

上篇　学术贡献

马克思主义哲学史研究的奠基、拓展和深化
　　——庄福龄的学术历程及贡献……………………聂锦芳　003

马克思主义"四史"学科体系的理论奠基
　　——庄福龄先生理论贡献与历史地位新论…………王　东　025

"守正创新"的典范
　　——纪念庄福龄先生诞辰95周年……………………陈学明　037

庄福龄先生与《马克思主义发展史》（十卷本）………靳　诺　051

庄福龄先生与我国的马克思主义哲学史研究……………吴晓明　059

庄福龄对马克思主义传播史学科建设的开创性贡献……杨金海　069

难忘师恩　志引路远
　　——中国马克思主义哲学研究的启动与推进………薛广洲　085

庄福龄先生的科学马克思主义观……………………………梁树发　093

庄福龄先生马克思主义发展史研究方法论探析……………张　新　115

怀念与思考
　　——薪火相传的马克思主义哲学史研究………………张　琳　131

庄福龄先生的主要研究领域和学术思想成就
　　——由论入史　由史立论　史论结合…………………侯衍社　143

以史论结合的原则呈现思想史中的时代……………………臧峰宇　159

庄福龄先生对马克思主义哲学史的研究与贡献……………李俊文　165

庄福龄会长与中国马克思主义哲学史学会的创建和发展……梁树发　168

下篇　缅怀回忆

一位与时俱进的马克思主义哲学史家……………………	李君如	197
良师益友总关情…………………………………………	杨瑞森	201
学习庄福龄先生　怀念庄福龄先生………………………	郇中建	209
我敬重的老师……………………………………………	胡振平	213
马克思主义哲学史与庄福龄…………………………………	李忠尚	216
怀念大哥、大嫂…………………………………………	庄福庆	219
追忆我的父亲……………………………………………	庄志东	241
怀念父亲…………………………………………………	庄志强	245
纪念马哲史学科带头人庄福龄教授………………………	冯景源	251
感恩与怀念………………………………………………	钱学敏	267
庄福龄教授印象记………………………………………	曾枝盛	271
一位纯粹的马克思主义者		
——追忆庄福龄先生………………………………	张云飞	275
不懈思考与创新：庄老师的教诲…………………………	刘森林	287
怀念恩师庄福龄先生……………………………………	魏小萍	301
怀念庄福龄老师（札记七则）……………………………	聂锦芳	306
庄先生为我推开了两道门………………………………	杨　奎	321
师德化雨　润物无声………………………………………	刘宏元	327
风范长存，师恩永记………………………………………	王金磊	332
滴水映辉张典范，厚谊长存魂梦中………………………	朱胜利	336
牢记恩师谆谆教诲，传承庄门优良学风…………………	刘召峰	340
师恩如海　永铭于心		
——忆我的恩师庄福龄先生………………………	高惠芳	346
编后记……………………………………………………		350

上篇

学术贡献
ACADEMIC CONTRIBUTIONS

聂锦芳

▶ 北京大学哲学系教授,中国马克思主义哲学史学会副会长。
庄福龄教授博士研究生

马克思主义哲学史研究的奠基、拓展和深化
——庄福龄的学术历程及贡献

聂锦芳

伴随着社会主义建设和改革开放实践的推进，我国的马克思主义专业研究也取得了长足的进步，其中"马克思主义哲学史"学科的创立和发展是标志性的成就之一。在世界马克思主义研究园地，尽管苏联和东德学者使用过"19世纪的马克思主义哲学"（Марксистская Философия в XIX веке）①、"德国的马克思—列宁主义哲学史"（Zur Geschichte der Marxistisch-Leninistischen Philosophie in Deutschland）②、"马克思主义哲学史"（История марксистской философии）③等概念，但是，是中国

---

① И.С.Нарский, Б.В.Богданов и М.Т.Иовчук: Марксистская Философия в XIX веке, Издательство "Наука", Москва, 1979.

② Matthäus Klein, Erhard Lange und Fridrich Richtet: Zur Geschichte der Marxistisch-Leninistischen Philosophie in Deutschland, Dietz Verlag, Berlin, 1969.

③ Под редакцией М.А.Дыника, М.Т.Иовчука, Б.М.Кедрова, М.Б.Митина, Т.И.Ойзермана, А.Ф.Окулова: История философии (VI, кн.1), Издателъство Наука, Москва, 1965. С.415.

学者首次明确地开辟了"马克思主义哲学史"这一学科方向。老一辈学者筚路蓝缕,奠定了这一领域的研究基础,并不断拓展和深化,彰显出马克思主义研究的"中国特色"。这其中庄福龄发挥了至为重要的作用,作出了杰出的贡献。认真回顾和总结先贤的学术成就和思想,对于在新的时代境遇下推进马克思主义理论的发展具有重要意义。

一、为学科体系奠基

庄福龄于1929年1月17日出生于江苏省镇江市一个城市贫民家庭,上高中时父亲病逝,母亲含辛茹苦地抚养他们姐弟几人,一直支持他到高中毕业。1947年,他考入国立上海商学院,除主修的会计学专业之外,对经济学、社会学等理论学科抱有浓厚的兴趣。1951年起,庄福龄在上海财经学院任教。适逢新中国开始系统培养马克思主义理论教学和研究人才,他于1953年至1955年在中国人民大学马列主义研究班学习,毕业后留校任教。1964年中央决定在中国人民大学成立马列主义发展史研究所,庄福龄参与了筹建工作,并先后担任该所马克思主义哲学史研究室副主任、主任和副教授、教授,一直到他2016年11月30日去世。

这些貌似简单而平淡的学术人生却与一门学科的创建和发展密不可分。诚如在为《中国当代社科精华(哲学卷)》撰写的学术自述中,庄福龄所总结的:"在我个人的学术生涯中,研究马克思主义哲学史的思想发展轨迹,在一定程度上反映了这一学科建设在我国酝酿起步、奠定基础和拓展深化的历史进程。"①

马克思主义理论研究从它传入中国之始就开始了,但"马克思主义

---

① 庄福龄:《庄福龄自选集》,北京:中国人民大学出版社2007年版,第703页。

哲学史"作为其中一门相对独立的学科和一个颇具特色的研究领域，在我国有意识地展开系统的研究和建设，起步却较晚。它的酝酿和准备经历了一个漫长的历程，有计划、有组织的准备工作是在新中国建立之后才开始的。随着1964年中央决定在中国人民大学成立"马列主义发展史研究所"，全国第一个马克思主义哲学史研究室也在该所组建起来了。

庄福龄是这一研究室的负责人，他以新中国成立后从事马克思主义哲学教学和研究的理论积累、实践经验为基础，参与了学科建设的起步性工作，诸如对国内外有关学术信息的收集，有关资料和研究成果的汇集和整理，关于马克思主义哲学发展史分期问题的研究，关于围绕马克思主义哲学史上重大问题所产生的争论，等等。可惜的是，由于后来国内形势的变化，刚刚起步的马克思主义哲学史研究不得不被迫中断。

严格意义上的马克思主义哲学史学科建设，是从1978年改革开放后，特别是党的十一届三中全会召开后开始的。庄福龄在新的历史条件下又"重操旧业"，为学科建设做了以下工作：其一，重新组建被迫中断十余年的中国人民大学马克思主义哲学史研究室，拟定了首先从基础性课题着手的研究计划；其二，接受教育部的委托，于1979年在桂林主持召开了全国第一次马克思主义哲学史教材编写会议，庄福龄在会上做了《关于马克思主义哲学史研究的历史、现状和当前任务》的主题报告，把编写全国高校文科第一本马克思主义哲学史通用教材的任务落实下来；其三，作为全国最早组建的专业学术研究机构的负责人之一，在这次教材编写会议上联络兄弟单位一道发起成立了"中国马克思主义哲学史学会"。

在教材编写组和中国马克思主义哲学史学会的推动下，全国第一本专业教材《马克思主义哲学史稿》于1981年出版。20世纪80年代初期问世的这一成果，反映和体现了当时学界在学科体系把握和主要内容设计方面的基本共识，标志着学科建设迈过了初始阶段，面临着下一步为其健康发展打好基础的任务。

打好基础需要有系列配套的成果做支撑。结合当时的情况，庄福龄认为不能满足于仅有的一本教材，还要有相应的文献资料书，以满足专业工作者、广大干部和社会青年学习马克思主义哲学史的需要。于是他又同北京大学哲学系同仁合作，共同主编了三卷本《马克思主义哲学史教学资料选编》，于1984年推出；此前一年应中国青年出版社委托，同所在研究室同仁一起编写了《马克思主义哲学史纲要》。作为一门相对独立的学科，马克思主义哲学史还应当有自己的概念和范畴体系，而阐释有关概念、范畴时，也应当有其特有的视角和思路，因此为这门学科编写工具书的任务就摆在面前。庄福龄应《中国大百科全书（哲学卷）》编委会邀请，作为该卷马克思主义哲学史学科负责人，从拟定框架、选定词条、草拟编写纲要到直接撰写其中重要词条、审稿定稿，高质量完成了任务；在此基础上，日后他又主持编写了更全面、更丰富和更专业的《马克思主义哲学史辞典》，于1992年出版。

当然，事关学科的系统性建设和科学性发展，更重要的还是学科研究范式的开辟和雄厚的学术基础的奠定。为此，庄福龄进一步考虑，团结全国同行、集中力量撰写一部资料翔实、覆盖面广、理论性突出的系统专著。1983年，作为我国"六五计划"哲学社会科学国家科研重点项目之一，八卷本《马克思主义哲学史》的编写工作正式起步，1986年又将其列入"七五计划"。庄福龄与黄枬森、林利共同担任全书主编，此外他还兼任第二卷的主编，并独立承担了马克思、恩格斯军事哲学思想的研究和相关章节的撰写。在三位主编的领导下，由全国57位学者参加，通过多年努力，这一宏大的学术工程于1996年完成，成为这一学科具有里程碑意义的奠基性成果。

这套规模达410万字的丛书，遵循历史发展的线索，通过对时代背景的梳理与经典著作的分析，梳理了经典马克思主义哲学思想的形成、马克思主义哲学在苏联和中国的传播与演进，以及当代国外马克思主义哲学的研究情况和嬗变过程，从总体上勾勒出马克思主义哲学萌芽、产生与发展的过程，并且结合当代社会和哲学研究的前沿问题，探讨了蕴含在马克思主义哲学历史原像背后的现实价值。编写者根据当时马克思主义著述的编译状况和文献条件，力图对重要的哲学著作及其观点都作出具体的分析和评价，反对形而上学的非历史主义观点和相对主义观点。这一大型工程告成之日，庄福龄像长途跋涉者一样，回首研究和撰写之路上的深浅难易和曲折艰险，对于学科建设的难点、重点也有了更深的体会。该书问世后获得了学界和社会广泛的好评，先后获全国"五个一"工程奖、国家社科基金优秀成果一等奖、"吴玉章奖"和北京市哲学社会科学优秀成果特等奖，并入选了"中国文库"。

此外，庄福龄对我国马克思主义哲学史专业人才的培养也付出了极大的心血。1978年研究生招生制度恢复时，他最早倡导设置马克思主义哲学史方向，其所在研究室也成为这一方向全国首批硕士点招生单位。他作为这一学科点的负责人一切从头开始，从拟定培养计划和教学方案、设置课程和组织教学，再到开展科研和编写教学用书，事无巨细，他都亲力亲为。随着学科建设的推进和博士点的建立，他又把工作重点转移到博士生的培养上，设置了马克思恩格斯哲学思想与现代西方思潮、毛泽东哲学思想与当代中国哲学、唯物史观和社会发展理论三个研究方向。他去世时，尽管已经退休多年，但还一直在培养博士生。

这样，从通用教材、专业辞典的编撰到通史性大型专著的出版，从学术机构的创办到人才培养机制的完善，"马克思主义哲学史"作为一门学科体系就建立起来了。庄福龄作为开创者、带头人之一，经历了上述各个环节和完整过程，为此付出了全部的心力。

二、由"内史"向"外史"拓展

学科建设永无止境,需要不断地拓展和深化。马克思主义作为一个具有严密体系的科学理论,包含的领域极其广泛,哲学史虽然是其中相当重要的领域,但如果画地为牢、自我封闭,不仅妨碍其研究水准的进一步提升,还会割裂或破坏马克思主义理论体系的完整性。所以,作为相对独立学科的"马克思主义哲学史"必须探索向完整的"马克思主义史"拓展的途径和方式,即沟通、促进"内史"与"外史"之间的关联和融通。庄福龄对此有自觉而深刻的认知。

在集体编写八卷本《马克思主义哲学史》时,庄福龄就高屋建瓴地注意到学科未来发展的这一趋势,开始做出尝试。八卷本问世后,他几乎把思考和研究重点都转移到"马克思主义史"的建构上来。如果说在以往的"马克思主义哲学史"学科体系奠基和八卷本编写时期,他与黄枬森、林利是"三驾马车"合作发力,作为共同主编带动全局前行;那么,这之后由于黄枬森转向马克思主义哲学原理、人学、文化问题等领域的研究,林利因年事已高、身体欠佳无法展开学术组织和科研工作,庄福龄就独立承担了多种重要著述的主编工作,团结更为年轻的同行继续展开探索,借助向"马克思主义史"的拓展将"马克思主义哲学史"研究推进到新的层次,其重要成果主要体现在《马克思主义史》和《简明马克思主义史》中。

1995—1996年问世的四卷本《马克思主义史》是由庄福龄带领中国人民大学马列主义发展史研究所同仁共同编撰的。在由庄福龄执笔撰写的"导言"中,从"马克思主义史的研究对象""马克思主义史的分期""马克思主义的历史命运和特点""时代的挑战和马克思主义的生命力""马克思主义史的研究历史和研究方法"等方面对此书的意旨做了阐释[①]，强调仅仅把马克思主义归结为哲学、政治经济学和科学社会主义三个组成部分，无法概括其所包含的其他丰富的学科领域和系统的理论体系。这样，从"马克思主义哲学史"拓展到"马克思主义史"、从整体上研究马克思主义形成和发展史就成为马克思主义研究的必然选择。他更进一步指出，马克思主义史有别于它的各个组成部分的历史，它不是马克思主义哲学史、政治经济学史、科学社会主义史等各个组成部分的简单拼凑与机械组合，而是一个在相对区分基础上进一步关联和融合，要从整体上呈现马克思主义丰富内涵和复杂变迁的过程。

基于上述考量，《马克思主义史》在把握和阐释马克思主义的综合性、整体性方面下了比较大的功夫，做出了有益的探索。从该书所反映的内容看，它几乎包括了马克思主义理论的全部内容（包括哲学、经济学、科学社会主义以及政治学、美学、伦理学等），而不是它的某个方面的内容；从时限角度看，它涉及从马克思主义的产生、发展一直到当代的全过程；从研究视角看，它不仅全面地触及马克思主义理论的发展历史，同时又把研究的视角延伸到马克思主义理论在实践中的经历和命运，总结了其中的经验教训。该书无论对马克思主义的经典著作、基本观点和思想的阐释，还是对马克思主义发展史上重要的历史事件、历史人物及其思想的梳理，乃至对20世纪各种与马克思主义相关联的思潮和派别包括反马克思主义的主张的评价，都尽可能做到客观、准确和公允。特别是该书不回避重大的争议性问题，诸如关于斯大林模式的分析和评论、关于我国"文化大革命"经验教训的总结、关于苏联解体经验教训的剖析等，都尽可能做到

[①] 庄福龄主编：《马克思主义史》（第1卷），北京：人民出版社1996年版，第1—23页。

既持论有据又颇具新意。诚如有评论所指出的,"这部宏篇巨制"的"一个最显著的特色,就在于它以马克思主义的立场、观点和方法为指南,立足于现实,着眼于时代,对马克思主义发展的历史作出了比较全面、准确、新颖、全景式的反映。"①

在四卷本《马克思主义史》基础上,庄福龄又主编了一卷本《简明马克思主义史》,于1999年出版,之后更多次再版。本书在保持四卷本特色和深度的基础上,力图站在今天的高度来审视马克思主义的历史,以"奠基篇""开拓篇""发展篇""创新篇"的结构,简明扼要地阐述了1842—1997年马克思主义产生、发展的历史,论述了马克思主义产生和发展的历史背景、基本原理、重要事件和重要人物,其中"历史发展的必然成果""历史转折的理论分歧""捍卫真理的列宁主义""实践呼唤的理论飞跃""苏联东欧的改革和剧变"等章节设计和具体论述,别开生面。

当然,必须指出,向整体性的"马克思主义史"的拓展,并不能完全取代"马克思主义哲学史""内史"的深化,为此,庄福龄在八卷本《马克思主义哲学史》的基础上,开辟了"中国马克思主义哲学传播史"方向,并对"毛泽东哲学思想史"进行了纵深探究。

早在八卷本《马克思主义哲学史》尚未出齐之前,1988年6月,由庄福龄主编的45万余字《中国马克思主义哲学传播史》就出版了。它把"五四运动"以来马克思主义哲学在中国的传播、同实践相结合以及在理论上发展的历史作为一个相对独立的领域来研究。在他撰写的"绪论"中,就这一领域研究的对象、任务和方法,对马克思主义哲学在中国传播的历史条件和特点做出了具体阐释。②该书将马克思主义哲学在中国的传

---

① 崔自铎:《〈马克思主义史〉(四卷本)出版》,《教学与研究》1997年第12期。
② 庄福龄主编:《中国马克思主义哲学传播史》,北京:中国人民大学出版社1988年版,第3—60页。

播放在一个广阔的社会实践、群众的革命斗争、思想理论问题的论争中去考察，注重同当时众多的哲学流派的比较，从理论和实践的结合上进行梳理，从政治上、哲学上、思想文化上的斗争中加以分析。因此，该书不是单纯的历史纪年和史实的陈述与罗列，而是借助马克思主义哲学史研究已有"范式"和成果所进行的"国别史"探索的尝试。

三卷本《毛泽东哲学思想史》则是庄福龄及其领导团队在马克思主义哲学史研究领域所取得的另一部厚重的成果，于1990年出版。毛泽东哲学思想是在中国土壤上生长的、中国化的马克思主义哲学，是在中国革命和建设实践中形成、发展出来的马克思主义哲学。该书以毛泽东哲学思想的形成与发展脉络为核心，深入系统地论述了毛泽东哲学思想的基本理论特征、毛泽东哲学思想产生的社会历史条件以及毛泽东哲学思想科学体系的形成、丰富和发展，力求客观分析毛泽东哲学思想同中国革命和建设实践的关系，从革命和建设实践中说明它的历史地位、贡献和作用，并结合我国社会主义现代化的实际，探讨在当前形势下研究和贯彻毛泽东哲学思想的重要意义。目前，有关毛泽东的著作、传记、回忆录及其研究成果可以说汗牛充栋，特别是《毛泽东选集》《建国以来毛泽东文选》《毛泽东年谱》《毛泽东传》等提供了关于毛泽东研究的权威文献，然而，在这些斑斓的研究图景中，《毛泽东哲学思想史》仍以其明晰的历史线索、严谨的论证逻辑和深入的理论分析而别开生面。

这样，由"内史"向"外史"的拓展，再加上"内史"本身的深化，把"马克思主义哲学史"推进到了新的层次和高度。

三、"史""论"关系的系统阐发

马克思主义哲学史学科建设和学术研究的上述成就是由庄福龄带领

同行和团队取得的，与此同时，也大大促进了他个人的理论思考和"历史意识"的建构，他将其结集为《马克思主义中国化的伟大理论成果》《中国体制改革的哲学探索》《庄福龄自选集》等论著。特别是《庄福龄自选集》中的很多论述，显示了他作为马克思主义哲学史家、理论家高深的学术造诣，而他关于马克思主义研究中"史""论"关系的理解和阐释更是其中的精华。

史论结合是人们在史学研究中经常提到的一个重要原则。那么，这一原则同马克思主义哲学的关系如何、研究马克思主义哲学是否也必须遵循史论结合的原则、马克思主义哲学的基本理论和马克思主义哲学的历史是一种什么样的关系……对于这些问题，论者往往停留于表层抽象的理解，而很少往深里进行探究，为此，庄福龄从实践中概括、从思想史上考辨，进而在学理上展开了系统的阐发。①

从马克思主义哲学的形成和发展来看，它的每一个理论观点都是一定历史条件下的产物。劳动异化理论是马克思主义形成前的历史产物，它是同马克思尚未彻底摆脱费尔巴哈哲学影响的历史时期相适应的；剩余价值理论是马克思主义形成后的历史产物，它是同马克思主义哲学科学地剖析资本主义矛盾的历史时期相适应的；系统的阶级斗争和社会革命的理论，是在马克思主义哲学总结1848年欧洲革命的基础上提出的；完全打碎资产阶级国家机器的学说，则是在马克思主义哲学经历了人类历史上第一次无产阶级专政的尝试后加以总结的；如此等等。而马克思主义哲学达到如此系统化和完善化的程度，也是迄今大约一个半世纪历史发展的结果。因此，庄福龄认为，脱离历史，孤立地抽象地去考察马克思主义哲学的任何一个具体观点和具体结论，都不可能正确认识这些观点、结论的正确性和

---

① 参见庄福龄：《史论结合和开展马克思主义哲学史研究》，《人文杂志》1984年第5期。

生命力究竟在哪里，它们的历史作用又是什么，也不可能正确认识它们在什么样的条件下应当坚持，在什么样的条件下必须进一步发展。可见，离开了历史，就不可能正确理解和运用马克思主义哲学；也可以说，研究、掌握马克思主义哲学是离不开研究、掌握它的历史的。他引用清代思想家、文学家龚自珍的一句话来阐明这一方面的道理，即"欲知大道，必先为史"。

而从另一方面看，马克思主义哲学的产生给人类提供了科学的历史观。人类历史特别是马克思主义哲学产生后的历史，第一次得到了科学的说明、分析和总结。在这种情况下，要正确理解历史，把握历史的特点和时代的矛盾，就不能离开马克思主义哲学。马克思主义哲学作为时代精神的精华，第一次把时代的波澜壮阔的历史画面和风起云涌的革命风暴科学地反映出来了。它对社会矛盾的剖析、历史经验的概括、发展规律的揭示，都达到了前所未有的深度和高度。面对席卷欧洲的1848年革命风暴，形形色色的资产阶级哲学还在肆无忌惮地指责它是什么社会的"病态"、人类的"灾难"、历史的"倒退"等，而马克思主义哲学却认为它是合理的、进步的社会现象，是社会矛盾发展的必然结果，是推动历史前进的动力。当巴黎响起无产阶级革命的春雷，资产阶级哲学把这场深刻的历史变动视为"洪水猛兽"而惊恐万状的时候，马克思主义哲学却认定这是"19世纪社会革命的开端"[1]，"是把人类从阶级社会中永远解放出来的伟大的社会革命的曙光。"[2]对于同一场历史事变所得出的两种截然相反的结论说明，用什么样的哲学、历史观来认识世界和改造世界是问题的关键。实践证明，离开了马克思主义哲学，历史往往会成为不可捉摸的怪物，难以

---

[1] 《马克思恩格斯文集》（第3卷），北京：人民出版社2009年版，第194页。
[2] 《马克思恩格斯全集》（第18卷），北京：人民出版社1964年版，第61页。

清理的疑团。而一旦有了马克思主义哲学，纷繁复杂的历史现象就成了一种有内在联系的有规律可循的研究对象了，甚至当历史事变初露端倪或刚刚终结的时候，"就能准确地把握住这些事变的性质、意义及其必然后果。"① 从这种意义上说，历史也需要马克思主义哲学来分析、整理、概括和总结。可见，科学地说明和研究历史，是离不开马克思主义哲学的。

综合地看，马克思主义哲学的形成和发展有赖于一定的历史条件，马克思主义哲学的正确性需要历史来论证，而历史的内在联系和发展规律，又需要马克思主义哲学来揭示，马克思主义哲学始终把科学地说明和研究历史作为认识世界的一个必不可少的组成部分。马克思主义哲学这种史论结合的特点，要求我们在研究中既要把马克思主义哲学的理论观点和结论放到一定的历史条件和历史范围内去考察和分析，同那种脱离历史、丧失时代气息的经院哲学、神秘哲学、僵化哲学划清界限，又要坚持运用马克思主义哲学来说明社会历史，力求对历史和历史发展的规律作出科学的分析和概括，同那种脱离历史、歪曲历史本来面貌的唯心史观划清界限。可见，史论结合是马克思主义哲学内在的基本要求。

据此，庄福龄指出，马克思主义哲学史作为一门研究哲学思维发展的历史科学，必须把史论结合的要求贯穿在整个研究过程之中。既不要脱离历史作抽象的逻辑推论，也不要脱离理论作历史的流年记录。质言之，马克思主义哲学史研究有两项根本性任务："把马克思主义哲学形成和发展的历史如实地反映出来，把马克思主义哲学在一个半世纪内的经验教训和发展规律揭示出来。"②

那么，如何在马克思主义哲学史研究中达致"历史性"呢？对此，庄

---

① 《马克思恩格斯文集》（第3卷），北京：人民出版社2009年版，第99页。
② 参见庄福龄：《史论结合和开展马克思主义哲学史研究》，《人文杂志》1984年第5期。

福龄专门做了分析：

首先，"历史性"追溯应当有时代的高度。即站在反映时代精神精华、概括和总结实践经验的高度，开阔视野，把历史上影响和决定马克思主义哲学发展的物质条件、社会实践，特别是无产阶级认识世界和改造世界的活动，把哲学研究的重大成果及对社会实践和科学发展的哲学概括和理论斗争的哲学分析等，作为研究的主要内容，把反映上述活动、成果和思想的马克思主义哲学原著和包含着重要哲学思想的其他马克思主义原著，作为研究的主要文献。

其次，"历史性"追溯必须要尊重历史。即按照历史的本来面貌去认识历史，绝不允许对历史作任何的歪曲和篡改。他指出，马克思主义哲学作为无产阶级的世界观，从根本利益上同历史的发展是完全一致的。历史的未来也就是无产阶级的未来，历史的进步可以作为无产阶级继续前进的起点，历史的曲折和倒退可以作为总结经验教训的课堂。所以，历史是我们最宝贵的财富，对于历史的进步固然应当如实地反映，而对于历史的曲折和倒退也绝不应当忌讳和掩盖。尊重历史还应当尊重历史的辩证法。因为历史本身是辩证地发展的。应当把历史当作一个多方面联系的、错综复杂的、充满矛盾而又有规律的发展过程来研究。如果离开了历史的矛盾和斗争，离开了历史发展中迂回曲折的情况，把马克思主义哲学的发展说成是一帆风顺的从胜利走向胜利的过程，这不仅会使人们对历史的理解陷入直线性和片面性、死板和僵化、主观主义和主观盲目性的错误，也会把马克思主义哲学发展的历史弄得面目全非。尊重历史就要同种种歪曲马克思主义哲学史的现象作斗争，就要面向当代世界范围内对马克思主义哲学史提出的种种挑战，特别要对非马克思主义乃至反马克思主义的论点作出科学的分析和评论，澄清对历史的歪曲，还历史的本来面目。

再次，"历史性"追溯的要旨是把握哲学思维的特点，揭示马克思主义哲学发展的规律。马克思主义哲学的发展当然首先是由社会经济条件和社会实践所决定的，但是它并不总是跟在社会物质条件后面亦步亦趋地发展，而是具有相对的独立性和巨大的能动性。哲学的发展往往同先驱者的思想资料有一定的联系，有前后相连的继承关系。这种情况往往产生一种历史现象，即经济上落后的国家哲学上有时却能处于领先的地位。同时，马克思主义哲学产生以后，也不仅仅是消极地适应世界，而是积极地发挥启迪、组织、动员、鼓舞的作用。它能够通过对实践经验和理论思维的哲学概括，从世界观和方法论上作出具有普遍意义的结论，把人们的认识提到一个新的高度，推动精神文明和物质文明的建设，在认识世界和改造世界中发挥巨大的作用。马克思主义哲学的发展，不能离开一定的历史条件和历史范围，但是在这个历史范围内发展的又是一些概念、范畴、原理、规律和理论思维的逻辑形式。马克思主义哲学诚然要对历史上的许多重要问题作出自己的分析和结论，其中许多精辟的思想仍然保持着历史的光辉和现实的价值，但是它作为科学的世界观和方法论，更重要的价值和意义还在于作出分析和结论的认识过程。研究这个认识过程就应当具体研究马克思主义哲学在不同的历史条件下是怎样分析和总结社会发展过程的，是怎样吸取和改造科学和哲学的成就的，是怎样反映无产阶级利益的，是怎样确定改造社会的方向的，等等。因此，从纵的历史发展和横的社会生活各个方面去研究马克思主义哲学的特点和作用，目的是科学地总结马克思主义哲学史的经验教训，揭示马克思主义哲学发展的规律。

最后，"历史性"追溯要面向未来。马克思主义哲学既是一门历史科学，也是一门发展中的科学，它是要在对不断出现的新情况、新问题的认识和解决过程中发展的。马克思主义哲学发展的历史，不是单纯的时间上的延伸，而是它的正确性和生命力的进一步验证。马克思主义哲学从恩格斯逝世以来，差不多经历了九十年的历史。对于这段历史也必须作认真的研究，研究新的历史条件和新的历史经验，研究马克思主义哲学的新发展和新问题。这种研究，不仅对于了解马克思主义哲学在当代的发展是必要的，而且对于分析马克思主义哲学在未来的发展也是必要的。所以，庄福龄指出，研究马克思主义哲学史必须面向未来，坚信只要在研究中坚持史论结合的原则，既打好根底，又面向未来发展，就一定能把这门新兴的学科建设好，不断开创马克思主义哲学史研究的新局面。

从今天的视角看，在包括"后现代""历史诠释学"、解构主义等在内的思潮的影响下，"历史哲学"中的"历史性"所蕴含的时代性、客观性、规律性和未来指向等备受质疑和否定，所以，庄福龄的上述思考和理论阐释似乎显得"陈旧"和"落伍"。然而，评判思想是否具有真理性并不以时间先后作为标准，当对"历史性"的理解走到了"非历史性"境地，特别是引发了社会上"非理性"情绪泛滥的时候，上述思考和阐释的价值和意义就更加凸显出来了。

四、新的时代境遇下的深化

"马克思主义诞生于19世纪中叶，在社会革命的风云变幻中经历了19世纪和20世纪，当前正在一个动荡多变的21世纪中破浪前进，以自己的理论'书写'着自己的'历史'。这就是马克思主义发展史。"[①]这是庄福龄对自己毕生献身的学术研究对象的凝练概括。在跨世纪新的时代境况下，他发表了一系列重要论文，着重分析了马克思主义哲学史研究如何"继往开来"。除了再度强调尊重历史、史论结合、论从史出等原则，他更提出

---

① 庄福龄：《学习马克思主义经典作家治学立论的基本功》，《马克思主义研究》2012年第7期。

了深化这一领域研究的一些具体思路和举措。

第一,认真总结历史经验。庄福龄指出,由于世界格局的变化,社会主义暂时处于低潮,马克思主义面临严重挑战,对它的研究也存在着多元化的倾向,如何有针对性地使马克思主义研究不断提高其科学水平,不断占领更多的思想阵地并扩大其影响,应当成为新世纪马克思主义研究的首要任务。对于马克思主义哲学史来说,重要的是发挥其自身所特有的功能,对于刚刚过去的20世纪,要在充分占有大量史料的基础上,认真而细致地去思考和分析马克思主义的每一个重要历程,既总结其应当肯定的重要经验,也揭示人们在理解和运用上的失误而导致的重要教训,让百年来马克思主义发展的历史经验真正成为指导我们前进的科学财富。

第二,进一步拓宽研究领域。他认为,马克思主义哲学作为科学的世界观和方法论,在马克思主义中占有重要地位和作用,是马克思主义的重要组成部分。但是从马克思主义形成发展的历史来考察,它在多数场合往往是作为一个整体来阐述和研究的。从早期的"巴黎手稿",到后来的《神圣家族》《德意志意识形态》,以至《共产党宣言》《反杜林论》等,都凸显了这一思路。因此,马克思主义哲学史的研究不能仅仅停留在纯粹哲学的发展上,要从马克思主义的整体上,从各个组成部分彼此的关系上,从全部马克思主义史上去研究哲学的特点和作用,去研究哲学发展的规律性。也就是说,要从马克思主义的整体性、综合性和系统性上去研究马克思主义哲学史,要以马克思主义史为基础、从马克思主义史的宽广视角去研究马克思主义哲学史。让马克思主义哲学像在它的创始人著作里那样,真正渗透和融合在政治、经济、文化、军事、科学、自然、思维和一切领域,使其真正发挥出普遍性的指导作用。

第三,注意学科划分的相对性和渗透性。马克思主义哲学史学科建设在历史进程中自然要涉及与邻近学科的关系,如与马克思主义发展史研究的关系、与科学社会主义史研究的关系、与经济学说史研究的关系等。彼此交叉和渗透是学科建设的内在要求,相得益彰,一损俱损,学科之间不应相互争地盘,而应相互协作、补充和深化。对待学科的建立和变化要慎重严谨。事实上,马克思主义思想史的建设从分类到综合,从部分到总体,已经取得了不少向纵深发展的可喜成果,对理论队伍一专多能的培养也是有益的。当然,"各学科、各理论之间的融合并非易事,它绝不像儿童积木、食品拼盘、组合家具、活动房屋那样容易处理,而要通晓相关学科之间的内在联系和彼此差别,研究其来源、现状和发展趋势,这本身就是一项严肃、细致的重大研究课题。"①

第四,下功夫解读经典原著。他指出,深化马克思主义哲学史研究就是要"学习马克思主义经典作家治学立论的基本功",特别强调,马克思、恩格斯留下的极其珍贵的理论财富,他们以半个世纪的艰辛奋斗和忘我精神所塑造的光辉形象和举世无双的科学理论,不论从广度还是深度来看,都是需要永远传承和反复学习的理论经典。对于学界出现的轻视诸如《路德维希·费尔巴哈和德国古典哲学的终结》等著述的现象,他指出,这些作品"均可称为人类智慧的结晶,是理论成熟的著作",需要认真解读、辨析和公正对待。他质问:不认真阅读恩格斯的著作,怎么能够理解马克思主义的基本原理?又如何把握马克思主义哲学的精髓实质?可以说,这本经典著作是马克思主义哲学形成史的基础性读本,是对马克思主义哲学来源史和形成史的经典阐述。马克思主义"'大道'蕴藏于这段历史之中,下工夫读懂这本书,才能真正掌握马克思主义哲学形成的精髓。"②

---

① 庄福龄:《深化马克思主义哲学史学科建设》,《教学与研究》2010年第12期。
② 庄福龄:《学习马克思主义经典作家治学立论的基本功》,《马克思主义研究》2012年第7期。

第五，突出思想史特色。他特别撰文强调，深化新时期的马克思主义哲学史研究，应注重突出其思想史的特色。①既尊重马克思主义哲学史的连续性，把握思想精髓的一脉相承；又尊重其变革性，强调思想观念的与时俱进。具体而言，就是抓住马克思主义哲学史的本质和主流，严肃对待那些对历史发展具有决定意义的文献、文本和经过长期历史考验的典籍，严肃对待那些约定俗成的译文和译本，不纠缠个别细节和野史传言；坚持整体分析和系统分析的方法，准确把握马克思主义哲学的基本立场、观点、方法，不断拓宽研究思路，努力为其增添新的内容；尊重客观事实，把握时代流变，避免偏激冲动和个人好恶，努力体现马克思主义哲学的本质。

第六，填补断代史或专题史的某些空白与薄弱环节。他特别罗列的课题有：关于欧洲风暴的哲学分析、关于马克思主义军事辩证法研究、关于恩格斯晚年哲学思想研究、关于马克思主义哲学来源研究、关于马克思主义哲学史上杰出人物的生平和思想研究、关于马克思主义经济哲学思想研究、关于《资本论》创作史研究、关于马克思主义独创性理论成果的研究等。通过这些断代史和专题史的研究，可以更清楚地知道，一部由马克思和恩格斯创立、列宁和毛泽东等继承与发展的马克思主义哲学史，树立的是理论联系实际的学风和史论结合的典范。

第七，同国外研究者展开深入对话。庄福龄认为，随着国内改革开放的推进和国际上全球化趋势的发展，马克思主义哲学史研究既要总结20世纪国外马克思主义哲学研究的特点和趋势，也要及时分析新世纪国外马克思主义哲学所提出的问题，所出现的流派分歧，所表现的研究热点和发展趋向。要在东西文化交流的背景下注意彼此的对话，总结成功对话的经

---

① 参见庄福龄：《马哲史研究应突出思想史特色》，《人民日报》2010年8月27日，第7版。

验，善于在对话中坚持和发展马克思主义，促进更多的人在马克思主义基础上团结起来。应当指出，新世纪世界的多极化将进一步发展，不同的历史传统和文化背景必然使人们在接受和理解真理上形成多视角、多方位、多途径的局面，虽然真理只有一个，检验真理的尺度也只有千百万人民群众的实践，而认识和接受真理的过程有些却是漫长的、复杂的和各不相同的。

第八，加强马克思主义中国化和马克思主义哲学中国化的研究。他指出，这是一项内容丰富、立意深远、经过百年理论探索和实践验证的宏伟事业和永恒课题，也是中国理论工作者义不容辞的责任。过去的百年，中国经历了多难兴邦、屡创奇迹的历史巨变，需要有宏伟史册为之立史、立论。但更辉煌的事业、更艰巨的长征还在前头，还在当今的新世纪，还在未来的百年。总结我们党的全部理论和全部实践，特别是改革开放三十年的经验，归结起来就是四个对待：怎样对待马克思主义、怎样对待社会主义、怎样建设党、实现什么样的发展。把这些经验归结到一点，就是把马克思主义基本原理同中国具体实际相结合，走自己的路，建设中国特色社会主义。可以说，进一步学好马克思主义是我们新的起点，实现马克思主义中国化是面向未来的事业，是我们永远需要承担的历史使命。

在上述深思熟虑的基础上，庄福龄不顾年事已高，将这些思路和举措付诸科研实践。2007年，中央马克思主义理论研究与建设工程将《马克思主义哲学史》列入重点教材项目，他作为首席专家之一主持了编写工作，参与了大纲制订、内容划分、初稿起草、难点讨论等各个环节，要求编写者特别注重总结以往同类教材编写中的经验教训、吸收世界马克思主义研究界和改革开放以来我国在相关领域取得的学术成就。2012年推出的这一新编教材相当程度体现了庄福龄的构思和设想，凝聚了他的心血。

更重要的是，在四卷本《马克思主义史》出版将近20年之后，在生命历程的最后两年，庄福龄提议并组织了更大规模的科研项目——十卷本《马克思主义发展史》，出任首席总主编。在他指导下拟定的大纲中，全书以700万字的篇幅，从整体性的视野梳理马克思主义170余年来形成、发展和在新的实践中不断深化的历史过程，成为目前为止世界上体系最完整、规模最大的马克思主义史研究著作，反映和体现中国马克思主义研究的最新发展。遗憾的是，十卷本启动不久，他就身患重病。病中他仍念念不忘工作进展，一直给予关注和指导，先后提供了很好的意见和建议，并在病榻上撰写了全书"总序"草稿。这一浩大工程最终于2023年完成，先生的遗愿得以实现。

庄福龄晚年对马克思主义哲学史研究的未来前景充满信心，他高兴地看到更为年轻的学者逐渐成长起来，不遗余力地予以鼓励和支持。笔者作为他的学生，对此深有体会。2013年5月，由我主编的60余万字的《马克思的"新哲学"——原型与流变》刚刚出版，7月9日，他就在《光明日报》撰文予以大力推荐，称其为"马克思主义哲学史研究的新收获"，并将该书的特点概括为："把握和透析复杂的理论难题的勇气""还原马克思思想在马克思主义哲学史上的主体地位""在不同的理解和阐释模式的对比中凸显马克思'新哲学'的价值和命运"。当然，他也指出："作为一本马克思主义哲学史研究领域的探索性著作，本书也有一些缺憾，比如，对马克思主义哲学形态演变中中国哲学家的贡献论述过少，此外，也还有一些值得商榷和进一步深究之处。作者还比较年轻，希望他有更大的成就。"①今天重读老师的书评，让我感慨万千！遗憾的是，2018年马克思诞辰200周年之际，当我领衔的团队通过对重要的文本个案进行细致解读

---

① 庄福龄：《马克思主义哲学史研究的新收获——〈马克思的"新哲学"——原型与流变〉评介》，《光明日报》2013年7月9日，第11版。

的方式完成了对马克思复杂的思想世界及其意义的重新探究，以十二卷本的规模推出丛书《重读马克思：文本及其思想》的时候，老师已经去世了！这套丛书所讨论的虽然只是八卷本《马克思主义哲学史》前三卷的内容，但不仅以600万字的总篇幅超过了全书，而且对马克思本人思想的梳理、分析和评论无疑都大大拓展和深化了。我只能以此告慰老师的在天之灵。

精深的马克思主义哲学史研究是对研究者知识、素养、能力的极大挑战；融文本与思想、历史与现实、理论与实践于一体展开思考，是进行这项研究的内在要求。作为中国马克思主义哲学史学科的奠基者、开创者，庄福龄将自己的一生奉献给这一事业，为我们开辟了道路，树立了典范。作为后学，我们只有继承传统、开拓创新，在先辈奠定的基础上，推进马克思主义哲学史研究，随着社会主义现代化事业的推进和经济全球化的发展，谱写出马克思主义研究的当代篇章，才是对先贤最好的报答。

王　东

▶ 北京大学哲学系教授，中国马克思主义哲学史学会列宁哲学思想研究分会会长。
庄福龄教授硕士研究生

马克思主义"四史"学科体系的理论奠基
——庄福龄先生理论贡献与历史地位新论

王 东

多年以来，我们多半认为庄福龄先生的主要理论贡献，就是与黄枬森先生等人一起，在改革开放时期，为马克思主义哲学史学科的创立，作出了开创性的历史贡献。北京大学聂锦芳教授为阐明庄福龄先生的这一重大理论贡献，起了很好的带头作用，他的长篇学术论文发表在《光明日报》（2022年11月21日第15版）上，题目就是《马克思主义哲学史研究的奠基、拓展和深化——庄福龄的学术历程及贡献》。他也注意到庄福龄晚年对马克思主义史等全新研究领域的重大拓展，为此提出了马克思主义哲学史研究的"内史"与"外史"研究的新概念，称之为"外史的拓展"与"内史的深化"。这一研究成果产生了较大影响，也影响到这次会议的主题的确定，就是"庄福龄与马克思主义哲学史学科的奠基、拓展和深化"。

说实话，很长一段时间里，我也持类似的学术观点；但是近十来年，随着本人研究领域的扩大，我对庄福龄晚年即1996—2016年的思想轨迹、学术发展，重新作了比较认真的追踪研究；这次会前我又重新解读了2007

年出版的《庄福龄自选集》，由此我对庄先生理论贡献与历史地位的看法，有了新的高度、新的认识、新的提法。

我认为，中国马克思主义哲学史学会开会重点讨论庄先生对马克思主义哲学史学科的开拓，顺理成章，无可厚非，甚至理所当然；但是，这是庄先生逝世六七年后的第一次追思会与学术研讨会，短期内看来也不会再开第二次相关会议，因而，这次会议多少有点对庄先生学术贡献、历史地位，作出"盖棺论定"的历史意味。

有鉴于此，我借鉴上述看法与学术成果，提出的一个新观点、新提法，就是今天我们需要从一个更广阔的新高度、新视野，来评判庄先生的理论贡献与历史地位：他不仅是马克思主义哲学史学科的开拓者，而且为马克思主义"四史"学科体系——马克思主义哲学史、马克思主义发展史、马克思主义中国化史、马克思主义传播史，作出了富有原创性意义的理论奠基与理论创新！

下面，我就谈谈这个新观点、新提法形成的来龙去脉。

一、庄老师2016年春节的"理论嘱托"——庄福龄先生晚年新视野

我在1979年9月，成了庄老师最早的硕士研究生。几十年间一直与庄老师有紧密的学术联系。从1993年起，我带头创立了北京大学邓小平理论与中国特色社会主义理论体系研究中心，特别聘请了庄老师过来担任学术委员会委员。

2015年，我回母校中国人民大学，参加一次重要的学术活动，恰好坐在庄老师旁边，他特别叮嘱我，有机会要和我专门聊聊今后长远的学术研究发展问题。可惜，这次活动匆匆忙忙，未来得及深谈。但我内心深处感

到，庄老师还是有些新想法、新构想，有意找我及其身边同志谈一谈。

为此，2016年春节期间，大概是初五或初六，在庄老师身边工作、担任中国马克思主义哲学史学会会长的梁树发、邱守娟夫妇，还有同为其弟子、现在又都在北大工作的聂锦芳和我，四个人相约，一起去看庄老师。

那时，庄老师夫人已过世，他的一个儿子在家，悄悄地跟我们说，老爷子已经有点糊涂了，连我们谁是老大、谁是老二，都分不大清楚了。

然而，在谈到马克思主义哲学史、发展史的学术问题时，庄老师的头脑还是非常清晰的，他还特别意味深长地作出两点"理论嘱托"：

第一，《马克思主义发展史》十卷本，一定要抓紧组织队伍，尽快更好地完成，交由人民出版社出版，这是个大工程，要克服困难，务必搞好；

第二，在中国人民大学出版社出版的《毛泽东哲学思想史》，是马克思主义中国化的重要研究成果，不宜再拖，也要努力完成，保证质量，及时出版。

庄老师讲得很郑重、很严谨、很有分量，我们一行，四位弟子，也都表示了态度。今天看来，或许可以说，这是庄老师晚年最后的"理论嘱托"。

由此，也引发我对庄老师学术思想发展轨迹与主要贡献，两大阶段的全新判断，以1996年《马克思主义哲学史》八卷本出齐为一个分界线、里程碑：

1978—1996年，改革开放头18年，以马克思主义哲学史学科的开拓为主，并注重扩展到马克思主义中国化、传播史；

1996—2016年，庄福龄老师晚年后20年，学术研究重心转向更富于整体性、综合性的马克思主义发展史研究，并以此为主线，统摄与带动马克思主义哲学史、中国化史、传播史等四大新兴学科综合创新，由此构成马克思主义"四史"学科体系的系统总体建构。

二、《庄福龄自选集》的自我总结、自我评价——马克思主义"四史"学科体系开创的心路历程，一面镜子

2007年，为庆祝中国人民大学建校70周年，由中国人民大学出版社隆重推出"中国人民大学名家文丛"，55万字的《庄福龄自选集》，是其中的重要一部。

这是庄福龄先生对自己几十年来的学术历程、学术成果的自我总结、自我评价。从中可以看出，他并不拘泥于马克思主义哲学史一门学科的创立，而是更倾向于走向马克思主义"四史"学科体系的整体系统建构：在作者、自序、内容简介中，突出地开列出三史——马克思主义史、马克思主义哲学史、马克思主义中国化史，全书内容中还穿插进了马克思主义传播史。

我们不妨按照自选集的"内容简介—作者自序—篇目结构—三篇附录—作者后记"，分5个层次，跟踪考察一下庄老师本人思想足迹，看看"马克思主义四史学科体系"的初步奠基，何以成为他治学之道的四维结构。

（一）作者简介

《庄福龄自选集》封面扉页上，有"作者简介"，看来也是庄老师本人经手并确定的，最为浓缩地反映出了庄老师的主要治学之道与学术成果。

这里一共列出庄福龄的9部主要著作名称，其排序既不是简单按出版时间排列，也不是单纯按学科内容分类排列，其中刻意排在前四位、最为突出的四部著作，恰恰就是我这里所说的"四史"：

> 主编并参加撰写的主要著作有：《马克思主义哲学史》八卷本、《马克思主义史》四卷本、《毛泽东哲学思想史》三卷本、《中国马克思主义哲学传播史》、《毛泽东思想概论》、《简明马克思主义史》、《马克思主义哲学史辞典》，还有《马克思主义中国化伟大理论成果》、《中国体制改革的哲学探索》和有关马克思主义哲学史的教材、教学参考资料、工具书等。①

（二）作者自序

全书之首，有庄福龄先生写的作者自序，称之为"前言"，开门见山，当头提出自己近30年来发表的主要成果，主要内容覆盖了"马克思主义哲学史、马克思主义史和马克思主义中国化"三门"新建学科"：

> 这本自选集是从我长期从事马列主义、毛泽东思想教学科研成果中选入的。我在高校从教已有五十多年，公开发表的论著较多，这次选入的均为社会主义新时期公开发表的成果，时间跨度近三十年，内容覆盖主要有马克思主义哲学史、马克思主义史和马克思主义中国化等有关学科，侧重于为这些学科的系统建设做出的基础性工作和进一步的开拓与深化。
>
> 马克思主义哲学史、马克思主义史和马克思主义中国化，从我

---
① 庄福龄：《庄福龄自选集》，北京：中国人民大学出版社2007年版，作者简介。

国学科建设的历史和现状来看，当属起步较晚、空白较多、系统性较差，在一定意义上把它列为新建学科之列，也是有根据的。①

（三）篇目结构

《庄福龄自选集》的篇目结构，看来是经过其本人精心推敲、深思熟虑的。全书七篇，按照"一总三分"的整体结构展开：这个"一总"，就是开篇的"马克思主义发展史"；"三分"则是马克思主义发展史的三大阶段："马克思恩格斯思想—列宁哲学思想—马克思主义中国化"。

在这里，特别值得注意的是，《庄福龄自选集》全书之首，开篇的题目，全书的总纲，提法不是"马克思主义哲学史"，而是"马克思主义发展史"。这个"总论篇"，共有4篇文章，前两篇是专讲马克思主义史的，后两篇则是专讲马克思主义哲学史的——前者57页，后者15页：

（一）马克思主义发展史

论马克思主义史……………………………………… 3

马克思主义发展脉络与理论创新…………………… 36

真理标准讨论和学习马克思主义哲学史…………… 58

马克思主义哲学史学科建设的新篇章

——访《马克思主义哲学史》八卷本主编之一庄福龄教授 …… 62②

（四）附录三篇——主要也讲三个学科建设

《庄福龄自选集》书末，是作为附录的三篇访谈与自叙，主要内容其

---

① 庄福龄：《庄福龄自选集》，北京：中国人民大学出版社2007年版，前言第1页。
② 参见庄福龄：《庄福龄自选集》，北京：中国人民大学出版社2007年版，目录。

实就是庄老师自己对治学之道的夫子自述,作者自序中对此倒也有个明确交代:

> 我也愿意借这本自选集的出版把自己的治学路径和研究思路公之于众,听取广大读者的批评意见。为此不避"毛遂之嫌",将应约专访和在有关报刊、出版物上发表的文稿作为自选集的附录一并选入,供相互切磋之参考。①

三篇附录,正好对应于马克思主义历史的三门学科建设:
一篇是《庄福龄与马克思主义哲学史学科建设》;
另一篇是《马克思主义:历史与未来——访马克思主义史专家庄福龄》;
还有一篇题为《访庄福龄——讲个大题目:如何建设当代中国哲学》,主题就是马克思主义中国化时代化。

(五)作者后记

《庄福龄自选集》最后,是作者"后记",这里交代了本书出版之际,恰逢马克思主义一级学科正式设立之时,因而,特别着重为新设置的二级学科,提供"基础性工作",这里专门列出了马克思主义发展史、马克思主义中国化,而因上述缘故未提及马克思主义哲学史与传播史:

> 自选集的出版恰逢马克思主义一级学科的建立之时。把马克思主义学科建设提上日程,既是党和国家政治生活和社会主义精神文明建

---

① 庄福龄:《庄福龄自选集》,北京:中国人民大学出版社2007年版,前言第2页。

设的大事,也是广大理论工作者难得的机遇和巨大的鞭策。作为一名年迈的理论工作者,我是把这次编选文集作为学科建设继往开来的工作对待的,力求把近30年为学科建设做出的点滴成果进行初步梳理,力求反映马克思主义学科的系统性和覆盖面,力求突出马克思主义与时俱进的科学品质,力求体现马克思主义不断发展创新的理论成果,特别是为新近设置的马克思主义基本原理、马克思主义发展史、马克思主义中国化等二级学科的建设提供一些力所能及的基础性工作。①

从《庄福龄自选集》的篇章结构与内容比重,还可看出他对"马克思主义中国化"的格外重视,就是在全书七篇中,有四篇是专讲马克思主义中国化的,在全书正文约700页篇幅中,占了540页,几乎占77%的比重:

> 自选集就是以上述学科为重点而编排的。从马克思主义史的概论开始,到马克思主义中国化最新成果的阐述,共设置了七个部分,其中有四个部分是关于马克思主义中国化的内容。②

在《庄福龄自选集》中,并没有为"马克思主义传播史"单列科目,不如上述"三史"那么突出。然而,仔细辨认庄老师本人的思想足迹,就会发现,有3个地方足以表明,自选集并没有忽视他本人带头创立的这门新学科:

一是全书第四部分"论马克思主义中国化",一共收入3篇论文,其中第3篇题目即为《论马克思主义哲学在中国传播的历史特点》,并特别

---

① 庄福龄:《庄福龄自选集》,北京:中国人民大学出版社2007年版,第738页。
② 庄福龄:《庄福龄自选集》,北京:中国人民大学出版社2007年版,前言第2页。

注明:

> 这篇文稿是作者为《中国马克思主义哲学传播史》(中国人民大学出版社,1988)写的第四章。①

二是在全书三篇附录之一、学术自传《庄福龄与马克思主义哲学史》中,在"研究成果"这一部分,首先列出的是《马克思主义哲学史》八卷本,《马克思主义史》四卷本,第三项就是1988年出版的《中国马克思主义哲学传播史》,并称之为"首次创立"的新兴学科:

> 《中国马克思主义哲学传播史》,获国家教委高等学校优秀教材一等奖和北京市哲学社会科学优秀成果二等奖。
>
> 该书作为教材首次把中国马克思主义哲学传播史作为一门新兴学科来建构。笔者认为,这门学科是马克思主义哲学史在一个特定时间和具体空间的延伸和展开。②

三是在这篇学术自传最后,庄老师列出自己的15项"主要论著",其中《传播史》一书列为颇为显著的第5项,即:

> 1.《马克思主义哲学史》(八卷)(主编之一),北京出版社,1996年出齐。
>
> 2.《马克思主义史》(四卷)(主编),人民出版社,1996。

---

① 庄福龄:《庄福龄自选集》,北京:中国人民大学出版社2007年版,第294页。
② 庄福龄:《庄福龄自选集》,北京:中国人民大学出版社2007年版,第713页。

3.《马克思主义哲学史纲要》,中国青年出版社,1983。

4.《简明马克思主义史》,人民出版社,1999。

5.《中国马克思主义哲学传播史》,中国人民大学出版社,1988。

三、共产党新中国造就的新一代学术大师——庄福龄先生历史地位的总体评价

提出上述新观点、新提法,也意味着要求我们从一个新高度,对于庄福龄先生的历史地位,作出新评判。即从马克思主义"四史学科体系"的视角进一步明确,他是马克思主义哲学史学科在中国的开创者之一、马克思主义发展史学科的中国学派首倡者之一、马克思主义中国化史研究的重要拓展者之一、马克思主义中国传播史新学科的创立者之一。

2021年4月,习近平到清华大学视察时指出:"中国教育是能够培养出大师来的,我们要有这个自信。"今天,在母校中国人民大学这里,在庄福龄老师这里,应当说,我们找到了对这个问题的肯定性回答、找到了"这个自信"!

如果仅仅是马克思主义哲学史这个学科的开拓,那么,庄福龄先生也足以称之为新中国马克思主义哲学方面的大专家、大教授。

然而,跟随庄先生足迹前进,近40年上下求索表明,庄福龄先生的理论贡献并不局限于马克思主义哲学史这一门学科。

他是马克思主义"四史"学科体系的最初理论奠基者:

一是马克思主义哲学史;

二是马克思主义发展史;

三是马克思主义中国化史;

四是马克思主义传播史。

由此可以作出一个新判断：

庄福龄是共产党新中国造就的新一代学术大师，是当代中国马克思主义学术界的大先生！

陈学明

▶ 复旦大学哲学学院教授,中国马克思主义哲学史学会国外马克思主义研究分会顾问。

"守正创新"的典范
——纪念庄福龄先生诞辰95周年

陈学明

最近几年,连续为几位敬重的马克思主义哲学界前辈写追忆文章,他们是:黄枬森老师、陶德麟老师、孙伯鍨老师。每写一次,总要经历一次浓重的心灵洗礼。回忆与他们相处的日日夜夜,既是幸福的,更是凄楚的;想起他们对我的教育帮助,既是激动的,更是追悔的。今天,当我握笔为纪念庄福龄诞辰95周年写一些文字之时,同样沉浸在这样的情境之中。

一

我有幸与庄老师相识是在20世纪80年代。那个时候,庄老师正与黄老师等一起开创马克思主义哲学史学科。我参加了他们召开的几次涉及马克思主义哲学的理论研讨会,并在会上发言。我的发言,不仅受到了黄老师的鼓励,也得到了庄老师的肯定。我每一次发言毕,庄老师总是要就我的发言内容与我聊上一会,一方面肯定我的发言为什么能够引起大家兴趣,另一方面又指导我如何将发言内容进一步完善、深化，以形成一篇高质量的论文。从此，我与庄老师接触越来越多。我从他那里了解到他毕业于上海财经大学，对上海特别熟悉也特别有感情。这样我们之间的共同话题也越来越多。而最令我最难忘的还是与庄老师朝夕相处、形影不离的那一个月。那是在1991年的冬季。黄老师受国家教委委托，组织编写面向21世纪课程教材《马克思主义哲学史》。庄老师当然是黄老师组织的编写班子的主要成员，我也有幸加入到了这一编写组。班子组织起来以后，黄老师、庄老师当即带领10多位编写组成员，到全国许多高校去调研。我知道这是一个千载难逢的向前辈学者学习的机会，于是我想方设法与他们近距离接触。我认真倾听他们在座谈会上的每一次发言，甚至每一句话，我仔细观察他们的待人接物、日常举止。这一个多月的时间我真的当了个有心人，因而我的收获是全面的。我发现庄老师的发言总是带有总结性的，不但有深度，而且条理非常清晰。他的马克思主义哲学的理论功底之深给我留下了极其深刻的印象。后来，中国马克思主义哲学史学会进行改选，由原先的三人共同负责变成由庄老师一人负责。那时，全国当代国外马克思主义研究会作为中国马克思主义哲学史学会的一个分支机构，也已成立多年。庄老师和以他为首的马克思主义哲学史学会的领导决定由我担任当代国外马克思主义研究会的会长。后来，梁树发老师接任他担任马克思主义哲学史学会会长，梁老师要求我继续做下去。这样，在庄老师、梁老师的信任与支持下，我在这个位置上一下干了一二十年，一直到我年满七十岁才离任。在这期间，庄老师、梁老师对我的支持我一言难尽。我曾数次专门登门拜访庄老师，向他汇报我的工作，他与师母那样地热情接待我，那样地仔细倾听我的汇报，那样地对我鼓励有加，我历历在目。

二

庄老师给我们留下了丰厚的精神财富，在他身上我们需要继承和学习的东西实在太多了。我们要当好一个马克思主义的研究者，关键在于要有正确的研究马克思主义的立场和方法。我认为，庄老师留给我们最珍贵的精神财富，也是我们最需要从庄老师那里继承和学习的就是他研究马克思主义的立场和方法。习近平总书记在党的二十大报告中提出了坚持好、运用好马克思主义、中国特色社会主义思想的六个方面的世界观和方法论，其中之一就是"守正创新"。现在回顾庄老师一生研究马克思主义的历程，他研究马克思主义的最基本的世界观和方法论正是"守正创新"，庄老师是研究马克思主义"守正创新"的先行者和典范。庄老师在进行马克思主义的研究中，一方面非常明确，马克思主义是我们立党立国、兴党兴国的根本指导思想，必须始终坚持其基本立场观点方法，不能有任何形式的曲解和歪曲。庄老师研究马克思主义首先做的正是"守正"，即坚持马克思主义的本真精神，紧紧抓住马克思主义一以贯之的精髓，牢牢把握马克思主义一脉相承的"脉"，即"守正"。另一方面，我们也可强烈地感受到，庄老师在研究马克思主义的过程中，非常强调马克思主义具有鲜活的实践性，马克思主义是扎根于实践并随着实践不断丰富和发展的具体的、鲜活的、开放的理论体系，于是，他在"守正"的基础上致力于"创新"，即让马克思主义扎根于社会实践、立足于当今时代，面向现实问题，推进马克思主义向前发展。我相信，每一位他的弟子和他的追随者，只要认真地浏览一下他的那部《庄福龄自选集》以及他发表在各种刊物上的论文，都会留下这一深刻印象。

三

早在1996年，庄老师就发表过一篇题为《当代中国马克思主义的历史思考》的文章。那时，苏东刚经历剧变，许多人对马克思主义的现实性正处于迷茫之中。庄老师在文章中有针对性地对马克思主义做出了这样一个判断："马克思主义在近两个世纪的岁月中有过大量的经过实践检验的真知灼见，也有过不少经过严密论证的科学预见，特别是在实践中有过震惊世界的成功和胜利；当然，它在自己的发展中也出现过一些曲折、失误甚至失败。但是，只要我们从总体上纵观马克思主义的全部历史，应当承认马克思主义在自己的行程中，并没有偏离人类发展的文明大道，它是对人类智慧的凝聚、升华和创新，体现着对已经逝去的19世纪和即将逝去的20世纪的科学的沉思，体现着人类在这两个世纪中对面临的种种问题、挑战和任务的严肃的探索和回答。从这一意义上说，马克思主义的历史也反映着两个世纪社会发展的足迹，反映着两个世纪思想文化的演变，反映着两个世纪人民群众创造历史的艰辛，等等。"庄老师用这样一段深沉的文字有力地回答了正在广为流行的马克思主义"过时论"。他这样告诫那些竭力否定马克思主义的人："不论人们对马克思主义取何种态度，它的客观存在和巨大作用，它的广泛而深远的影响，都是不可忽视的。"庄老师也承认马克思主义在这两个世纪中发生了种种变化，他也深入地剖析了这些变化，他的结论是："马克思主义在两个世纪中的变化，有力地表明这种变化是不断适应新形势新任务的变化，是人类认识世界和改造世界不断深化的变化，是在实践中不断总结经验教训而产生的变化，是随着时代前进而前进的变化，是自身日益成熟和不断完善的变化。正如马克思恩格斯在创立这一理论之初所宣告的那样：马克思主义不是一成不变的教条，而是发展的理论。"他认为，剖析这些变化，我们会进一步感悟到："马克思主义不会过时，马克思主义有强大的生命力。我们对马克思主义在新世纪的命运和前途抱有充分的信心。"①

四

庄老师在1996年发表的另一篇题为《论马克思主义的历史命运》的论文也十分引人注目。在这篇论文中，庄老师在简要概括马克思主义诞生150年来的历史发展的基础上，继续列宁在《马克思学说的历史命运》一文中所作的论述，立足于当代，深入探讨了马克思主义的命运问题。庄老师认为马克思主义正面临着严峻的形势，似乎已陷于失败。但是他严峻地指出："失败的并不是真正的马克思主义，而是背离马克思主义基本原则的僵化或自由化倾向，一连串的挫折和失败锻炼了马克思主义，从反面证明了马克思主义的正确性。""中国以自己的实践证明了科学社会主义是有生命力的，正在向着更加健康的方向发展；马克思主义也是打不倒的，它不仅不会消失，反而会被世界上越来越多的人所赞成和接受。"他深情地说道："这一时期马克思主义的发展是曲折的，困难的，然而世纪之末的东方所出现的新的曙光，不正是像列宁在八十前所说的那样，是马克思主义在新的历史时期所获得的新的证明和新的胜利吗？"②我们真切地感受到，只有像庄老师这样真信真懂马克思主义的学者，才能对马克思主义抱

---

① 此段引用皆出自庄福龄：《当代中国马克思主义的历史思考》，《长白论丛》1996年第6期。
② 庄福龄：《论马克思主义的历史命运》，《南京社会科学》1996年第10期。

有如此坚定的信念，并能做出如此深情的表达！

他在文章中总结出马克思主义的历史命运有如下三大特点：其一，马克思主义从一开始就作为国际性思潮和普遍适用的学说问世的。但是，它的国际性和普遍性又是必须和具体实际相结合的，必须通过具体实际而表现出来的，它的发展和发挥作用也必须有一定条件；其二，从历史上看，马克思主义的传播和影响是多方面的、多形式的。既有轰轰烈烈的政治革命，也有声势浩大的群众运动，既有极其尖锐的经济斗争，也有纷繁复杂的思想斗争，既有"合法"的"和平"的斗争，也有非法的武装的斗争，等等；其三，马克思主义在一个半世纪的发展中有令人鼓舞的伟大胜利，也有令人忧虑的痛心的失败，它的历史呈现曲折发展状态。特别是我们生活的二十世纪社会主义是在十分复杂曲折的情况下发展的，其中还交织着暂时的倒退和严重的复辟。他承认，马克思主义正面临着一系列的挑战，特别是面临着社会主义在新形势下需要不断改革的挑战。但是他坚信："社会主义不能离开马克思主义，只有马克思主义才能在当代社会主义改革的挑战中赢得胜利，这是历史的和现实的不可抗拒的结论。"①这种振聋发聩的言词，至今仍有雷霆万钧之力。

五

庄老师于2005年发表的《当代中国哲学的基础理论研究及其与时俱进的创新》一文，实际上主要研究的是马克思主义哲学的基础理论研究及其与时俱进的创新。他在论述对马克思主义哲学的基础理论的坚持与创新之间的关系时，鲜明地表述了自己的两个观点：

---

① 庄福龄：《论马克思主义的历史命运》，《南京社会科学》1996年第10期。

其一，必须坚信马克思主义基础理论的正确性。他这样说道："基础理论诚然貌似抽象，离现实较远，但在认识世界、认识规律上却不可或缺，并且深刻地反映着具体，包容着具体，反映着时代，体现着时代精神，也为理论的进一步发展和应用提供着基础和生长点。因此，没有基础理论，哲学就不能反映时代、反映具体，也不能升华与形成规律。哲学靠基础理论而发展、而应用、而创新、而形成分支。"

其二，基础理论也必须与时俱进。他说："哲学基础理论本身也是与时俱进的，它正是在与时俱进中不断生长、不断充实、不断丰富、不断提出新的理论成果。如果基础理论停滞了、僵化了，哲学的生命也就终止了。"基于这一基本立场，他强烈要求推进马克思主义哲学的中国化。他说："当代中国哲学形成和发展的过程，是马克思主义及其哲学基础理论同当代中国实际相结合的过程，也是实现马克思主义中国化的过程。"这是他明确地把马克思主义哲学中国化理解成马克思主义哲学的基础理论与当代中国实际的相结合。

他还说："马克思主义中国化不断深化的历史，中国化马克思主义与时俱进的历史，是相互融合在一起的。这一历史生动地体现着马克思主义既一脉相承，又不断创新，保持着永恒的生命力，也保持着永远同时代、同实践、同群众同呼吸共命运的优良品质。"这是他富有创意地把"马克思主义中国化不断深化的历史"，视为即是"中国化马克思主义与时俱进的历史"，认为正是历史体现了马克思主义"既一脉相承，又不断创新"的品质。

他又说道："当代中国哲学的基础理论之所以重要，之所以不能忽视，既是由基础理论的性质和内涵所决定的，也是由我国社会主义实践经验所决定的。从基础理论本身看，它直接涉及的是理论层次上最高最根本的问题，像世界观、历史观和基本立场、基本观点、基本方法这样的问题，它的着眼点和研究的重点是事物的内在联系、发展趋势、基本规律和人的全面发展与人的解放等具有普遍意义的重大理论问题。"庄老师在这里实际上陈述了当今坚持马克思主义哲学基础理论,即对马克思主义基础理论"守正"的缘由,他认为这"既是由基础理论的性质和内涵所决定的","也是由我国社会主义实践经验所决定的",马克思主义哲学基础理论"直接涉及的是理论层次上最高最根本的问题"。①

六

在新世纪(21世纪)到来之际,庄老师特地写了一篇题为《简论新世纪中国的马克思主义理论建设》的文章,专门就在新世纪我们如何坚持和发展马克思主义做出了精辟的论述。他说,20世纪是中国社会变动最深刻、最激烈的一百年,是一段大变革、大更新、大发展的历史。如果把这段历史同过去的历史长河相比较,当今的时代不愧为"一天等于二十年"的时代。中国为什么能够出现如此重大的变革,他认为其中最重要的原因是"中国的一批先进分子和革命者在马克思主义指导下创建了中国共产党,中国革命从此有了坚强的领导核心"。但是他特地补充说,"中国的变革能够实现,中国的社会发展能够不断跃上新台阶,不仅因为有了马克思主义,更重要的还在于有了适合中国情况、解决中国问题的马克思主义"。

庄老师在论文中旗帜鲜明地指出:"纵观马克思主义形成和发展一百五十年的历史,马克思主义对于资本主义,对于社会主义,对于当代世纪之交的新变化,没有失效,没有失败,更没有消失。失效和失败的是那种既脱离祖宗,又脱离现实,肆意曲解的'马克思主义';那些背离实

---

① 此节引用皆出自庄福龄:《当代中国哲学的基础理论研究及其与时俱进的创新》,《中国人民大学学报》2005年第5期。

事求是原则而以主观主义态度鼓吹和奉行的所谓'马克思主义',早就被它的创始人马克思恩格斯在生前所唾弃,早就被历史和群众所唾弃,消失在历史的长河中了。根据中国的经验,关键是坚持什么样的学风,坚持什么样的马克思主义观。"

他特别强调在新世纪必须以科学的态度对待马克思主义。他说:"马克思主义是科学。作为一门科学,自有它明确的对象和比较稳定的内容,有它经过实践检验的基本原则和基本规律,有它合乎逻辑的统一的科学体系。对于这一切,都要从马克思主义的形成发展过程中去研究,而不可作孤立的静止研究。马克思主义的全部历史表明,凡是在以科学态度研究马克思主义、从理论和实践的结合上不断扩展和深化马克思主义内容成为风尚的情况下,马克思主义就得到多方面的应用和展开,马克思主义就获得重大发展和创新"。[1]

庄老师在文章的最后就在新世纪如何对待马克思主义提出了自己的五点宝贵建议:第一,马克思主义理论研究和理论建设要坚持老祖宗,又要坚持创新;第二,马克思主义的旗帜必须鲜明,理论阵地必须由马克思主义占领;第三,马克思主义基本原理的研究必须加强,绝不可当作老生常谈而予以忽视;第四,马克思主义中国化的伟大事业还要继续推进和深化;第五,马克思主义理论建设必须进一步深化和提高。马克思主义前辈庄老师的这些忠告言犹在耳,我们这些后生晚辈怎可忘却!忘却意味着背叛,意味着失败。

七

2005年1月21日的《人民日报》刊登了庄老师的一篇题为《着眼于理

---

[1] 此节引用皆出自庄福龄:《简论新世纪中国的马克思主义理论建设》,《毛泽东邓小平理论研究》1999年第6期。

论的继承和创新》的长篇文章。文章的题目"着眼于理论的继承与创新"即是"守正创新"之意，可见庄老师在那个时候就已非常强调对马克思主义的"守正创新"。文章开宗明义，庄老师写下了这样一段话："用科学的态度对待马克思主义经典著作，是继承和创新马克思主义基本原理的根据，也是实施马克思主义理论研究和建设工程一项重要的基础性工作。马克思主义拥有卷帙浩繁的经典文献，其中既有大部头的系统的理论专著，也有对理论问题做出深入分析的科学论著，还有许多理论和实践结合、史论结合、材料翔实、说理透彻的精品杰作。这些论著凝聚了历史的精华和时代的智慧，是人类精神财富的宝藏，更是马克思主义基本原理最精确、最完备的载体。"①我读了庄老师的这段话茅塞顿开。首先，庄老师告诉我们，今天我们要继承和创新马克思主义的基本原理，即实现对马克思主义的"守正创新"，关键在于要"用科学的态度对待马克思主义经典著作"。那么，这里就有一个对于马克思主义的经典著作的基本评价的问题。庄老师在这里讲得十分清楚，马克思主义经典著作"凝结了历史的精华和时代的智慧，是人类精神财富的宝藏，更是马克思主义基本原理最精细、最完备的载体"。庄老师对马克思主义经典著作持敬畏的态度，他对马克思主义的经典著作所做的这一评价无疑是客观的，也是正确的。庄老师在这篇文章中还特别提及"继承和创新"马克思主义"离不开历史的变化与现实的情况"。他说："马克思主义经典著作都是一定历史条件下的产物，都是为解决一定历史任务而提出的。研究这些著作，当然也需要立足当代，立足本国国情，正确解决继承和发展理论的问题。为此需要分清哪些是必须长期坚持的基本原理，哪些是需要结合新的实际加以丰富和发展的理论判断。而要实现这一要求，就必须研究这些原理提出后，历史究竟

---

① 参见庄福龄：《着眼于理论的继承和创新》，《人民日报》2005年1月21日，第9版。

发生了什么变化，在变化的条件下，如何认识和发展马克思主义。离开历史的变化，离开具体的条件，抽象地提出对马克思主义的要求和任务，是根本背离历史唯物主义的空话，是阉割马克思主义生命力的表现，也必将堵塞真理发展的道路。真正的马克思主义者必须根据不断发展变化着的情况，认识、继承和发展马克思主义。"[1]庄老师在这里提出必须在充分通晓历史的变化和现实的情况的前提下，来谈论对马克思主义的继承和创新，无疑在20年后的今天仍然具有莫大的针对性和启发作用。

八

庄老师于2005年在《思想理论教育导刊》上发表了一长篇论文，题为《坚持历史观的客观性、整体性和必然性》。这篇论文内容十分丰富，而其中庄老师对"重建历史唯物主义"的评析尤其引起了我的注意。"重建历史唯物主义""重构历史唯物主义"在当代中国学术界似乎也是一个比较流行的口号。在我看来，对于历史唯物主义、马克思主义立足于"重建""重构"是明显有违于对马克思主义"守正创新"的原则的。所谓"重建""重构"是指原先的基本上已过时，现在必须加以重新建造，这是在推翻和否定原先的东西的基础上的一种操作，是以推翻和否定原先的东西为前提的。当然，对历史唯物主义、马克思主义提出要"重建""重构"，其前提就是否定历史唯物主义、马克思主义的基本原理。"守正创新"是在坚持基本原理的基础上的创新，而"重建""重构"是在否定基本原理为前提的构造。应当说，两者界限是比较清楚的。

下面我们就看看庄老师是怎么评析"重建"的。正如庄老师所说的，

---

[1] 参见庄福龄：《着眼于理论的继承和创新》，《人民日报》2005年1月21日，第9版。

最早提出"重建论"的是那些"西方马克思主义"理论家,特别是哈贝马斯,他曾写的一本书的书名就是《重建历史唯物主义》,国内只是后来才加以推崇。"重建论"者重点是要"重建"马克思主义对资本主义的批判理论。庄老师也首先就这一点对"重建论"展开剖析。他说:"'重建论'只看到当代资本主义不同于自由资本主义的特点,否定马克思主义关于生产力对社会发展的推动作用,力图把社会交往作为社会进化的动力,突出社会意识和道德教化的作用。他们不理解任何社会制度都是由一定生产方式组成的,都是同一定的生产关系联系在一起的。同资本主义生产关系相联系的生产力,自然是同资本主义的阶级活动相联系而表现为剥削人、奴役人的力量,从而阻碍社会的发展;与此相反,同社会主义生产关系相联系的生产力,在充分调动生产者积极性的基础上必然成为推动社会发展的力量。历史唯物主义认为,看不到生产力在社会发展中的普遍作用,把当代发达资本主义国家的状况绝对化,力图从生产关系和社会制度之外去寻求其他动力,这就不能不求助于社会意识而堕入脱离社会物质生活条件的唯心史观的泥潭。"

在庄老师看来,"重建论"者要"重建"马克思主义的资本主义批判理论,其要害在于否定生产力的决定作用理论,否定社会基本矛盾运动理论基础上的"重建",从而必然会"堕入脱离社会物质生活条件的唯心史观的泥潭"。这确实是一针见血的。庄老师明确地指出,那些热衷于"重建"历史唯物主义的人,根本的问题在于企图否定马克思主义的唯物史观,而马克思主义的唯物史观是马克思一生的两大发现之一,它是不可能被推翻的,推翻了唯物史观也就等于没有了马克思主义。

他用如下文字概括了唯物史观的基本内容和主要特征:"唯物史观从千丝万缕的社会联系中梳理出生产力、生产关系、经济基础、上层建筑这样一些基本范畴和基本原理,从社会生活的总体上说明人们之间的相互关系,包括阶级关系、政治关系和人民内部的其他关系,从本质上阐明社会生活中的偶然性和必然性，说明社会历史变化发展的必然趋势和客观规律。"

他紧接着又用如下文字阐述了唯物史观的根本性质和重大意义："这是一个有内在联系的严谨的科学体系，是由长期历史和现实生活反复验证的不可逆转的趋势揭示出来的科学真理，其中每一个重要的理论关节和理论论断都是不可或缺、彼此依赖、彼此联系的，都是围绕着社会存在与社会意识的辩证唯物主义解说而展开的。"

庄老师认为，唯物史观"当然也是与时俱进的"，但是他强调，唯物史观的这种与时俱进，对唯物史观的创新发展，"是在上述基本原理基础上前进的，是以理论上的新创造、新形式丰富原先的论断而适应时代变化的，它不可能离开、更不可能背离原先的基础而标新立异、重起炉灶的"。[1]庄老师在这里讲得何等清楚明白，对历史唯物主义，乃至对整个马克思主义的创新，只能是在原先的"基本原理基础上"的"前进"，只能是"以理论上的新创造、新形式丰富原先的论断"而使之适应时代的新变化，而决不是"离开"，更不是"背离"原先的基础而"标新立异、重起炉灶"。

上面我只是借纪念庄老师诞辰95周年之际解读了庄老师在新世纪（21世纪）来临之际所写下的若干篇文章。一个对马克思主义"守正创新"的典范活生生地显现在我的面前。这些文章都是20年前写下的，我相信，只要沿着庄老师的著述的时间顺序，往后再一篇篇读下去，庄老师"守正创新"的形象将愈来愈丰满、完美和高大。

---

[1] 此节引用皆出自庄福龄：《坚持历史观的客观性、整体性和必然性》，《思想理论教育导刊》2005年第11期。

靳　诺

▶ 中国人民大学原党委书记、《马克思主义发展史》（十卷本）编委会主任。

庄福龄先生与
《马克思主义发展史》（十卷本）

靳 诺

庄福龄先生是我国著名的马克思主义理论家、哲学家，中国马克思主义哲学史和马克思主义发展史学科开拓者之一，我和庄福龄先生在20世纪80年代中后期就认识，至今已有30多年，期间有过多次学术方面的交往，但给我印象最深的是我来中国人民大学担任党委书记之后，他当面首倡并积极推进了《马克思主义发展史》（十卷本）的编写出版工作。

一

2013年4月下旬，根据组织安排，我到中国人民大学任职。5月的一天，我去世纪城时雨园看望庄福龄先生，其时党的十八大召开刚刚半年多时间。这时候庄先生患病已经有一段日子了。但是，那天老先生兴致特别高，思路清晰，他详细介绍了拟在《马克思主义发展史》（四卷本）基础上编写一套新的《马克思主义发展史》（多卷本）的宏大设想，并且较详细地谈了这项编写出版工作的重要意义、总体考虑、实施步骤以及组建队伍等重要问题。看得出，老先生在党的十八大之后对中国特色社会主义事业以及党和国家实践创新发展及理论创新的关心关注，对于如何修改《马克思主义史》（四卷本）经过了反复思考和筹划。《马克思主义史》（四卷本）是由庄福龄先生主编的，人民出版社于20世纪90年代后期出齐，先后获得了全国精神文明建设"五个一"工程奖、国家图书奖提名奖。谈到这项重要工作时，年已84岁的庄先生言辞恳切、目光坚定，其羸弱的身躯中蕴藏的为党和国家、为学术、为提携后辈学人的执着追求与忘我精神令人动容。庄先生特别说到，为党和国家思想理论建设做出应有贡献，为马克思主义理论学科做出应有贡献，这是中国人民大学的优良传统和优势所在；在新的历史条件下重新编写出版《马克思主义史》（多卷本），不仅要结合新实践新理论补写四卷本出版后至党的十八大前十六年推动马克思主义发展的内容，而且要认真研究党的十八大以后习近平总书记提出的新思想新观点新论断的重要内容，要体现出《马克思主义发展史》（多卷本）的创新性、系统性、权威性，体现出中国人民大学的水平、风格和气派。我对庄先生这些极富担当精神和前瞻性的设想深表钦佩并高度赞同。中国人民大学作为我们党创办的第一所新型正规大学，作为全国马克思主义理论教学和研究的高地，要有高度的理论自觉和理论担当，责无旁贷地为党和国家思想理论建设和马克思主义理论学科建设做出应有的贡献，学校应该高度重视并给予支持。从庄先生家里返回学校以后，经与学校领导班子成员们沟通交流，大家一致赞同要尽快启动这项工作。

二

学校领导班子对编写《马克思主义发展史》（多卷本）提议的充分肯定，对庄先生是巨大的鼓舞。80多岁高龄的庄先生全身心投入到了《马克思主义发展史》（多卷本）的组织编写工作之中，直到生命的最后一息。庄先生多次表示，虽然年事已高，但会尽最大努力积极推动完成这项重要工作，不负学校领导重托。在我看望庄先生后不久，先生就召集他的弟子们，邀请中国人民大学马克思主义学院主要负责人和人民出版社马列室有关编辑到他家里，先后两次召开小型研讨会，专题商讨编写事宜。经过认真讨论，大家就一些重要问题达成共识，并最终确定《马克思主义发展史》（多卷本）为十卷的篇幅。其后，在学校领导的关心指导下，学校各职能部门大力支持，马克思主义学院以时不我待的紧迫感迅速启动了编写工作。时任学校分管科研工作的王利明副校长安排学校科研处把它列为学校"重大科研规划项目"，拨付经费支持。

庄先生作为首倡者，为了推进编写工作顺利展开，他拖着病弱之躯亲自起草了5000多字的十卷本导言草稿，对编写工作的重要意义、整体框架等重要内容提出具有启发意义的建议和设想，特别强调要突出研究马克思主义中国化最新成果，这些作为参考资料在"总序"和十卷本具体编写中得到充分体现。不仅如此，在十卷本编写过程中，他数次拖着病弱之躯参加会议或委托他的博士生弟子、时任马克思主义学院副院长、编委会秘书长的侯衍社教授代他转达编写十卷本的具体建议。比如，在2014年12月27至28日，中国人民大学马克思主义学院和"马克思主义与中国道路协同创新中心"共同主办"《马克思主义发展史》（十卷本）编写讨论会"，他因病没能参会，委托侯衍社教授转达了他为编写工作提出的几条建议：一是突出新内容，篇章结构不要求全，但要求新，多写一些富有新意和时代感的内容。二是编写马克思主义发展史要与代表性人物的生平事迹相结合，把历史活动与主要人物活动联系起来。三是处理好"西方马克思主义"的相关内容和篇幅。四是把编写工作和大事记结合起来，使二者良性互动。五是关注国外观点，认真研究，慎重对待，辩证分析，不要轻易做

定论。六是集思广益，认真听取各方面意见，对于反对意见和反面意见也要认真听取，在此基础上认真修改完善。这些意见都是很有启发性的。我参加了这次会议，会议对高质量完成编写《马克思主义发展史》（十卷本）的重要意义形成高度共识，精心设计出工作路线图。

三

庄先生毕生致力于马克思主义哲学史和马克思主义发展史学科的建立和完善，他一生桃李满园，学术成就卓著，为国家培养了大量优秀人才，其中不少成为我国马克思主义哲学和马克思主义理论学科的带头人和学术骨干。他从2013年正式接受这项重任到去世前，始终念念不忘《马克思主义发展史》（十卷本）。他生命的最后一程是在医院度过的。住院期间，多次表达对学校领导、学院领导和参与编写十卷本作者的衷心谢意：一是他对学校领导对他特别是对十卷本编写工作的高度重视和大力支持表示衷心感谢。二是相信十卷本一定能够不负众望高质量地出版发行，他完全可以放心。三是他对所有参与十卷本编写工作的人员表示衷心感谢和美好祝愿。庄先生视学术重于生命、视承诺重于泰山，令人肃然起敬。在北京八宝山他的遗体告别仪式上，悬挂着弟子们敬献的挽联："倾毕生精力觅真谛开马哲史研究先河为学至真至深至精，注一世心血携后人育满园桃李竞芬芳为师至敬至亲至诚。"这是后辈学人心目中老师的形象，也是庄先生忠诚于党的理论事业和教育事业，追求真理、勇于开拓、奖掖后学、光明磊落的一生写照。

《马克思主义发展史》（十卷本）的编写是一个要求很高的庞大工程，涉及人员组织、提纲撰写、任务分工、会议组织，尤其是各卷内容的具体撰写和修改完善等，需要花费很大心血精力。在这项编写工程启动之时，庄先生身体已经有恙，之后一直处于治疗中。2016年11月30日，庄先生因病医治无效去世。在此后长达7年的持续编写过程中，学校一以贯之给予关心支持。马克思主义学院郝立新、吴付来（兼）、齐鹏飞（兼）、王易、郗戈等五任院领导，一张蓝图画到底。编委会、各位总主编、各卷主编和主要写作人员久久为功，持续投入了巨大精力，先后参与编写的人员超过了100多人，召开的各类会议不计其数。特别要提及的是，庄先生去世后，杨瑞森教授以80高龄接替了庄先生留下的主编重任。正所谓十年磨一剑。经过十年的辛勤努力，《马克思主义发展史》（十卷本）终于在2023年10月底全部出齐，合计700多万字，是国内外迄今为止篇幅最大的马克思主义发展通史，中国人民大学的学者们为国家思想理论建设、为马克思主义理论学科建设交上了一份比较圆满的答卷，这也是对庄先生最好告慰。

四

在以庄先生为代表的人大人编写《马克思主义发展史》（十卷本）过程中，充分体现和切实贯彻了新时代党的指导思想，贯彻了习近平总书记关于思想理论建设的指示精神。一是坚持了政治性和学理性的统一。马克思主义理论是具有鲜明政治性的，同时马克思主义又是彻底的理论，是科学真理，十卷本始终贯穿了探究真理、把握规律的编写宗旨，把政治性和学理性有机结合起来。二是坚持了价值性和知识性的统一。马克思主义理论是为工人阶级解放和全人类解放服务的，十卷本始终坚持了正确的价值导向，同时通过对专业知识的系统梳理、深入研究，把马克思主义170多年发展的历史完整地呈现出来，通过科学、系统的知识作支撑，将价值观培育和专业知识传授有机统一起来。三是坚持了继承性和创新性的统一。

十卷本广泛吸收了国内外已有研究成果,同时又结合新的时代特点和理论发展的新要求,在新材料新观点新方法方面取得了突出成效,充分体现了马克思主义理论与时俱进的特点。四是坚持了理论性和实践性的统一。马克思主义是探求自然界、人类社会和思维发展规律的博大精深的理论体系,又是指导人们认识世界、改造世界的科学世界观和方法论,是在实践中不断发展的科学理论体系。十卷本编写过程中充分体现了理论性与实践性的统一,在回应时代提出的重大实践和理论问题方面做出了扎实有效的努力,取得了突出的创新成果。当然,编写十卷本过程中还体现出来其他一些突出特点,比如,充分彰显了人大人始终奋进在时代前列、勇于担当、求真务实的精神。党的十八大的胜利召开,我国社会主义现代化建设事业进入新时代,以庄福龄先生、杨瑞森先生为代表的人大人就开始了对《马克思主义发展史》新篇章长达十年之久的深入研究,开始了对时代精神的探索,力求准确把握。在党的十九大召开并将习近平新时代中国特色社会主义思想界定为马克思主义中国化的最新理论成果之后,十卷本编委会清醒地意识到新思想对于高校思想理论教育工作的重大意义,意识到新思想对于高校思想理论教育工作提出的急需进一步深入研究和解决的重大理论问题和实践问题,采取果断措施,优化组织编写精干力量,对"最新成果"作出学理化研究阐释,取得了很好的研究效果;为了深化对习近平新时代中国特色社会主义思想的学习研究,编委会精心策划实施,对党的二十大精神着力从哲学上作出阐明,比如关于"两个确立"哲学依据的阐发,关于百年历史经验的哲学总结,关于习近平新时代中国特色社会主义思想所蕴含世界观和方法论的科学总结和提炼,关于"两个结合"命题提出的哲学意义之揭示,等等,充分体现了研究成果的高度和深度。限于篇幅,对其他突出特点就不一一列举了。十卷本的编写过程中,充分展现了庄先生的理论坚守和担当,还有杨瑞森先生等前辈学人追求真理、勇于担当、潜心治学、精益求精的无私奉献，为后学树立了学习的榜样。

《马克思主义发展史》（十卷本）的顺利完成不是偶然的，这是长期以来形成的中国人民大学精神的集中体现。中国人民大学历来有重视学术研究的优良传统，富有责任担当精神、求真务实精神、团结协作精神，这些精神在以庄先生为代表的老先生们身上得到了充分体现，在新时代十卷本编写者中得到了很好的传承和弘扬。在十卷本编写过程中，中国人民大学马克思主义学院的"一马当先"精神也得到集中体现。参与编写者中不少人是全国知名的专家学者，在教学科研任务十分繁重的情况下，他们挤出大量时间，加班加点，不辞辛劳，献计献策，无私奉献，投入了心血智慧，一遍遍修改和完善书稿，攻克了一个又一个理论难关，彰显了勇于担纲、求真务实、团结协作的精神，提携后学的风范和精益求精的治学态度。《马克思主义发展史》（十卷本）无疑是人大马克思主义学院一项集体的作品和荣誉，也是马克思主义学院广大教师为自己竖起的一座学术丰碑和精神丰碑！

新时代新征程，中国人民大学将更好传承和弘扬优良传统，弘扬"一马当先"精神，持续发挥马克思主义理论研究优势，担当起人大马克思主义理论学派应有的时代使命，解放思想，实事求是，踔厉奋发，勇毅前行，为发展当代中国马克思主义和二十一世纪马克思主义作出新的贡献！

吴晓明

▶ 复旦大学哲学学院教授,曾任中国马克思主义哲学史学会副会长。

庄福龄先生与我国的马克思主义哲学史研究

吴晓明

庄福龄先生是我国马克思主义哲学史学科的创始人之一，也是这个领域的旗帜性人物。当中国马克思主义哲学史学会（当时的名称是"全国马克思主义哲学史研究会"）在1979年成立的时候，我还是复旦大学哲学系的本科生；当马哲史学会在1982年召开年会的时候，我是以研究生的身份满怀热情地参加了那届群贤毕至、少长咸集的盛会。当时学会的负责人是黄枬森先生、林利先生和庄福龄先生。不久以后，学会就由正值盛年的庄福龄先生来主持了（先生连续担任6届会长）。中国马克思主义哲学史学会的成立，在我国的马克思主义理论界和学术界是影响非常深远的，并且也正是通过这个学术共同体，极大地促成了马克思主义哲学史学科在各个大学的普遍建立。

今天的学者大概很难体会到这一学科建立的真正意义，也很难体会到：当一种历史性原则进入到对马克思主义哲学的理解和把握时，会形成多么巨大的理论动力并开展出多么广阔的理论空间。我之所以很早就参加马哲史学会的活动，不仅是因为我所学的专业，而且是因为当时正面临着理论上的重大问题与挑战。如果我们把马克思主义哲学仅仅理解为一些停滞着的原理,那么历史性就是无关紧要的;而当历史性的原则进入到对马克思主义哲学的把握中时,我们的理论视野仿佛一下子就被打开了。当时困扰我们的问题不仅是马克思思想的发展阶段和进程、马克思的哲学革命及其意义,而且尤其是:当西方马克思主义的早期代表(首先是卢卡奇和柯尔施)同"梅林—普列汉诺夫正统"形成尖锐对立的时候,究竟应当如何去深入理解马克思的哲学本身,去把握这一哲学的本质特征。"马克思主义哲学史"的概念,通过学会和庄先生的一力倡导,给了年轻学者们一个积极的提示或指向,以便由此来开展出他们自己的学术探索。

正如庄先生所指出的,八卷本《马克思主义哲学史》的前三卷,主要是围绕着唯物史观这一伟大发现而展开的,并"针对国内外'早期热''手稿热''异化热'和马克思恩格斯思想转变的不同评价,提出编著者的分析和评论。"对于当时年轻的马克思主义哲学的研习者来说,这无疑是具有极大吸引力的。因为这些问题和热点正是我们所面临的基本问题和基本挑战;特别是,当西方马克思主义出现在我们的视野中并且与第二国际的理论家形成对立时,这样的问题和热点就是我们的理论探讨所不可回避的了。庄先生对于这样一些问题和热点发表了明确的和深思熟虑的原则性观点,对我们产生了重要的影响。正是在这样的探索路径上,我做的博士论文就是《历史唯物主义的主体概念》;并且为了进一步弄清问题,不久以后又专门研究了马克思早期思想的历史性进程(体现在《马克思早期思想的逻辑发展》一著中),试图在这些问题和热点上进行深入的理论研究,并给出自己的某种探索性的理解方案。这样的探讨是在"马克思主义哲学史"概念的引领下开展出来的,并且是与庄先生所倡导和强调的路径一脉相承的。

因此，庄先生确实是我从事学术探讨的一位非常重要的引路人。虽然我和庄先生大约有一代人的年龄差距，却没有任何隔阂，他对后学的奖掖和鼓励是令人难以忘怀的。庄先生在学术理论上严正不阿，但在探讨的方式上却谦和包容，始终让我有一种如沐春风之感。后来我又长期在学会兼任一些工作，所以和庄先生的交往就多了起来。庄先生在学术上的严谨和勤勉，以及他在为人方面的诚恳与忠厚，不仅给我留下了很深的印象，而且对整个马克思主义哲学史的学科建设产生了非常积极的影响。当历史性的原则广泛地进入到马克思主义哲学的研究领域中时，各高校纷纷建立了马克思主义哲学史教研室——它极大地拓展了马克思主义哲学的研究领域，并且有力地促进了对当时所面临的理论课题的积极探索。我在研究生毕业以后，就进入了复旦哲学系的马克思主义哲学史教研室。

我认为，庄先生一力倡导并积极推进的"马克思主义哲学史"概念，对整个学科产生的深远影响主要有以下几个方面。

第一，是对"马克思主义史"或"马克思主义哲学史"研究对象的规定。

这一规定将研究对象不仅理解为"理论科学"，而且同时理解为"历史科学"，确切些说，理解为理论和历史的统一。正如庄先生在他主编的四卷本《马克思主义史》中所指出的那样，"马克思主义史是以马克思主义的孕育、形成、建设和发展为研究对象的科学。从这一科学近两个世纪的客观发展进程看，它是一门有确凿内容，不可随意篡改的历史科学；从这一科学在历史发展上所阐述的马克思主义的实质看，它又是一门有鲜明的革命内容和严密的逻辑体系的理论科学。"[①]因此，马克思主义哲学史

---

① 庄福龄主编：《马克思主义史》（第1卷），北京：人民出版社1996年版，第1—2页。

的研究不仅要求把马克思主义哲学把握为一门理论科学，要求阐述它鲜明的理论特色、严谨的理论体系和跨时代的理论贡献，而且要求将之把握为一门历史科学，也就是说，从它特定的历史条件、历史背景和整个发展的历史行程中去理解马克思主义哲学。正是这种理论与历史的统一，在深化对马克思主义哲学理解的同时，也使这种理解在历史性的行程中得到充分的具体化。

后来，复旦大学哲学系主编的马哲史教材，就采用了如下的书名：《马克思主义哲学的理论与历史》，它是依照理论与历史相统一的主旨来制订方向的。在庄先生和学会的整体推动下，当时的马克思主义哲学研究平添出一种新的气象：由于历史性原则的介入，就像对马克思主义哲学的研究根本不可能避开它的历史进程一样，对马克思主义哲学的历史研究，也不能不要求在理论方面的推进与深化。由此而形成了一种广泛的风气，极大地改变了马克思主义学术的研究方式。

第二，是"马克思主义中国化"的本质着重地进入到学术研究的领域之中。

这一内容要求以学术化、学理化、专业化的方式进入马克思主义哲学史学科。八卷本《马克思主义哲学史》的第六、七卷，主要就是围绕马克思主义哲学在中国传播、发展的历史而展开的，重点突出毛泽东哲学思想的形成发展和历史地位；在第二版又着重增补了邓小平理论的形成、发展及其哲学意义。在这方面，庄先生不仅写了大量的论文，而且在《中国马克思主义哲学传播史》和《毛泽东哲学思想史》中使之得到全面的阐述和探讨。这一工作的意义是非常深远的，它不仅要求使中国化的马克思主义与马克思主义的整个发展相联系，而且特别要求使得马克思主义的研究与马克思主义中国化的历史进程相结合。

正如庄先生所指出的那样，"要继续推进马克思主义中国化的事业，需要在新的历史条件下，继续把马克思主义的普遍真理同中国具体实际结合起来，特别是要注意把马克思主义同当代历史向世界历史发展的特点相结合，同当代科学技术迅猛发展的特点相结合，同当代两种社会制度长期并存的特点相结合。"这样一来，马克思主义哲学史在囊括中国化马克思主义哲学的同时，就要求当代中国的历史性实践、当代中国的问题和经验进入到学术研究的领域之中。

第三，是对当代国外马克思主义研究的拓展。

在20世纪80年代初，我们对于国外马克思主义还几乎一无所知，而"马克思主义哲学史"的概念则要求我们在学术上进入这一领域，并对之开展出探索性的研究。八卷本《马克思主义哲学史》的最后一卷，力求有广阔的覆盖面，"对重要的国家和地区，包括发达资本主义国家、原社会主义国家和发展中国家均有所介绍和论述，并且对当代研究马克思主义所表现出的多样化格局和不同思潮流派的情况，也力求做出较系统较详尽的介绍和论述。"

在庄先生主持马克思主义哲学史学会期间，很早就成立了当代国外马克思主义研究分会。当时影响最大、研究最多的是西方马克思主义，不久又扩展到对苏联东欧地区以及其他地区的马克思主义哲学的研究；青年一代的马克思主义哲学研究者，几乎无不涉及这一领域，并对此展开多方面的探讨。经过大约40年的发展，我们对于国外马克思主义的了解，可以说已经进展到它的最前沿，并能够对之做出深入的理论分析和批判性解读。这一领域的进展与庄先生和学会的大力支持是分不开的。

不仅如此，庄先生要求对国外马克思主义的研究不能仅仅局限于一般的引进和介绍，而是要对之做出批判性的分析。庄先生当时就指出，西方马克思主义的道路有一个基本缺陷，即仅仅以学者身份出现，以建立学派为目的，在书斋里研究马克思主义，而这样的学术道路，从马克思主义哲学的立场来看，是片面的和不充分的。今天，随着研究的不断推进，我们也非常清晰地意识到了这一点。正如法国社会学家雷蒙·阿隆在批评萨特和阿尔都塞两位法国马克思主义哲学家时所说的那样：他们提出的问题是巴黎高师的学生会称之为康德式的问题，而恩格斯则会称之为小资产阶级的问题，即"马克思主义如何成为可能"；他们从来没有用《资本论》的方法真正去分析过当时欧洲的社会现实，特别是法国的社会现实。

当然，这种批判性的立场绝不意味着拒绝对外学习。恰恰相反，在庄先生看来，"对西方的东西我们要了解，而且要求了解得很深很透。"[1] 举例来说，我们既要把马克思主义关于人的理论研究清楚，也要把萨特的人学研究清楚；只有这样，我们才能真正深入地把握马克思主义哲学的实质。后来，复旦大学成立了"当代国外马克思主义研究中心"。回顾中心这几十年来的快速进展，我们是怀着深深的感激之情，铭记着庄先生的指导和学会长期以来的鼎力支持。

我们这一代马克思主义哲学的研究者们，首先是在上述这些领域中活动的；对我个人来说，影响特别重要的方面是马克思主义哲学的现实立场和方法论上的具体化。就"现实"这一立场而言，庄先生很明确地指出，"马克思主义史不仅应当同其他历史科学一样，对过去的历史加以搜集、整理、分析、提炼、总结，而更重要的是面对现实，面对现实生活中马克思主义是如何在继承的基础上做出发展和创新的，自然也包

---

[1] 庄福龄：《马克思主义中国化伟大理论成果》，北京：人民出版社2004年版，第252页。

括从现实出发对未来发展做出的分析、预测和推论。……这部历史将以现实中不断涌现的新鲜经验和新鲜论断而得到充实,而无限延伸。在这里,过去和现实之间有着内在的联系和一脉相承的关系,历史的东西熔铸在现实之中,现实的东西又不断转化为历史,历史也随之无限地延续下去。"[1]

但是,深入于现实并且把握住现实,却不是一件轻而易举的事情;相反,它意味着一种很高的理论要求——如黑格尔所说,"现实"是实存和本质的统一,是展开过程中的必然性。在这样的意义上,"现实"并不是可以通过知觉直接给予我们的东西,哲学上的现实立场要求把握住本质和必然性。所以海德格尔说,马克思在体会到异化的时候,是深入到"历史的本质性"那一度当中去了。由此可见,为了能够深入于现实并且把握住现实,就必须达到马克思哲学所要求的那样一种理论高度。

另一方面,就方法论上的具体化而言,同样需要掌握马克思取自黑格尔并加以批判性改造的基本方法,即辩证法。黑格尔早就说过,没有抽象的真理,真理是具体的;真正的普遍性不是抽象的普遍性,而是能够深入到具体之中并且把握住具体的普遍性。众所周知,马克思把《资本论》的方法概括为"从抽象到具体";而我们熟知的一个说法:"具体情况具体分析,是马克思主义的活的灵魂。"毫无疑问,马克思主义哲学高度肯定普遍的东西,但这种普遍的东西却绝不能停留在它的抽象性上,而是要求根据特定的社会条件和历史环境来实现其具体化。

---

[1] 庄福龄:《庄福龄自选集》,北京:中国人民大学出版社2007年版,第7—8页。

正如庄福龄先生所说，马克思主义具有普遍的意义，但这种普遍意义又"必须和具体实际相结合，必须通过一定的具体条件而表现出来。……马克思主义的传播和影响是多方面、多形式的，不同国家、不同地区不可能千篇一律，发展和运用马克思主义是一项创造性的事业，一个统一的、适合所有国家的方式是不存在的。"[①]同样，我们可以说，在"世界历史"的基本处境中，现代化对于每一个民族来说都是普遍的历史性命运，但是这样的普遍性也必须根据特定的社会条件和历史环境来具体化；只有在这样的具体化过程中，现代化这样一种普遍性才是真正现实的（例如，根据中国具体的社会条件和历史环境而得以实现的现代化，就是中国式的现代化）。

庄先生在马克思主义哲学史的阐述中特别强调的以上两个方面，对我后来的研究工作产生了积极的影响，并且可以说，这两个方面作为理论探讨的基本主题，长期支配着我的马克思主义哲学研究。

最后，我想说的是，我个人的学术生涯几乎就是和马克思主义哲学史学科的建立同步的；而庄先生长期主持的马哲史学会，不仅对我们的学术研究产生了极为重要的影响，而且还构建了一个让我们有家园之感的学术共同体。这个学术共同体在有力地推进马克思主义哲学和马克思主义哲学史研究的同时，创造了一种尊重学术、鼓励探索和友好协作的良好氛围。这种氛围的形成与庄福龄先生的学术宽容和人格魅力有着莫大的关系，并且最终变成了学会的一个基本传统。后来的梁树发会长和郝立新会长继承了这一传统，使之在很大程度上成为马哲史学科的基本风气。能够在这样一种风气中从事数十年的学术工作，对我们这一代学者来说，是一件无比幸运的事情。我由衷地希望马克思主义哲学史这个

---

① 庄福龄：《六十年学术生涯回顾》，《毛泽东邓小平理论研究》2011年第6期。

学术共同体能够继续在这样的氛围中取得更加丰硕的研究成果和学术积累。

谨以此文对庄福龄先生表示深深的敬意与纪念。

杨金海

▶ 清华大学马克思主义学院教授,曾任中共中央编译局秘书长、研究员。

庄福龄对马克思主义传播史学科建设的开创性贡献

杨金海

庄福龄先生是中国人民大学荣誉一级教授、我国马克思主义理论界的领军人物，为我国马克思主义哲学史、马克思主义发展史、马克思主义传播史、毛泽东哲学思想史等方面的研究和学科建设都作出了卓越贡献。可以说，庄福龄先生是中国马克思主义史学学派的卓越代表之一。

庄福龄先生与我的导师北京大学哲学系的黄枬森先生长期亲密合作，研究学问，志同道合，令人感动。我作为后学，曾多次亲自聆听他的教导，研读他的著作文章，获益良多。值得庆幸的是，庄福龄先生还是我的博士论文审阅人和答辩委员会成员，对我的论文写作曾给予热情鼓励和亲切指导。所有这些，都使我受益终生，永志不忘。尤其是近30年来我和我们团队所从事的马克思主义传播史研究，如果说有一点成绩的话，很大程度上要归功于庄福龄先生的思想引领。庄福龄先生于2016年离开了我们，但其道德文章、学术精神永远是激励我们前进的巨大力量。对庄福龄先生的最好纪念就是学习传承其学术思想。这里仅就庄福龄先生在马克思主义传播史方面所作的开创性贡献作几点追思，以表达对先生的深切缅怀和崇高敬意。

一、马克思主义传播史学科建设的提出

马克思主义传播史研究近些年来取得了丰硕成果，越来越具备了建设独立学科的条件。但我们不能忘记，庄福龄先生是最早提出把马克思主义哲学传播史作为独立学科建设的学者。大家知道，马克思主义哲学在马克思主义整个理论体系中占据统领地位，从这个意义上说，庄福龄先生也是马克思主义传播史学科建设的开创者。其代表作《中国马克思主义哲学传播史》及其修订稿《中国马克思主义哲学传播史论》就是明证。

关于马克思主义传播的历史研究在我国学术界早已有之，也取得了不少成就。我所在的中央编译局的专家们在这方面做了大量工作。因为中央编译局的主要任务是翻译和研究马克思主义经典著作，所以，要使经典著作翻译越来越准确，就需要研究和了解有关经典著作翻译的历史，特别是要对原有的经典翻译文本、版本等进行比较和考证研究，也需要对经典著作的原文版本进行历史性地考证和比较研究。为此，中央编译局的老前辈们十分重视这一工作，从20世纪50年代开始，就不断进行马克思主义传播的历史研究，同时也开展宣传普及工作。

比如，1954年中央编译局举办了"马列主义在中国的传播"展览；1957年为纪念十月革命胜利40周年，中央编译局又与北京图书馆（即现在的中国国家图书馆）合作举办展览；1963年，中央编译局专家丁守和、殷叙彝撰写了《从五四启蒙运动到马克思主义的传播》一书；1983年，为纪念马克思逝世100周年，中央编译局举办了"马克思恩格斯著作在中国"展览，之后编辑整理并由人民出版社出版了《马克思恩格斯著作在中

国的传播》一书；1998年，为纪念《共产党宣言》发表150周年，中央编译局与中央电视台联合创作了两集电视文献纪录片《共产党宣言》并举办了"《共产党宣言》发表150周年"专题展览；2011年，为庆祝中国共产党成立90周年，中央编译局创作了八集电视文献纪录片《思想的历程》，并由中央编译出版社出版《思想的历程——马克思主义在中国的百年传播》一书，还创建了我国第一个"马克思主义传播史展览馆"；2018年，为纪念马克思诞辰200周年，中央党史和文献研究院在国家博物馆举办"真理的力量——纪念马克思诞辰200周年"主题展览。这些都是不同时期对马克思主义传播史研究的重要成果。近几十年来，为推进经典著作的翻译和研究工作，中央编译局还对马克思主义经典著作的世界传播进行了研究，特别是对国际上《马克思恩格斯全集》历史考证版（包括MEGA1和MEGA2）进行了研究。其他大学、研究机构的学者在这些方面也都做了不少工作，取得了丰硕成果。

但就总体而论，这些研究工作还不够全面系统，即对马克思主义经典文本的传播研究较多，而对马克思主义基本理论、基本观点的传播及其创新发展研究比较薄弱，特别是对中国化马克思主义传播发展研究不足，更没有把马克思主义传播史作为一门独立的学科来研究和建设。

庄福龄先生既继承前人，而又超越前人，第一次自觉地把马克思主义传播史研究与我们党的理论创新发展研究相结合、与学科建设和教学教材建设相结合，明确提出要把马克思主义哲学传播史作为一门独立的学科来研究和建设。1988年，庄福龄先生主编并出版了《中国马克思主义哲学传播史》一书，被教育部确定为"高等学校文科教材"。他在该书中明确提出，中国共产党领导中国人民进行革命和建设的历史，"交织着马克思主义哲学传播和中国人民奋斗的历史，把它作为一个相对独立的领域，集聚充分的资料和人力,开展深入的研究,是完全必要的。"①

他还明确提出,作为一门独立的学科,中国马克思主义哲学传播史有自己独特的研究对象、任务、内容和方法等,由此建立起马克思主义哲学传播史的理论体系。在2015年出版的该书修订版《中国马克思主义哲学传播史论》中,庄福龄先生又重申了这些基本思想和观点;之所以要加一个"论"字,我理解主要是为了突出该书的特点,强调研究马克思主义哲学传播史,不能仅仅研究经典文本等传播史,更要注重马克思主义理论观点的创新和发展的历史研究。

庄福龄先生之所以能够创立马克思主义哲学传播史这门新学科,是与他长期从事马克思主义理论和历史研究分不开的。正如他在《六十年学术生涯回顾》一文中所说,1949年他就加入了中国共产党,努力学习马克思主义理论;1951年开始在大学从事马克思主义理论教育工作;1953年到中国人民大学研究班进修,系统学习马克思主义理论。1955年之后,他一直在中国人民大学任教,主讲马克思主义哲学,后又主讲毛泽东思想、马克思主义发展史等课程。②在60多年的研究和教学工作中,庄福龄先生取得了丰硕的学术研究成果,他撰写或主编的著作有几十部,其中最突出的是马克思主义史学著作,包括《马克思主义哲学史》(八卷本)、《马克思主义史》(四卷本)、《中国马克思主义哲学传播史》《毛泽东哲学思想史》等。这些学术成果充分反映了庄福龄先生的学术成就、治学理路和心路历程。

庄福龄先生的学术理路是"由论入史""论从史出""由史立论"。所谓"由论入史"即先研究马克思主义哲学、毛泽东哲学思想等基本理论,

---

① 庄福龄主编:《中国马克思主义哲学传播史》,北京:中国人民大学出版社1988年版,第3页。
② 参见庄福龄:《六十年学术生涯回顾》,《毛泽东邓小平理论研究》2011年第6期。

然后逐步深入到研究马克思主义历史；研究马克思主义历史也是逐步深入的，即首先研究马克思主义哲学史，再研究整体的马克思主义史，再研究中国化马克思主义史（主要是毛泽东思想发展的历史），再研究中国马克思主义哲学传播史（实际上也开始了整体的马克思主义传播史研究）。可见，这是一个对马克思主义研究不断深入的过程，即从点到面、从静态到动态、从发展史到传播史，层层深化、逐步递进的治学历程。没有前面的"论"的研究，就不可能有后来的"史"的研究；没有对"发展史"的研究，就不可能有对"传播史"的研究。因为只有对"论"有了深入思考，才会去追问"史"的问题，即追问这些理论观点的发展历史、来龙去脉；只有对"发展史"有深入思考，才会去追问"传播史"的问题，即追问经典作家的理论观点在中国传播中是如何一步一步被中国人所选择、翻译、理解和接受的。

所谓"论从史出"，就是通过历史的梳理和考证研究，进一步深化对经典作家理论观点的认识。只有这样，对马克思主义理论观点的认识才更全面、更系统。比如马克思和恩格斯对"资本主义"的认识是在不断深化的，晚期比早期的看法更深刻、更全面。只有立足于马克思主义发展史的全貌，才能全面系统地把握马克思主义经典作家有关资本主义的科学理论。对于中国化马克思主义也是如此，只有深入研究马克思主义在中国的传播、发展历史，才能全面系统地理解中国化马克思主义的基本理论和基本观点。

所谓"由史立论"，就是通过对马克思主义发展史和传播史的梳理研究，讲清楚马克思主义的基本理论、基本观点，讲清楚马克思主义发展的历史进程和基本规律，讲清楚马克思主义在中国传播的历史脉络和突出特点等，由此推进马克思主义理论研究，特别是推进马克思主义理论的史学研究，建立起科学的马克思主义发展史和传播史话语体系、学术体系、教学体系和教材体系。

当然，庄福龄先生之所以能够创立马克思主义传播史这门新学科，还与他长期从事马克思主义理论和历史教学有关。教师教学面对的是学生，讲课需要清晰明了，而且教学内容需要学理化、系统化、规范化，还需要对有关理论进行历史考察，理清来龙去脉；同时，还需要联系实际，回答学生提出的各种问题。庄福龄先生在长期的教学生涯中，培养了数以千计的学生，特别是培养了很多硕士、博士，他们其中的很多人都成为我国马克思主义理论战线的中坚力量。正是在长期的教学实践中，庄福龄先生逐步探索出马克思主义理论教学的路径和方法，开创了马克思主义发展史、传播史教学体系和教材体系，把马克思主义发展史、传播史研究推进到一个崭新阶段。

二、马克思主义传播史学科研究的基本构架

马克思主义传播史研究和学科建设是相辅相成的。没有对马克思主义在中国传播史的深入研究，马克思主义传播史学科建设就不可能提出并深入推进；但没有学科建设的思路和视野，也不可能把马克思主义传播史作为一个完整的理论体系和学术体系来建设。庄福龄先生正是因为同时具备了这两个方面的优势，并把马克思主义传播史研究与马克思主义理论学科建设研究完美结合起来，才提出了一套系统而科学的马克思主义传播史研究和学科建设思想。

首先，在庄福龄先生看来，要建立马克思主义传播史科学，需要确定这门学科的对象、内容和任务。

关于马克思主义传播史的对象，庄福龄先生在《中国马克思主义哲学传播史》一书中开宗明义地指出："中国马克思主义哲学传播史，作为

一门独立的学科，应当把马克思主义哲学在中国传播、应用和发展的历史作为研究的对象。"①这是对中国马克思主义哲学传播史研究对象的科学界定，同时也为科学界定整个马克思主义传播史的对象提供了基本范式。可以看出，在庄福龄先生这里，马克思主义"传播史"具有狭义和广义的区别。狭义的"传播史"主要研究马克思主义经典文本、基本原则和基本知识的传播；广义的"传播史"则不仅研究经典文本、基本原则和基本知识"传播"的历史，更要研究马克思主义基本原理在中国具体"应用"和"发展"的历史。他强调，不应当把马克思主义传播史"归结为单纯的历史纪年和史实的陈述与罗列"，而应当作更加广泛的研究。概括起来，至少要作以下几个方面的研究：一是要研究马克思主义经典文本等在中国"传播"的历史；二是要研究马克思主义在中国的"应用"，即研究中国马克思主义者努力把马克思主义基本原理与中国具体实践相结合的历史，由此来总结马克思主义传播的经验和教训；三是要研究马克思主义在中国的"发展"，即研究中国马克思主义者在实践中发展马克思主义，创立毛泽东思想等中国化马克思主义的历史；四是要作"历史比较"研究，即通过把马克思主义与当时存在的各种思想流派相比较，展现马克思主义的科学性、生命力和传播力；五是要作"国际比较"研究，即把国际上马克思主义传播情况与中国马克思主义传播情况进行比较，呈现中国马克思主义传播的特点和作用，揭示中国马克思主义发展的规律性。六是要研究马克思主义哲学史、马克思主义史、中国现代史、中国革命史等，这是研究马克思主义传播史的基本功。这些问题研究清楚了，基本功打扎实了，马克思主义传播史这门新学科才能建设起来。

---

① 庄福龄主编：《中国马克思主义哲学传播史》，北京：中国人民大学出版社1988年版，第3页。

马克思主义传播史研究的基本内容是由这门学科的对象所决定的，或者说是其对象之界定的进一步展开。庄福龄先生主要从四个方面进行了阐发。一是从中国马克思主义传播史与马克思主义史的关系看，二者研究内容不完全相同。中国马克思主义传播史是十月革命后马克思主义发展史在中国的继续，从这个意义上说，二者有密切联系；但二者研究的内容又有明显区别。中国马克思主义传播史主要研究马克思主义在中国的传播发展，特别是要研究中国人对马克思主义著作的翻译、研究、理解、接受、应用、发展等，并对历史上的重要著作、重要人物、重要事件等作出科学评价。二是从中国马克思主义传播史与中国现代史和中国革命史的关系看，中国马克思主义传播史有自己独特的研究范围。它主要从思想史的角度来研究马克思主义的传播和发展；既要结合中国实践，又要超越对历史事实的分析，主要从思想理论的高度对中国现代历史进行研究。三是从中国马克思主义传播史与中国现代哲学史的关系看，二者研究的内容不尽相同。中国马克思主义传播史无疑是中国现代思想史特别是中国现代哲学史的主要内容，但它主要研究马克思主义传播、应用、发展，对其他相关思想理论只作背景性研究，旨在突出马克思主义的历史地位和历史作用。四是从中国马克思主义传播史与毛泽东思想史的关系看，二者研究的内容也有很大不同。中国马克思主义传播史无疑要以毛泽东思想史为重要内容，特别是在民主革命时期是这样，但又不限于此，还要研究其他思想家的贡献，包括历史上众多的马克思主义翻译家、理论家、教育家等的思想成果，展现百年来马克思主义在中国传播发展的多姿多彩、奔腾不息的历史画面。

马克思主义传播史研究的使命任务，是要总结马克思主义传播史的成就、经验、规律，坚定人们的马克思主义理想信念，推动党的理论建设和社会主义精神文明建设。庄福龄先生认为，研究马克思主义传播史，要以历史材料为基础，但又不能局限于历史的枝节研究，而要从哲学的高度、从历史规律的高度、从指导实践发展的高度来展开。围绕这一思想方法，他从三个方面进行了阐发。一是要总结马克思主义传播的成就、经验，启迪人们坚持和发展马克思主义。马克思主义在中国传播发展的历史，是中国社会发展的必然，是中国人民追求真理、坚持真理和发展真理的历史，是马克思主义与中国革命和建设实践相结合不断取得胜利的历史，是指引中华民族不断改变自己历史命运的历史。马克思主义传播史要通过历史材料分析，充分反映这一历史发展的规律和趋势。二是要揭示中国化马克思主义特点、命运，启发人们自觉从历史中总结经验，走历史的成功之路。马克思主义在中国的传播发展与中国社会百年来的历史巨变密切联系在一起。由此，中国化马克思主义的特点、命运十分鲜明，这就是马克思主义在中国不断由小到大、由弱变强，从一种学说逐步转变为指导中国革命和建设的世界观和方法论，培养了一代又一代中华民族的优秀儿女，马克思主义理论本身也在这一历史洪流中不断传播、普及、创新发展，显示出强大生命力。马克思主义传播史要充分反映这一思想理论发展的特点和规律。三是要阐明马克思主义在中国传播的作用、意义。马克思主义在中国的广泛传播不仅改变了中国人的精神世界，而且改变了中国社会的整个面貌。这种改变世界的力量特别体现在中国共产党世界观和思想路线的变化方面。如毛泽东通过反对教条主义、开展延安整风运动，形成全党实事求是的思想路线；党的十一届三中全会重新确立马克思主义思想路线，都是从哲学上解决现实生活中重大问题的范例。中国马克思主义传播史就是要通过这些史实的研究，彰显马克思主义的理论伟力，鼓励人们自觉学习研究这门新的历史学科。

其次，要建立马克思主义传播史学科，还需要明确这门学科研究的基本方法、学术旨趣。庄福龄先生在《中国马克思主义哲学传播史论》中，专门用一章的篇幅讲马克思主义传播史的方法论。在他看来,"研究中国马克思主义哲学传播史,当然应当遵循马克思主义哲学史的一般的方法论原则,同时也应当从马克思主义哲学在中国传播的历史特点出发,把握这门科学具体的方法论原则,作为我们研究的向导"。①这就为我们研究马克思主义传播史提供了总体方法论。

这一总体方法论又体现为三个方面。一是要着眼于马克思主义的精神实质。马克思主义是一门科学,既是认识世界的武器,又是改造世界的指南。所以,研究马克思主义传播史,应当注重从理论和实践两个方面进行考察。在理论上,要看这一学说在不同历史时期传播的内容是否科学、完整、准确;在实践上,注重分析理论与实践结合的情况,要看是否把这一理论当作观察国家命运和前途的工具、提出有针对性的改造社会的方案。这样,才能对历史上的理论传播和实践应用作出科学的评价。二是要突出马克思主义对实践问题的概括和回答。马克思主义在中国的传播,最大的动力是中国实践。所以,不能仅仅研究书本理论,还要深入研究每一个历史时期的重大政治斗争、重大历史事件、重大社会问题等,研究马克思主义理论是如何在回答重大时代问题中不断创新发展的,特别要注重研究马克思主义在批判旧世界、建设新世界中不断发展的正反两个方面的历史经验。三是要突出毛泽东思想等中国化马克思主义的历史地位和作用。毛泽东思想等中国化马克思主义理论之所以伟大,在于面对一个完全不同于西方和俄国的东方国家,提出了一整套不同于马克思主义经典作家的科学理论,成功解决了中国革命和建设的根本问题。这是对马克思主义、科学社会主义的重大贡献。马克思主义传播史研究要充分反映这一点。

---

① 庄福龄:《中国马克思主义哲学传播史论》,北京:中国人民大学出版社2015年版,第10页。

除了上述总体性方法之外，庄福龄先生还提出了研究马克思主义传播史的许多具体方法，包括史论结合、逻辑与历史相统一、历史与现实相统一、理论与实践相统一、革命性与科学性相统一、国内研究与国际研究相统一等原则和方法。在这里，辩证唯物论和历史唯物论的世界观和方法论得到了充分彰显。庄福龄先生在自己的学术生涯中，对这些科学方法的运用达到了炉火纯青的地步。

马克思主义传播史研究的学术旨趣，在于通过上述科学研究和学科建设，形成一门新的历史科学，建立新的"历史课堂"。具体说来，一是为提高人们学习马克思主义的自觉性开辟一个有启迪意义的历史课堂；二是为人们创造性地应用马克思主义提供一个生动的历史课堂。①一句话，要引领人们"守正创新"，自觉学习科学理论、自觉创新科学理论，为推进科学社会主义事业提供思想支撑。

再次，马克思主义传播史研究还要围绕马克思主义传播的历史分期、历史条件以及不同历史时期的理论特点等进行研究。

关于中国马克思主义传播史的分期，在庄福龄先生看来，应当与中国革命史特别是中国共产党历史相一致。其中，包括建党时期，土地革命时期、抗日战争时期等。特别是对十月革命前的马克思主义传播要有清醒认识，当时的传播还不是真正意义上的马克思主义理论的传播，只是对马克思主义只言片语的介绍和解释，对此可以研究，但不能对其历史地位和历史作用估计过高。这一观点的提出非常重要，为我们今天建立这门历史科学确定了基本的历史划分原则。目前在中国马克思主义传播分期问题上尚有不同意见，历史分期的随意性较突出，所以大力弘扬庄福龄先生的这一

---

① 参见庄福龄：《中国马克思主义哲学传播史论》，北京：中国人民大学出版社2015年版，第8页。

思想就显得十分必要。

关于中国马克思主义传播的历史条件研究，庄福龄先生也讲得很清楚。他认为，马克思主义在中国传播的历史条件与西方不同，与俄国也有很大区别，只有研究清楚这些历史条件，才能深刻把握中国马克思主义传播的特点和规律。为此，至少要加强三个方面的研究。第一，要研究近代以后外国资本主义的入侵和中国仁人志士努力向西方寻求真理的艰难曲折的历史。第二，要研究十月革命和中国人民的新觉醒历史。这一点非常重要。至今我国思想界还有人弄不清十月革命前后新文化运动的本质区别，常常把"民主"和"科学"作为新文化运动的主要思想旗帜，但实际上，正如庄福龄先生所说，新文化运动初期的这些思想"仍然属于资产阶级旧民主主义范畴"；只是到了五四时期，在马克思主义大力传播和影响下，大批有识之士才意识到，不能只学习西方的"民主""科学"，更紧迫的任务是要学习马克思主义和十月革命的精神，要"反帝"，争取民族独立，同时也要"反封"，争取国家富强。这是中国民主革命与西方民主革命所根本不同的地方，西方资产阶级革命没有"反帝"的任务。所以，简单学习西方是不行的，实践证明也是行不通的。今天我们把五四精神的核心概括为"爱国、进步、民主、科学"，是非常科学的。历史证明，没有马克思主义的新启蒙，就没有中国人民的新觉醒。中国马克思主义传播史要把这些道理讲清楚。第三，要研究新旧文化运动的交替和中国共产党的建立。五四运动是中国近代以来新旧文化运动交替的时期，是历史的大转折，其根本原因在于十月革命和五四运动打开了中国人的眼界，对西方资本主义文明开始怀疑、抛弃，对崭新的以马克思主义为指导的社会主义文明开始追求、探索。中国共产党的成立顺应了历史潮流，确立了马克思主义在中国革命中的指导地位，确立了为社会主义和共产主义而奋斗的伟大目标，从而使中国革命的面貌焕然一新。中国共产党的诞生是马克思主义传播的产物，党的成立又进一步推动了马克思主义在中国的创新发展。二者相互促进，推动党的理论和实践不断前进。中国马克思主义传播史要把这一经验讲透彻。

中国马克思主义传播史研究还要注重总结这一理论在中国传播的历史特点。庄福龄先生告诉我们，中国马克思主义传播在总体上与其他国家的马克思主义传播不同。比如，中国马克思主义传播是中国人经过十月革命而认识和接受这一科学理论，并在此基础上不断运用和发展科学理论的过程；中国马克思主义传播在民主革命时期，是同反帝反封建的群众运动相结合的过程；中国马克思主义传播还是把学习马克思、恩格斯思想同学习列宁思想的新贡献相结合的过程；等等。同时，就中国马克思主义自身发展看，不同历史时期的传播也各有特点。比如，中国共产党创建时期的理论传播不同于土地革命时期，民主革命时期的传播又不同于社会主义建设时期，等等。中国马克思主义传播史都应当要把这些特点讲到位。只有这样，才能使人们充分认识马克思主义在中国传播的历史轨迹、理论逻辑和实践成果。

以上述学术思想为主干，庄福龄先生还就中国马克思主义传播史的很多具体历史问题提出了自己的观点，这就构成了马克思主义传播史研究和学科体系建设的基本框架，为后来马克思主义传播史研究提供了基本范式。

三、马克思主义传播史学科建设的重大意义

庄福龄先生关于马克思主义传播史研究成果的特点集中体现在两个方面：一是研究马克思主义经典著作的翻译传播；二是更多关注马克思主义理论观点在中国传播发展的情况，与中国共产党历史、中国革命史、中国

现代思想史等联系更加紧密。因此，这些思想成果更多地反映了马克思主义中国化的历程，为后人深入了解100多年来中国共产党领导中国人民不断把马克思主义与中国实际相结合、与中华优秀传统文化相结合的历史画卷，提供了丰富的思想资源。

从这个意义上说，庄福龄先生关于马克思主义传播史的研究和建设，不仅开创了马克思主义传播史研究的新境界，而且把马克思主义中国化研究推进到一个新阶段，打通了中国共产党历史、中国革命史、中国现代思想史等研究领域的思想空间，极大推进了马克思主义理论学科的发展，也为新近确定的党史党建学科的建设提供了重要的思想资源。

由此可见，马克思主义传播史作为一门新科学，可以发挥更大作用，既可以作为马克思主义理论学科的一门基础学科，与马克思主义发展史学科一道来研究和建设，也可以作为党史党建学科的一门基础学科来研究和建设，还可以作为中国现代思想史、中国现代文化史的核心内容等来研究。

当然，任何一门学科研究和建设都是历史的产物。马克思主义传播史研究和学科建设也是如此。庄福龄先生在提出马克思主义传播史研究和学科建设的基本框架以及很多独特的思想观点之后，也认识到这项研究仍然有待深化，并提出了进一步加强这方面工作的基本思路。

庄福龄先生这些宝贵的学术思想为我们进一步做好马克思主义传播史研究和学科建设工作提供了多方面的重要启示。比如，应当进一步认识马克思主义发展史和传播史的关系；进一步深化对史论关系的辩证认识；进一步加强经典文献的收集整理和考证研究；进一步加强马克思主义基本原理与中国实际相结合、与中国优秀传统文化相结合的研究；在加强马克思主义传播通史研究的同时，进一步做好马克思主义传播的断代史、地方史、概念史、人物传记等方面的研究；进一步加强马克思主义传播史教学、教材体系建设；等等。这样，就使得我们未来工作的思路和方向更加明确。

这些年我们的工作正是朝着这个方向迈进的，由此推进了马克思主义传播史的研究和建设。比如，近年来北京大学以顾海良教授为代表的学术团队开展的《马藏》研究、清华大学开展的马克思主义经典文献传播通考（由艾四林、李惠斌和我主持）等，在马克思主义经典文献的收集整理和考证研究方面取得了明显进展。又如，近年来很多学者特别是中青年学者参与到马克思主义传播史研究的队伍中来，有的开展马克思主义经典文献的国内传播、国际传播考证研究，有的开展各个学科的马克思主义传播史研究，有的从事马克思主义在中国的地方传播史研究，有的进行马克思主义概念史研究等，使马克思主义传播史研究呈现出前所未有的繁荣局面，为推进马克思主义中国化、时代化研究贡献了力量。

时代在前进，马克思主义传播史研究和学科建设事业仍然需要大力加强。作为马克思主义理论工作者，我们一定要继承庄福龄等老一辈学者开创的事业，继续努力，奋力拼搏，为推进马克思主义传播史研究和建设谱写新的时代篇章。

薛广洲

▶ 中共中央党校教授,中国马克思主义哲学史学会中国特色社会主义研究分会执行会长。

难忘师恩　志引路远
——中国马克思主义哲学研究的启动与推进

薛广洲

庄先生是中国马克思主义哲学史学科的创始人，为中国马克思主义哲学史学科的奠基、拓展与深化做出了重要的贡献。同时，庄先生还为中国马克思主义哲学学科的启动与推进做出了开创性的贡献。

70年代末开始中国马克思主义哲学史学科的研究，其中包括毛泽东哲学思想和马克思主义哲学在中国的传播史研究。庄先生是最先涉入这一领域的。他认为，马克思主义哲学在中国传播发展已有半个世纪的历史，是一段客观存在、不可忽视的历史，是中国文明史上一段光彩夺目、业绩辉煌的历史，是中国人民饱经屈辱而终于自强自立、屹立于民族之林的历史，也是中国的先进分子破天荒地以科学的认识工具总结正反两方面经验教训的历史。只有深入研究马克思主义哲学在中国的传播的历史，才能对这段历史中众多的哲学流派作出准确的比较和分析，判定何种哲学能够正确反映时代的要求、人民的利益，分析各种哲学是怎样对实践中的重大问题做出哲学论断的，真正从理论和实践的结合上揭示社会发展的趋势和规律，回答"中国向何处去"这一重大问题，而不致把现实问题的解决停留在脱离实际的抽象的概念、范畴和纯粹的思辨之中；也只有深入研究马克思主义哲学在中国传播的历史，才能对一切思想文化持分析的、批判的态度，而不承认有所谓的绝对权威，才能既善于批判旧世界、批判唯心论和形而上学、批判腐朽落后的观念，又善于汲取人类社会创造的一切文明成果。

我想从两个方面谈谈庄先生在这方面的创造性贡献。

一、中国马克思主义哲学研究的启动与奠基

这个问题要从先生的三本著作说起。

这种启动，最早是呈现在江西人民出版社1990—1991年出版的三卷本《毛泽东哲学思想史》中。庄先生在该书的后记中写道，对于一种学说、一种哲学思想的认识和评价，需要作史的研究，需要研究它的孕育、形成和发展的历史，从而才能避免主观性、片面性、抽象性，做出客观的、全面的、具体的评价。他认为，历史是不能回避的。不仅因为它反映了过去的现实、前人的实践、时代的脚印，而且它总是以传统、检验、遗产、习惯等各种不同形式同现实生活发生着千丝万缕的联系，以致当今世界各国愈是向现代化迈进，却愈要寻根问祖，愈要求助于自己的历史传统和文化遗产。作为中国现代历史的哲学概括，毛泽东哲学思想史从它的孕育一直到它的后继者在新时期做出的新发展为止，其跨度也有70年的历史了。如果说70年的历史是不可避免的，那么人们要经常回到毛泽东和毛泽东哲学思想上来也是无可回避的。

20年后，在中国共产党成立90周年前夕，庄先生又领衔作为

"十二五"国家重点图书在中国人民大学出版社出版了修订版的《毛泽东哲学思想史》。在全书最后提出，要自觉地坚持和发展毛泽东哲学思想。20世纪60年代初，毛泽东在对中国式社会主义发展道路的探索中深刻指出，马克思主义的基本原理必须遵守，但是，我们已经进入社会主义时代，不适应新的需要，写出新的著作，形成新的理论，也是不行的。从而提出了实现马克思主义普遍真理同中国具体实际相结合第二次理论飞跃的任务。为此，庄先生提出，我们应当正确认识和处理坚持与发展、继承与创新的关系，自觉地把学习和坚持中国特色社会主义理论体系同继承和发扬我们党创造性学习和运用马克思主义哲学的优良传统结合起来，把对毛泽东哲学思想的继承和创新结合起来。

2015年先生的又一部力作《中国马克思主义哲学传播史论》作为中国人民大学出版社的"马克思主义文库"第一辑出版。在最后一篇，即第六篇《历史的经验值得注意——弘扬重视历史的光荣传统》中，以"历史——提供机遇""历史——更换思想路线""历史——造就领袖""历史——我们的一切"，四个小标题，再次阐释了如何看待历史是马克思主义哲学史的一个重大问题；提出要把唯物主义作为整套社会观点的基础，用唯物主义看待历史，看待人的本质，要求把历史的内容还给历史；提出学习和继承马克思的理论是马克思主义后继者义不容辞的历史使命。以毛泽东为代表的中国马克思主义者，以中国人民喜闻乐见的形式，通过智慧的结晶与升华，把实事求是的原则提升为马克思列宁主义的态度，提升为马克思列宁主义的理论和方法，提升为彻底的唯物主义的历史观，提升为马克思主义的精髓，提升为被全党公认的毛泽东思想的精髓、提升为党的指导思想。

从中可见，先生始终认为，研究中国马克思主义哲学史，就必须研究毛泽东哲学思想史，因为马克思主义传入中国后，推动中国社会开始了新的发展历程。而只有将马克思主义普遍真理与中国具体实际相结合的毛泽东哲学思想，才领导中国革命和建设取得了伟大的胜利。历史证明，毛泽东哲学思想形成后便作为主导线索贯穿在中国马克思主义哲学传播的全部历史之中。

二、中国马克思主义哲学研究的推动与承继

先生不仅率先进入中国马克思主义哲学学科的研究，而且积极推动和扶持年轻一辈对于中国马克思主义哲学学科的研究与发展。并在这一过程中，不断探研总结当代中国哲学研究的方法与原则。

这也可从先生对于我的三本著作的推介说起。

1993年毛泽东诞辰100周年前夕，拙著《毛泽东的超越》出版付印前，庄先生写下长篇序言。开篇即提出："专著提出的问题，特别是毛泽东哲学与中西哲学的关系问题，如何建构当代中国哲学的问题，我以为是极其重要的。"[①]这是先生首次提出并认可了"当代中国哲学"这一提法。他认为，作为马克思主义哲学同中国具体实践相结合而形成的毛泽东哲学思想，既是中国共产党人集体智慧的汇总，也体现了中西哲学的交汇和融合；既坚持和发展了马克思主义哲学的基本观点和基本原则，又是完全中国化的；既继承了中国传统哲学的精华，又坚持了同中国实际的紧密结合，与中国社会主义实践的发展、人民的需要保持高度的一致，是完全适合中国国情并能解决中国实际问题的

---

① 薛广洲：《毛泽东的超越》，北京：中共中央党校出版社1994年版，序言第1页。

马克思主义哲学。

先生充分肯定了作者将毛泽东哲学思想与中西哲学相互关系作为探讨的主题，还进一步提出了建构当代中国哲学应当注意的几个重点：

一是，建设当代中国哲学应当在毛泽东哲学思想的基础上根据当今时代的要求，更多地把注意力放在研究社会主义社会，研究这一社会本身的特点和矛盾，研究它的发展和趋向，这一研究正是哲学认识世界和改造世界的需要。当代中国哲学如果离开了认识社会主义、建设社会主义这一时代的主题，它就会成为同时代脱节、同人民命运毫不相干的无用之物了。

二是，当代中国哲学应当更多地研究当今科学技术发展对社会、对人们思想观念带来的变化。早在五十年代中期毛泽东就提出过，人和自然界的斗争应该提到日程上来。历史的发展要求哲学把研究的重点放到自然科学、生产技术上去，为加速科学技术的发展和人类社会的进步发挥应有的作用。

三是，当代中国哲学应当更多地关注和研究当今的世界，研究当今时代的两大主题——和平与发展问题。如果当代中国哲学既能为人们正确认识全球性的战略问题提供科学的世界观，又能为人们正确解决面临的问题提供切实可行的操作方法，这样的哲学就必然能适应时代的发展，集古今中外之长，屹立于世界哲学的前列。

2003年毛泽东诞辰110周年之际，拙著《毛泽东与中西哲学融合》被纳入人民出版社重点推出的"百年后的毛泽东"丛书。先生又专门题词：历史已跨入新的世纪，时代也为毛泽东哲学思想展现出前所未有的理论风采和理论魅力。一脉相承而又理论创新的光辉成果，即印证着建构当代中国哲学的任务正在继往开来中阔步前进。我们已经在上个世纪拥有了比较清醒的认识和继续前进的基础，现在更需要一如既往地深入思考、扎实研究、不断创新、毫不动摇地把马克思主义中国化事业坚持下去。

先生还撰文《建构当代中国哲学，坚持马克思主义中国化的事业》，刊发在《哲学研究》上。

先生的教诲和扶持，也坚定了我的学术生涯方向，即毛泽东哲学与当代中国哲学。如我的博士论文《马克思主义哲学中国化的理论阐释》，在论文的最后，我就马克思主义哲学中国化做了一个目标的设想：即由马克思主义哲学的中国化走向中国化的马克思主义哲学，再由中国化的马克思主义哲学走向中国的马克思主义哲学，最后由中国的马克思主义哲学走向中国的新哲学。这一设想，实际上是着眼于中华民族的发展与中华民族哲学思想的延续，也是我对先生所推动的"当代中国哲学"这一学科的承继。

至于如何实现这三个"走向"？不是或主要不是书生们在书斋里面完成的，只能是在中国社会发展的大实践中来实现。

当然，这些思考或设想还是很粗浅的，当年也没能给予充分的论述和展开。今天看来，这个任务更加迫切。

简要概之，中国马克思主义哲学的发展与中国哲学的走向必将达到一致，融合为一。而毛泽东哲学思想则是开创性的贡献。这是因为：毛泽东哲学思想为中国马克思主义哲学的形成奠定了基础；中国马克思主义哲学将接续中华民族文化的历史发展长廊；习近平新时代中国特色社会主义思想是马克思主义中国化的推进与丰富。

其实，这些年来，在持续不断的深化自己研究的同时，我还积极创建和发展了"全国毛泽东论坛"（韶山）和"中国特色社会主义理论与实践论坛"等学术交流平台，以实际行动推动中国马克思主义哲学学科的发展。

这就是我在先生诞辰95周年之际，以"难忘师恩 志引路远"为题对先生的遥祭缅怀！

梁树发

▶ 中国人民大学马克思主义学院教授,曾任中国马克思主义哲学史学会会长。
庄福龄教授博士研究生

庄福龄先生的科学马克思主义观

梁树发

庄福龄先生（1929.1—2016.11）是中国人民大学荣誉一级教授，我国著名马克思主义理论家、哲学家，中国马克思主义哲学史和马克思主义发展史学科的开拓者之一，曾任中国马克思主义哲学史学会会长、名誉会长，中央马克思主义理论研究和建设工程首席专家、教育部哲学教学指导委员会委员，曾获中宣部"五个一工程"奖、国家图书奖"提名奖"、吴玉章科研奖。他的主要代表作有：《马克思主义哲学教科书》《中国马克思主义哲学传播史》《毛泽东哲学思想史》《马克思主义中国化伟大成果》《马克思主义哲学史》（八卷本）、《马克思主义史》（四卷本）、《马克思主义发展史》（十卷本）等。

我在中国人民大学工作期间一直在庄福龄先生身边从事马克思主义哲学史、马克思主义发展史的研究和教学，师从先生攻读哲学博士学位。先生是马克思主义哲学和马克思主义理论研究的大家，具有广博、深厚的马克思主义理论修养，对我们的马克思主义理论知识的传授和影响是全面的和深刻的。科学的马克思主义观是先生学术思想的标志性内容，也是我跟随先生学习、工作最有心得的部分。

一、以坚持与创新的统一为"核心"的"建设的"马克思主义观

在2002年发表的《马克思主义发展脉络与理论创新》一文中,先生根据马克思主义发展史的经验,提出"科学的马克思主义观"概念,指出科学的马克思主义观的意义在于它是"马克思主义发展创新的关键"。他说:"马克思主义为什么能够不断地创新,不断地发展,不断地与时俱进,关键在哪里?关键在于有一个科学的马克思主义观,也就是对马克思主义有一个正确的看法。"在先生看来,马克思主义发展的这个经验也同时规定了科学的马克思主义观的内涵。他说:"马克思、恩格斯、列宁、毛泽东、邓小平,都是主张从实践当中发展理论,他们始终把坚持马克思主义同反对教条主义放在一起,要坚持马克思主义就要反对教条主义,要反对教条主义就要坚持马克思主义。这两件事是有着内在的不可分割的联系。所以从这里我们可以看到科学的马克思主义观。"[①]先生所说的反对教条主义和坚持马克思主义"这两件事"的内在联系,其实就是马克思主义理论创新与坚持马克思主义的内在联系。所以,他把马克思主义既要继承又要发展,既要坚持又要创新,看作科学的马克思主义观的实质、核心和灵魂。

先生不仅在马克思主义坚持与创新的统一中理解科学的马克思主义观,而且在发展与运用的统一中理解科学的马克思主义观。本世纪初,先

[①] 此段引用皆出自庄福龄:《庄福龄自选集》,北京:中国人民大学出版社2007年版,第54页。

生曾经接待一次《人民日报》记者的专访。在回答记者提出的如何认识马克思主义的历史命运这一问题时，先生肯定了"马克思主义在一个半世纪的发展中既有令人鼓舞的伟大胜利，也有令人忧虑、痛心的挫折"的事实，表达了"马克思主义是不可战胜的"坚定信念，并提出一个"发展和运用马克思主义本身就是一项创造性的事业"的观点，强调了马克思主义的创新品质。而具有独特意义的是他把"发展和运用"的统一这个通常被看作"如何对待马克思主义"的问题纳入科学的马克思主义观范畴，超越了仅仅从"如何认识马克思主义"视角理解马克思主义观的传统观点。

先生从坚持与创新的统一、发展与运用的统一对科学的马克思主义观的理解，是对他的"建设的"马克思主义观的发挥。"建设的"马克思主义观是先生在20世纪90年代中期为《马克思主义史》（四卷本）撰写的"导言"中提出的。在"导言"中，先生首先谈到马克思主义史的研究对象，指出这个对象是"马克思主义的孕育、形成、建设和发展"[1]。先生关于马克思主义史的理解的特别之处，在于把"建设"看作马克思主义发展的一种形式或者表现。以往对马克思主义史的理解，无论广义的马克思主义史就是马克思主义发展史，还是狭义上把"发展"理解为继马克思主义的"孕育、形成"之后的过程，都没有"建设"的理念，不把它看作马克思主义史的具体的特殊的形式。如果说有这个理念，它也被淹没在了"发展"中。我理解，先生提出马克思主义史的"建设"过程的意义，目的在于强调创新对于马克思主义发展的特殊意义。就表现人在实践过程或理论发展过程中能动性的发挥来说，"建设"概念同"发展"概念相比，虽然二者的内涵是一致的，但是显然前者比后者其程度更深刻，其意义更具体、更鲜明，"建设"具有实现发展的意义。正是在这一点上，"建设"

---

[1] 庄福龄主编：《马克思主义史》（第1卷），北京：人民出版社1996年版，第1页。

同"创新"具有同一意义,都表现了一种主体的积极的马克思主义发展观。更可贵的是,先生并没有停留于对这种科学的马克思主义观的理论表达,而是把它当作一种"理论实践"的"科学的武器"。先生在20世纪60年代曾参与中国人民大学马列主义发展史研究所的筹建,这是中央直接指示成立的全国唯一一家专门以马克思主义发展史为对象的研究单位。先生还参与了国家一级学术团体——中国马克思主义哲学史学会的筹建,并连续六届担任学会会长(前三届为会长之一)。作为副主编单位的学术带头人,他参与领导了国家第一部马克思主义哲学史教材的编写。他是当时国内外最大部头的《马克思主义史》(四卷本)的独立主编、《马克思主义哲学史》(八卷本)的三位主编之一。这两部大型著作出版后都获得中宣部"五个一工程奖"。他还倡导、谋划并参与主编了《马克思主义发展史》(十卷本)。先生积极领导和参与的上述马克思主义发展史研究单位、学术团体的成立和重大主题系列著作的编写,既具有建设性,又具有首创性,以实际行动和实际成果实践和展现了"建设的"马克思主义观。

二、以"怎样对待马克思主义"为重心的总体马克思主义观

先生曾经谈到社会主义建设主体之间的马克思主义观的差异问题,谈到马克思主义代表人物和革命领袖的马克思主义观与社会主义命运的直接关系。他认为,在马克思主义面前每位主体都将遇到如下三个问题:如何认识马克思主义、如何研究马克思主义、如何运用马克思主义。这三个方面其实可以用"什么是马克思主义和怎样对待马克思主义"来概括。"什么是马克思主义和怎样对待马克思主义"是马克思主义观的总问题。

对于"什么是马克思主义"这个提问,可以有以下直接回答:马克思主义是马克思的学说体系;马克思主义是关于自然界和人类社会发展的普

遍规律的学说，是实现无产阶级和全人类解放的科学思想体系；马克思主义是科学的理论、人民的理论、实践的理论、开放的理论；等等。这些回答无疑都是正确的。它们是关于马克思主义的最一般的认识，是关于科学的马克思主义观的基本表达。但是，科学的马克思主义观要求这种回答不能停留于抽象的和简单的定义式的回答上，而要结合马克思主义的理论来源、组成部分、历史条件、发展过程、多方面特征与作用等，做根本的、全面的和具体的回答。

科学的马克思主义观的实际内容、完整意义不限于对于"什么是马克思主义"的正确认识，它还包括"怎样对待马克思主义"的内容。"怎样对待马克思主义"虽然一般说来以对"什么是马克思主义"的认识为前提，对马克思主义有怎样的认识，就有怎样的对待马克思主义的方式和态度。但是，把马克思主义观仅仅理解为对于马克思主义的认识则是不全面的。"怎样对待马克思主义"同样具有马克思主义的认识意义。例如，所谓"马克思主义是方法"这个看起来"什么是马克思主义"问题，其实也是甚至更是"怎样对待马克思主义"问题。所谓"马克思主义是方法"同时具有"把马克思主义当作方法"的"怎样对待马克思主义"的意义。对于"怎样对待马克思主义"问题的回答固然应以对于"什么是马克思主义"问题的回答为前提，但是马克思主义史也对"什么是马克思主义"问题的回答以对"怎样对待马克思主义"问题的回答为前提这一事实提供证明。在马克思主义史上，理论上的争议不仅发生在关于"什么是马克思主义"的认识中，也发生在甚至更多发生在"怎样对待马克思主义"的认识和行为上，并且争论又往往由"怎样对待马克思主义"问题引起。这大概正是我们在阅读了先生的著作后得到以下深刻印象的原因，即先生很少在"什么是马克思主义"问题的回答中表达他对马克思主义和马克思主义观的认识，而更多是通过对"怎样对待马克思主义"问题的回答来表达他关于什么是马克思主义和关于马克思主义观的认识。先生指出:"我们为什么要讲科学的马克思主义观?中心的思想就是我们要用马克思主义的态度对待马克思主义,千万不要说的是马克思主义,而用的态度不是马克思主义或者反马克思主义的,那就糟糕了。"①他提出,马克思主义中国化的伟大事业要继续推进和深化,就要把重点放在科学地对待马克思主义和吃透国情、同中国实际的结合上,要善于把马克思主义的观点转化为对待马克思主义的方法。在先生看来,坚持正确对待马克思主义的方法是科学的马克思主义观的基本原则。在《马克思主义史》(四卷本)的"导言"中,他提出马克思主义发展史的三个"科学研究方法":理论和实践结合的方法;从马克思主义的整体上研究的方法;立足于现实,根据现实的情况研究的方法。②在《简明马克思主义史》2004年版的"导言"中,他把这三个方法扩展为"用马克思主义的态度对待马克思主义"、"用科学的武器——马克思主义观武装自己"的"四个原则":第一,要以理论和实践相统一的态度,而不是教条主义的态度对待马克思主义;第二,要以不断学习、永不满足的态度对待马克思主义;第三,用尊重实践、尊重群众的态度对待马克思主义;第四,要以解放思想、实事求是的态度对待马克思主义。③由此可见,把"什么是马克思主义"和"怎样对待马克思主义"统一起来,是先生关于科学的马克思主义观的基本认识。这种认识有以下两个特征:第一,把"什么是马克思主义"和"怎样对待马克思主义"统一起来的总体性特征;第二,在两个问题中,"怎样对待马克思主义"具有优先和重心的地位。

---

① 庄福龄:《庄福龄自选集》,北京:中国人民大学出版社2007年版,第54页。
② 参见庄福龄主编:《马克思主义史》(第1卷),北京:人民出版社1996年版,第27—31页。
③ 参见庄福龄主编:《简明马克思主义史》,北京:人民出版社2004年版,第11—12页。

应该说明的是，以"怎样对待马克思主义"问题为先的科学的马克思主义观，是内在于马克思主义发展逻辑和实际经验的，也是解决马克思主义观问题的内在的合理方式。这种逻辑和经验、这种合理方式，根本说来在于马克思主义的实践性、批判性。一方面，"怎样对待马克思主义"问题总是每位马克思主义者、马克思主义研究者在现实生活中由于实践要求而必须正确面对的问题；另一方面，对于这一问题的回答虽然总是有其认识论前提，但是由于它往往同每位回答者的价值立场相联系，甚至成为意识形态斗争的对象，从而不仅在理论上把这一问题的意义凸显出来，而且实际上对人们关于马克思主义的认识发生影响。所以，对"怎样对待马克思主义"问题的回答往往成为回答"什么是马克思主义"问题的先决条件。只要想一想"两个马克思"论、"马克思恩格斯对立"论、对列宁主义的认识与评价、对作为社会主义国家的主导意识形态的马克思主义的批评等，为什么几乎成为西方资产阶级学者和一些西方"马克思学"家的一致的理论立场，这个道理就不难理解。历史经验已经证明，"怎样对待马克思主义"问题是更鲜明的和更迫切的马克思主义观问题，既在较大程度上反映，也在较大程度上决定一个人对于"什么是马克思主义"问题的回答。

三、马克思主义学科群建设中科学马克思主义观的基本原则

2004年中央作出实施"马克思主义理论研究和建设工程"的战略部署。作为工程重点教材《马克思主义哲学史》编写组的首席专家，庄福龄先生坚决支持这一部署，并在《论马克思主义理论研究和建设工程的重大意义》一文中着重谈了马克思主义学科群的建设问题。他认为，马克思主义学科群的建设有三个方面的任务：第一个任务，是"既系统地综合地加

强马克思主义发展史的研究,又历史地具体地研究在不同历史条件下提出的基本原理,分析这些原理哪些是必须长期坚持的,哪些是需要结合新的实际加以丰富发展的,从而用科学的态度对待马克思主义,用发展着的马克思主义指导新的实践";第二个任务,是"既要深入研究19世纪和20世纪马克思主义所创立的哲学、政治经济学和科学社会主义等基础理论学科,又要从马克思主义经典作家的科学分析和科学预见出发,结合新世纪的发展需要,从马克思主义整体中做出新兴学科的分化与建设工作,从而使马克思主义在创新传统学科与建设新兴学科的统一中不断深化,焕发出更加强劲的生机和活力";第三个任务,是"在研究马克思主义一脉相承的联系中着重研究马克思主义中国化的历史进程和基本规律,认真总结马克思主义传入中国近百年来的历史经验,分析其重大理论成果及其历史地位和现实意义,特别要从学术、理论上着重研究当代中国马克思主义的最新成果,用马克思列宁主义、毛泽东思想、邓小平理论和'三个代表'重要思想统领学术研究,提供有力的学理支撑"[1]。他认为,提出这三个任务的根据分别是科学马克思主义观的以下三个原则:史论结合、论从史出的原则;理论和实践、历史和现实相结合的原则;结合本国实际的原则。

1. 史论结合、论从史出原则

先生从事马克思主义理论和马克思主义发展史研究的一个突出特点,是他特别强调和坚持史论结合、论从史出的原则。他说:"马克思主义是科学。作为一门科学,自有它明确的对象和比较稳定的内容,有它经过实践检验的基本原则和基本规律,有它合乎逻辑的统一的科学体系。对于这一切,都要从马克思主义的形成发展过程中去研究,而不可作孤立的

---

[1] 庄福龄:《庄福龄自选集》,北京:中国人民大学出版社2007年版,第631页。

静止研究。"①他的这段论述虽然没有出现"史论结合"和"论从史出"的词语，但一句"都要从马克思主义形成发展过程中去研究"，就点明了其中包含的马克思主义的史论关系内涵。先生把马克思主义史看作一门科学。他说："从这一科学近两个世纪的客观发展进程看，它是一门有确凿内容、不可随意篡改的历史科学；从这一科学在历史发展上所阐述的马克思主义的实质看，它又是一门有鲜明的革命内容和严密的逻辑体系的理论科学。"②马克思主义史的历史科学与理论科学相统一的学科性质，决定了对它的研究必须坚持论从史出、史论结合的方法。这个方法本质上是科学的马克思主义观的一个基本原则。

2. 理论和实践、历史和现实结合原则

理论和实践、历史和现实结合原则，不仅仅是马克思主义学科群建设的原则，还是整个马克思主义研究普遍遵循的原则。在马克思主义问题上，无论是总的马克思主义基本原理，还是它的具体理论、观点；无论是总的马克思主义形成与发展过程，还是它的具体理论、观点形成与发展过程，都贯穿着理论与实践、历史与现实相结合的关系。把这一关系理解为科学的马克思主义观的一个基本原则，正是以这样一个事实和经验为根据的。

在前面提到的《简明马克思主义史》2004年版"导言"中，先生曾经谈到"怎样用马克思主义的态度对待马克思主义"和"怎样用科学的武器——马克思主义观来武装自己"的问题。在这个问题上，他谈了四条意见，而第一条意见就是"要以理论和实践相统一的态度，而不是以教条主义的态度对待马克思主义"③。在长文《十月革命前列宁哲学思想发展的

---

① 庄福龄：《庄福龄自选集》，北京：中国人民大学出版社2007年版，第591页。
② 庄福龄：《庄福龄自选集》，北京：中国人民大学出版社2007年版，第4页。
③ 庄福龄主编：《简明马克思主义史》，北京：人民出版社2004年版，第11页。

几个问题》中,他谈到列宁在马克思主义史,包括马克思主义哲学史方面提出的许多有重大意义的深刻见解,例如关于"对于任何一个理论,都要结合历史来研究它的发生、发展和变化"①的思想。"结合历史来研究"就是结合历史的实践来研究。历史内容的本质在于历史的实践。"历史不过是追求着自己目的的人的活动而已"②。没有实践,没有人的活动,就没有历史。所以,他得出结论说,"研究马克思主义哲学史一定要和各个时期的实践紧密结合起来,不能光记住几个抽象的结论"③。在《中国马克思主义哲学传播史》一书中,他谈到列宁主义哲学的时代特点,指出它"是对直接提上日程的无产阶级革命从哲学上作出说明和分析,是对无产阶级革命实践提出的迫切问题从理论上作出回答,是对无产阶级从事革命和建设的经验进行哲学总结"④。列宁在哲学上分别作出的"说明和分析"、"回答"和"总结"的对象虽然有三种不同的提法("直接提上日程的无产阶级革命"、"无产阶级革命实践"、"无产阶级从事革命和建设的经验"),实际上都是无产阶级的实践。先生指出,列宁还把这种面向实践的时代观转化为马克思主义哲学史的研究方法,认为"列宁首先是在社会实践中用实践方法考察马克思、恩格斯的哲学思想的转变和马克思主义哲学观点的形成"⑤。从他对列宁哲学的特点和发展经验的阐释中,可以得到这样一个启示:实践的历史观产生"实践的马克思主义史"的研究方法。

历史和现实,就人们的活动和认识来说,它们既是该活动(实践)和认识的对象,也是该对象得以形成和发展的客观条件。人们总是在现实

---

① 庄福龄:《庄福龄自选集》,北京:中国人民大学出版社2007年版,第240页。
② 《马克思恩格斯全集》(第2卷),北京:人民出版社1957年版,第118—119页。
③ 庄福龄:《庄福龄自选集》,北京:中国人民大学出版社2007年版,第240页。
④ 庄福龄主编:《中国马克思主义哲学传播史》,北京:中国人民大学出版社1988年版,第54页。
⑤ 庄福龄:《庄福龄自选集》,北京:中国人民大学出版社2007年版,第237页。

条件下发生对作为对象的历史或者现实的实践和认识；人们也总是在对现实的形成和发展发生作用和影响的历史的和当前的客观条件中展开目的在于改变现实的认识和实践。这种历史的和现实的客观条件虽然可以分别成为独立考察的对象，但是要对现实获得全面的正确的认识和实现成功的实践，就必须把历史的和当前的两种客观条件结合起来考察。对现实对象的认识是如此，对历史对象的认识也是如此。对客观对象的认识是如此，对理论对象的认识也是如此。先生曾经谈到马克思主义理论的"继承和创新离不开历史的变化与现实的情况"，这个关于理论发展问题的一种具有本体论意义的判断，转化为一种"怎样对待马克思主义"的方法，它就是历史主义方法和现实主义方法的结合。

为什么要把理论与实践的结合、历史与现实的结合一起作为马克思主义学科建设应该遵循的科学的马克思主义观的原则呢？对此先生并没有给予直接回答。但是答案则存在于理论与实践的结合和历史与现实的结合的关系中。这种关系就是"两个结合"的统一性，即历史与现实的关系中包含着理论与实践的关系、理论与实践的关系中包含着历史与现实的关系。实践是二者统一的基础。无论实践还是理论，都可能曾经是历史的存在，在发展中而成为现实的存在；无论历史与现实都是不同时间内产生的人的实践活动的结果，只不过一个是人的历史实践的结果，一个是人的现实实践的结果；一个是实践结果的历史存在，一个是实践结果的现实存在。

3. 结合本国实际原则

关于马克思主义学科群建设的第三个任务的根据，先生的明确表达是：科学的马克思主义观坚持马克思主义"必须结合本国实际的原则"。在同一篇文章中，他还有"马克思主义普遍真理与本国实际相结合的科学马克思主义观"的提法。两个提法没有任何区别，表明关于科学马克思主义观的这一原则的认识是十分明确的。

21世纪初,先生在一篇论马克思主义中国化问题的文章中,曾谈到近百年来中国人民为寻求救国救民的真理所经历的艰难探索。这个探索有两个层次:第一个层次,是从东西方各种救国救民的思潮中找到了马克思列宁主义;第二个层次,即"更深的层次","是从马克思列宁主义中逐步认识到真正管用的、能把中国革命引向胜利之途的,是必须同我国实际情况相结合的马克思主义,是中国化的马克思主义,而不是脱离实际的本本主义或视马克思为'先哲'的神秘主义"①。在谈新世纪中国马克思主义理论建设问题的文章中,关于"中国的变革能够实现,中国的社会发展能够不断跃上新台阶"的经验,他认为在于"不仅因为有了马克思主义,更重要的还在于有了适合中国情况、解决中国问题的马克思主义"。②先生尤其关心当代中国哲学的建设与发展问题,强调当代中国建设与发展中的基础理论研究的意义,强调与时俱进的创新,认为"研究哲学基础理论,既要坚持基本原理,坚持从世界观、历史观和客观规律的高度看问题,又要坚持同实际相结合,不能脱离现实生活和新情况新问题"。③在接受"如何建设当代中国哲学"问题的专访中,他提出了以毛泽东哲学思想为基础建设当代中国哲学的思路,主张对于毛泽东哲学思想"不应当用教科书式的体系来要求它",因为它的特点"更多的是政治哲学,而不是一种纯书斋的哲学"④。而对于发展毛泽东哲学思想和以毛泽东哲学思想为基础发展当代中国哲学,他主张既要从中国实际出发,具有中国特色,又"应当具有时代风貌,应能和世界各种哲学进行对话和较量"。⑤在新世纪不

---

① 庄福龄:《庄福龄自选集》,北京:中国人民大学出版社2007年版,第275页。
② 庄福龄:《庄福龄自选集》,北京:中国人民大学出版社2007年版,第580页。
③ 庄福龄:《庄福龄自选集》,北京:中国人民大学出版社2007年版,第662页。
④ 庄福龄:《庄福龄自选集》,北京:中国人民大学出版社2007年版,第727页。
⑤ 庄福龄:《庄福龄自选集》,北京:中国人民大学出版社2007年版,第730—731页。

仅建设当代中国哲学要有宽广的世界视野，而且推进马克思主义中国化也要有世界视野，"必须紧密结合世界历史这一时代的最大特征来思考和推进马克思主义的中国化"。①他说："不论是坚持和发展马克思主义，还是正确认识中国国情，或者是把两者结合起来，从最广阔、最根本的意义上说，都离不开世界历史这一大背景、大氛围，深入认识和研究当代的这一背景和氛围，自觉地把马克思主义中国化的事业置于这种环境和条件之中，是新世纪推进马克思主义中国化不可忽视的前提和出发点"。②先生始终把世界视野、"世界历史尺度"看作马克思主义中国化、马克思主义与中国实际相结合的科学马克思主义观的内在要求，在世界观和方法论高度把普遍性与特殊性相统一的辩证法贯彻到底。

四、整体性马克思主义观的普遍原则

整体性作为唯物辩证法的基本原则，具有普遍性特征，可以运用于一切事物的认识，也可以运用于对马克思主义理论自身的认识。在运用中不仅应该把马克思主义看作一个具有内在联系的有机整体，而且应该以整体性的原则对待马克思主义。

阅读先生的著述，给我们留下这样一个强烈印象，即他极为重视马克思主义的整体性。他把整体性看作马克思主义的内在品质。他说，我们强调马克思主义的整体性，不是因为马克思主义本身缺乏整体性，而是因为马克思主义作为"学科的存在方式"和人们对待它的方式，存在着与马克思主义整体性的内在品质和要求相悖的情况。

---

① 庄福龄：《庄福龄自选集》，北京：中国人民大学出版社2007年版，第280页。
② 庄福龄：《庄福龄自选集》，北京：中国人民大学出版社2007年版，第281页。

先生批评马克思主义作为三个独立学科,即马克思主义哲学、马克思主义政治经济学、科学社会主义的存在现状和人们对待它们的方式。现状是,"马克思主义哲学和经济学是同历史和现实中众多学派并列在一起的,科学社会主义则代替了马克思主义的综合研究"。"这种状况,既削弱了马克思主义的整体性,也难以覆盖马克思主义的综合性,主观上想把马克思主义渗透在各个学科之中,而现有的位置实际上很难突出其指导性。"①他说,现在越来越多的理论工作者从自己的实践中已经感觉到,以往那种对传统学科和新兴学科分门别类的、相互隔绝的研究方式越来越不适应当代社会实践和马克思主义发展的需要了。"研究马克思主义的某一个组成部分诚然有助于理解与把握马克思主义整体,但却不能代替马克思主义整体,正如研究马克思主义哲学不能代替马克思主义其他组成部分的研究,更不能代替马克思主义各个组成部分的综合与整体,研究马克思主义哲学史也不能代替马克思主义史的研究,如此等等。只有把马克思主义作为独立的学科、完整的科学来设置,才能在它的统领下进一步加强有关马克思主义学科群的建设"。②在这里,他对建立独立的马克思主义理论学科表达了明确的肯定意见。

作为著名的马克思主义史家,先生着重强调整体性应该成为马克思主义史研究的方法论原则,并结合马克思主义史的经验阐释了这一原则的内涵和意义。他强调要注意马克思主义理论各个学科之间和马克思主义发展各个阶段之间的内在联系和整体特征。他特别讨论了马克思主义传播史与马克思主义发展史之间的整体性关系。在他看来,无论是马克思主义传播,还是马克思主义发展,都表现为一个过程。马克思主义在一个国家和

---

① 庄福龄:《庄福龄自选集》,北京:中国人民大学出版社2007年版,第595页。
② 庄福龄:《庄福龄自选集》,北京:中国人民大学出版社2007年版,第631页。

地区的最初的有效的传播往往成为这个国家和地区运用和发展马克思主义的起点，但是这并不意味着马克思主义的传播与发展是两个不同的过程。他主编的《中国马克思主义哲学传播史》一书，坚持马克思主义传播史与发展史二者关系上的整体性观点，把二者看作一个过程，认为马克思主义的传播总是随马克思主义的发展而行，而马克思主义的发展又同时是马克思主义的传播过程。传播具有发展的意义，发展又具有传播的意义。就马克思主义哲学在中国的传播而言，先生认为马克思主义哲学达到了一个什么样的水平，中国人在十月革命后所认识和接受的马克思主义哲学就处于一种什么样的状况，"这是研究马克思主义哲学在中国传播的出发点"。这就是说，马克思主义哲学的发展实际"达到的水平"，人们"认识和接受的状况"，是马克思主义哲学"传播的出发点"。这种认识颠覆了传播仅仅是发展的起点的传统观点，坚持了马克思主义哲学在传播中发展，又在发展中传播的观点。先生不仅主张马克思主义哲学的传播与发展是一个整体的观点，把马克思主义哲学的传播纳入马克思主义哲学发展和马克思主义发展的整体之中，而且主张把马克思主义哲学的传播纳入到中国特有的历史文化背景之中。

先生还把马克思主义整体性原则运用于关于马克思主义历史命运的思考，主张这种思考要同马克思主义与现时代的三个重大历史现象的关系联系起来。这三个关系是：马克思主义同全球化的关系、马克思主义同资本主义的关系、马克思主义同社会主义的关系。

先生主张把马克思主义整体性观点作为他主编和参与主编的"三大发展史"著作——《马克思主义哲学史》（八卷本）、《马克思主义史》（四卷本）和《马克思主义发展史》（十卷本）——严格遵守的编写原则。在先生的学术自述中，他曾经谈到编写综合的马克思主义史著作的意义，在于它适应了马克思主义学科建设提出的从整体上研究马克思主义的要求。

"学科建设的进一步发展,又必然提出从整体上研究马克思主义,从它的各个组成部分研究其相互关系的要求,也必然提出拓宽研究思路、树立学科融合的要求,于是继八卷本之后另一项重大工程,编写一部综合的系统的马克思主义史又被提上了日程。"①

五、前进性与曲折性相统一的马克思主义史观

曲折性和前进性都是客观事物运动发展过程中的一定状况。曲折性与前进性的统一是客观事物运动发展的内在逻辑,是客观辩证法。对于马克思主义发展来说,事实也是如此。但是,不管出于什么原因,总有人不愿意承认这一事实,不是只看到马克思主义发展的曲折性,就是只看到它的前进性,而不能把二者统一起来。二者的关系问题,在理论上,实际是关于马克思主义发展的经验、特征、规律乃至命运的认识问题,总体上是一个马克思主义观问题。

曲折性与前进性的关系,是马克思主义史上较早出现的问题。在19世纪末开始出现的关于马克思主义"危机"问题的争论,是这一关系问题的具体表现。这个争论不能简单地认为是由伯恩施坦修正主义的出现而发生的,因为在马克思主义已经产生并在欧洲开始传播开来的时候,一些资产阶级理论家在他们的言论中就已经制造出这种论调。但是,又不能不承认,正是由于伯恩施坦修正主义的产生而使马克思主义在发展中是否可能发生"危机"和当下是否存在"危机",成为当时马克思主义者们不能不面对的迫切的理论和政治问题。

1898年春末至夏初,俄国最早的马克思主义者普列汉诺夫以《论所

---

① 庄福龄:《庄福龄自选集》,北京:中国人民大学出版社2007年版,第708页。

谓马克思主义的危机》为题作过几次演讲。演讲针对的就是伯恩施坦和康·施密特的修正主义言论。但是，普列汉诺夫反对把他们对现代唯物主义、马克思主义的批评和修正看作是马克思主义的"危机"，认为它即使可以被看作是马克思主义的"危机"，其对马克思主义并不构成实际"危险"，因为它"是很容易根绝的"。①1903年，为纪念马克思逝世20周年，当时的著名马克思主义理论家卡尔·考茨基和罗莎·卢森堡都发表了纪念文章。考茨基的文章题目直接就是《马克思主义的三次危机》。不同于普列汉诺夫和其他马克思主义理论家的是，他并不否认马克思主义发展中发生过和现实存在着"危机"。他认为，马克思主义的"第一次危机"出现在1848年反革命之后，"第二次危机"出现在1870年巴黎公社失败之后，"第三次危机"出现在他写这篇纪念文章时的1903年之前的几年。其实，他所理解的"危机"同别人所理解的不完全一样。在他看来，"危机"就是马克思主义发展中"低潮"，并且认为它是暂时的。他说："继各次高潮时期之后，也曾经历过各次危机时期，而在克服危机之后，它总是赢得了新的基地"②。1903年3月，罗莎·卢森堡为纪念马克思逝世20周年同时发表了两篇文章：《马克思主义的停滞和进步》和《卡尔·马克思》。在《马克思主义的停滞和进步》一文中，卢森堡谈到"近年来"的马克思主义的状况时使用的是"停滞"一词，而没有使用"危机"。她说，虽然我们有不多几种可以视为关于马克思主义理论上的进步的独立著作，有了一些普及和阐述马克思主义理论的优秀著作，"不过从根本上看，我们在理

---

① 参见《普列汉诺夫哲学著作选集》（第2卷），上海：三联书店1961年版，第376—388页。
② 中共中央马克思恩格斯列宁斯大林著作编译局国际共运史研究室编：《国际共运史研究资料》（第3辑），北京：人民出版社1981年版，第238页。

论方面仍然停留在两位科学社会主义创始人给我们留下的水平上"①。而从她同时发表的《卡尔·马克思》一文对当时的马克思主义存在状况的认识来看，她或者认为"停滞"没有达到"危机"的程度，"停滞"不等于"危机"；或者认为包括"停滞"在内的德国资产阶级教授话语中的"马克思主义的危机"已经被克服。1913年3月，为纪念马克思逝世30周年，列宁在《真理报》和《启蒙》杂志分别发表《马克思学说的历史命运》和《马克思主义的三个来源和三个组成部分》两篇文章。在《马克思学说的历史命运》中，列宁把1848年以来的世界历史划分为三个时期，然后考察了"马克思学说在每个时期的命运"。在第一个时期（从1848年革命到1871年巴黎公社）的开头，马克思学说并不是占统治地位的，但到了这一时期的末尾，马克思以前的社会主义已奄奄一息，在马克思和恩格斯的科学社会主义学说影响下，诞生了独立的无产阶级政党——第一国际和德国社会民主党；在第二个时期（从巴黎公社到1905年俄国革命），"马克思学说获得了完全的胜利，并且广泛传播开来"②；在第三个时期（从俄国革命到1913年），"极大的世界风暴的新的发源地已在亚洲出现"③，继俄国革命之后，发生了土耳其、波斯和中国的革命。欧洲也跟着亚洲按照欧洲的方式行动起来。最后，就马克思主义的历史命运，列宁指出："自马克思主义出现以后，世界历史的这三大时期中的每一个时期，都使它获得了新的证明和新的胜利。但是，即将来临的历史时期，定会使马克思主义这个无产阶级的学说获得更大的胜利。"④列宁这一基于马克思主义的本质、它的历史经验和规律作出的未来马克思主义发展前景和趋势的判断，

---

① 《卢森堡文选》，北京：人民出版社2012年版，第101页。
② 《列宁全集》（第23卷），北京：人民出版社1990年版，第3页。
③ 《列宁全集》（第23卷），北京：人民出版社1990年版，第3页。
④ 《列宁全集》（第23卷），北京：人民出版社1990年版，第4页。

无疑是正确的。客观的历史发展和马克思主义发展史也证明了列宁的这个判断的科学性。但是，尽管如此，在马克思主义发展史上关于"马克思主义危机"的话语从未消失。先生在马克思主义史研究中，虽然没有专门讨论过这个问题，但是他在更大范围内关注了马克思主义的历史命运问题，他在这个问题上发表的深刻见解彰显了他的科学的马克思主义观。

先生重点讨论的是20世纪马克思主义发展状况。他承认在19世纪末至20世纪初马克思主义者队伍中出现以伯恩施坦为代表的修正主义思潮，是马克思主义发展中的一次曲折，它造成的一定程度的马克思主义者队伍中的思想混乱，对发展着的马克思主义是一个冲击。但是，他又不把此看作绝对的坏事，认为它也锻炼了年轻的马克思主义者。他把1917年至1956年看作马克思主义进入20世纪的第二个时期，认为40年中虽然不能说马克思主义的发展是完全一帆风顺的，不能说它在前进中没有曲折、偏差和失误，但是总体上看，这一时期社会主义获得的连续胜利，一次又一次地使马克思主义获得了新的证明；从1956年始，马克思主义经历了20世纪的第三个时期。在这个时期发生了几次重大的政治动荡，"马克思主义面临着严峻的形势"；这是"马克思主义艰难探索、曲折前进的时期"；但是，从中他也看到"一连串的挫折和曲折锻炼了马克思主义，从反面证明了马克思主义的正确性"。①在《马克思主义史》（四卷本）"导言"中，他谈到马克思主义在20世纪近百年的历史发展中表现出的三个突出特点，第三个特点就是，马克思主义的发展有高潮，也有低潮，有直线，也有曲折，有前进，也有后退，它的历史呈现出曲折发展的状态，但真理终究是不可战胜的，马克思主义所揭示的人类社会发展规律终究是不可战胜的。②在

---

① 庄福龄：《庄福龄自选集》，北京：中国人民大学出版社2007年版，第17页。
② 参见庄福龄主编：《马克思主义史》（第1卷），北京：人民出版社1996年版，导言第16页。

这里他把马克思主义的发展是前进性与曲折性的统一的经验和规律表达的十分明确和完整。

针对马克思主义发展中的曲折，先生强调要正确认识和对待马克思主义发展史上的敌对阶级、非马克思主义和反马克思主义对马克思主义的挑战，正确认识和对待马克思主义者与非马克思主义者之间的论争。论争的由来、经过和结局，论争各方的论点和论著，论争的方法、意义和经验教训都应当成为马克思主义史研究的对象。

先生始终能够从马克思主义发展的曲折中看到它的光明前景，看到它的现实性和强大生命力。他对马克思主义为什么在困难和曲折中仍然能够保持旺盛的生命力这一问题给予的简短答案是：马克思主义"同时代一贯保持着密切的联系"。他用世界性的马克思主义的存在状况说明这一事实时得出这样的结论："一是在革命风暴的源泉转移，暂时处于革命低潮的地区和国家，那里的马克思主义并没有熄灭，各种社会矛盾仍然吸引着越来越多的人们去了解和研究马克思主义；二是这些地区和国家的无产阶级和共产党人要按照自己的方式、自己的国情和民族特点，去传播、发展和运用马克思主义。"①他强调"中国以自己的实践证明了科学社会主义是有生命力的，正在向着更加健康的方向发展；马克思主义也是打不倒的，它不仅不会消失，反而会被世界上越来越多的人所赞成和接受。"②

在谈到21世纪马克思主义的发展时，先生谈到马克思主义已经经历的挑战和将要面对的挑战。他认为，历史的经历是马克思主义发展的一种财富和资源，新时代的挑战将是马克思主义发展的动力。21世纪尽管我们将继续面对20世纪积累下的挑战和一定会遇到新的可能更大的挑战，但是马

---

① 庄福龄：《论马克思主义的历史命运》，《南京社会科学》1996年第10期。
② 庄福龄：《论马克思主义的历史命运》，《南京社会科学》1996年第10期。

克思主义前进的步伐是不可阻挡的。

以上是我所理解的庄福龄先生关于科学的马克思主义观的认识。阅读先生的蕴涵着科学的马克思主义观的著作，回顾先生"以马克思主义的态度对待马克思主义"的学术人生，我获得的一个基本启示是：上述先生关于科学的马克思主义观的认识，何尝不是先生自己的马克思主义观！先生自身没有其他的马克思主义观，所有的、秉持的马克思主义观就是他所理解的内在于马克思主义理论体系和实践本身的科学的马克思主义观。先生所理解的科学的马克思主义观与先生自身秉持的马克思主义观是同一的；先生所秉持的科学的马克思主义观与先生在马克思主义事业中的实践是同一的。

张 新

▶ 中国人民大学马克思主义学院教授。
庄福龄教授博士研究生

庄福龄先生马克思主义发展史研究方法论探析

张　新

庄福龄先生是我国马克思主义发展史学科的开拓者和奠基者之一，他主编的《马克思主义史》（四卷本）、《简明马克思主义史》产生了重大学术影响，为马克思主义发展史学科的创立和发展做出了杰出的贡献。特别是在先生临终前极力倡导并确立编写指导思想的《马克思主义发展史》（十卷本）的出版，必将极大地推进我国马克思主义发展史学科的发展和走向成熟。在庄福龄先生诞辰九十五周年和《马克思主义发展史》（十卷本）全部出版之际，谨以这篇探讨庄先生马克思主义发展史研究方法论的文章，表达对先生的崇高敬意！

庄福龄先生在长期研究马克思主义发展史的过程中，通过总结国内外研究的经验以及自己的心得体会，总结出了研究马克思主义发展史的重要方法论。这些方法论深刻地反映了马克思主义发展的基本规律，对于全面认识和揭示马克思主义与时俱进的本质、牢固树立科学马克思主义观具有十分重要的意义。

一、关于马克思主义发展史科学分期的方法论

马克思主义发展史是以马克思主义的孕育、形成、建设和发展为研究对象的科学。研究马克思主义发展史首要的基础性问题就是分期的问题。庄福龄先生认为，马克思主义发展史并不单纯是一部经典作家的思想理论发展史，马克思主义作为科学的理论，它的发展是一个曲折而复杂的历史过程。其中既包括经典作家的思想发展，也包括他们的战友和学生的思想发展；既包括无产阶级领袖的思想发展，也包括领袖集团中主要成员的思想发展；既包括马克思主义主流思想的发展，也包括非主流的思想发展；既包括马克思主义的思想流派的发展，也包括作为马克思主义对立面的各种思想流派的发展。马克思主义发展史既是马克思主义理论发展的历史，也是马克思主义在无产阶级革命实践中发展的历史。马克思主义发展史是一部理论与实践相统一的历史，是一部理论与时代相统一的历史，是守正与创新相统一的历史，是坚持真理和批判谬误相统一的历史。

因此马克思主义发展史分期就是要真实准确划分马克思主义发展历史中的不同时期、不同阶段，并通过对不同时期、不同阶段马克思主义理论及其阶段性特征的研究，揭示不同阶段之间的连续性和内在联系，从整体上把握马克思主义发展历史的过程及其规律。要科学准确地划分马克思主义发展的历史阶段，其实是一个十分复杂的问题，由于划分标准的不同，就造成不同的历史分期。分期标准的确立就成为关键。

庄福龄先生认为，马克思主义发展史是马克思主义整体发展的历史，不是其某个组成部分的发展历史，所以分期标准必须体现整体性；

马克思主义发展史分期的标准就是马克思主义整体的理论逻辑和历史逻辑、实践逻辑的统一。理论逻辑就是指马克思主义理论自身的发展逻辑，马克思主义发展史的历史分期必须根据马克思主义理论发展的内在逻辑，反映马克思主义理论发展的不同历史时期及其内在的逻辑联系；历史逻辑就是指马克思主义是在解决时代课题、回应时代需要中发展的，马克思主义发展史的分期必须反映马克思主义发展不同历史时期的时代特征，通过不同历史阶段内在联系的研究揭示其发展的规律；实践逻辑就是指马克思主义是实践的理论，它是在无产阶级革命实践中创立的实现人民自身解放的科学思想体系，它是在实践的基础上不断探索实践新课题、回应人类社会面临的新挑战而不断丰富发展的科学理论，马克思主义发展史必须反映马克思主义在不同历史时期的理论主题与实践主题。

根据这一分期标准庄福龄先生认为可以把马克思主义发展的历史大致划分为四个时期。马克思主义发展史的第一个时期，是马克思主义的奠基篇。从马克思主义的问世到19世纪末，大约五十年，是马克思、恩格斯毕生为创立马克思主义而奠定基础和不懈战斗的时期。马克思主义发展史的第二个时期，是马克思主义的开拓篇。从19世纪末到20世纪最初的二十年，大约二十多年时间，是列宁活动的时期，是地球上产生第一个社会主义国家的时期，是马克思主义把书本上的理论变成社会主义实践的时期，是理论上向新的实践领域开拓的时期。马克思主义发展史的第三个时期，是马克思主义和社会主义大发展的时期，是马克思主义的发展篇。这个时期大体上是从20世纪20年代到20世纪50年代中叶，大概三十多年时间。这个时期社会主义从一到多，最初只有一个国家——苏联，尔后发展为东欧和亚洲的一片，在历史上曾经形成社会主义阵营。马克思主义发展史上的第四个时期或创新时期，是马克思主义的创新篇。从20世纪50年代中期到21世纪。这是社会主义经过曲折发展，马克思主义又有伟大创新的时期。

庄福龄先生这种分期具有充分的根据，确立的分期标准和研究的方法论也比较科学，是一种创新性的见解，也经得起实践的检验，为马克思主义发展史的分期及其方法论奠定了基础。有学者提出，因庄先生上述分期的论述提出时间较早，没有反映21世纪马克思主义的发展历史，需要补充并提出了新的分期。这些看法虽然都有道理，但关于分期以及分期的标准如庄先生所说，是一个十分复杂的问题，需要在各种不同观点的争论中逐步取得共识。

二、在理论和实践的结合上来研究马克思主义发展的历史

习近平指出，马克思主义不是书斋里的学问，而是为了改变人民历史命运而创立的，是在人民求解放的实践中形成的，也是在人民求解放的实践中丰富和发展的，为人民认识世界、改造世界提供了强大精神力量。马克思主义是在总结无产阶级革命实践经验的基础上创立的，是指导无产阶级革命实践的科学理论，实践性是马克思主义最本质的特征。正如马克思、恩格斯所说："对实践的唯物主义者即共产主义者来说，全部问题都在于使现存世界革命化，实际地反对并改变现存的事物。"①

马克思主义是随着无产阶级革命实践的发展而发展的，在习近平看来，"一部马克思主义发展史就是马克思、恩格斯以及他们的后继者们不断根据时代、实践、认识发展而发展的历史，是不断吸收人类历

---

① 《马克思恩格斯文集》（第1卷），北京：人民出版社2009年版，第527页。

史上一切优秀思想文化成果丰富自己的历史。"①马克思主义发展史就是一部在实践基础上不断进行理论创新的历史。因此,庄福龄先生认为理论和实践相统一是研究马克思主义发展史的基本方法。马克思主义发展史作为历史进程中发展着的马克思主义,是马克思主义理论发展史和实践发展史的有机统一,就是说,完整意义的马克思主义发展史,既不是单纯的马克思主义理论史,也不是单纯的马克思主义实践史。这决定了马克思主义发展史研究基本的方法论原则是理论与实践的统一。

庄福龄先生指出,在马克思主义形成和发展的170多年的历史中,呈现出极其复杂的剧烈的变化,其中既有前进和胜利,也有迂回和曲折,甚至有暂时的后退和失败,这一切都不是偶然的现象,而是同它所处的时代,同那个时代的具体实践和社会生活条件密切联系的。在时代的实践和时代的运动中去研究马克思主义的变化和发展,才能如实地反映客观的历史辩证法,如实地反映这部复杂而变化的历史。

事实就是如此。推动马克思和恩格斯世界观和政治立场转变与唯物史观和马克思主义创立的根本动力是无产阶级革命实践;马克思主义理论的不断丰富发展并形成严整的科学理论体系,是在不断科学总结无产阶级革命丰富的实践经验的基础上实现的;马克思主义理论的真理性是在无产阶级革命的实践中得到检验的。

列宁主义是帝国主义和无产阶级革命时代的马克思主义,是以列宁为代表的布尔什维克将马克思主义基本原理与俄国具体实际,特别是俄国无产阶级革命实践相结合的产物。在马克思主义的指导下俄国十月革命取

---

① 习近平:《在纪念马克思诞辰200周年大会上的讲话》,北京:人民出版社2018年版,第9页。

得了历史性的胜利,开辟了人类历史的新纪元。列宁以马克思主义为指导探索了经济文化落后国家社会主义建设的道路,他对社会主义建设实践的探索和关于社会主义的基本构想为苏联后来的社会主义建设奠定了理论基础。

在斯大林领导苏联社会主义建设时期,他虽然犯了一些严重的错误,但在总体上还是坚持了列宁主义,是一个杰出的马克思主义者,领导苏联社会主义建设取得巨大的成绩,巩固和发展了第一个社会主义国家。在斯大林的领导下,社会主义实现了一国到多国的胜利,建立了社会主义阵营。但斯大林的社会主义理论与苏联的建设实践也出现了严重偏差,他将在苏联特殊国情下建立的社会主义模式当作了社会主义的普遍模式并在所有社会主义国家推行,违背了实事求是、一切从实际出发的马克思主义基本原则。

以毛泽东为代表的中国共产党人将马克思主义理论与中国实际相结合,推进了马克思主义中国化,创立了毛泽东思想,指导中国新民主主义革命实践取得了伟大胜利,建立社会主义新中国,并在社会主义建设实践中取得重大成就。

以邓小平为代表的中国共产党人坚持理论与实践相统一,坚持实事求是和一切从实际出发的马克思主义基本原则,在中国开展了改革开放的伟大实践并取得了举世瞩目的伟大成就。而在苏联戈尔巴乔夫推行的所谓改革,则逐步背离了马克思主义理论和科学社会主义原则,导致了苏联解体。

在总结马克思主义发展历史过程和基本经验的基础上,庄福龄先生指出:"马克思主义从来不是作为一种脱离实际的学说和一成不变的教条而流传下来的,也不是要求人们对它的著作和论断无条件地、绝对地信奉而延续下来的。它的延续和发展靠的是本身的科学性和真理性,靠的是随时代变化而变化的实事求是的根本原则，靠的是只承认实践的权威性而坚持解放思想的创新精神。只有密切结合时代的变化和时代的要求，结合时代不断提出的新课题和新任务，结合马克思主义面临的新形势和新挑战，去研究马克思主义发展的历史，才能使这部历史充满生机和活力，才能再现马克思主义在历史发展中的活的灵魂，才能真正揭示出马克思主义作为行动指南的历史作用。"[①]这就深刻揭示出了坚持理论和实践相统一这一研究马克思主义发展史科学方法论原则的真谛和根据之所在。

马克思主义是深深地植根于实践、服务于实践又在实践中不断发展的与时俱进的科学理论。马克思主义发展的历史告诉我们，马克思主义的实践性特点，从根本上决定了它与社会现实生活、与广大人民群众的社会实践紧密联系，这是它不竭创造活力和蓬勃生机的源泉。因此庄先生认为，马克思主义的发展总是离不开人民群众的实践，总是同人民群众阶级斗争、生产斗争和科学实验的实践及其经验密切联系的；总是同人民群众改造客观世界和改造主观世界的实践密切联系的，也总是同历史上杰出的马克思主义者对这些实践及其经验的理论概括和总结密切联系的。马克思主义发展史的研究和书写应当体现上述两者的结合而又突出理论的发展，应以人民群众广泛的实践为背景和依据，结合实际地突出马克思主义的形成、发展和更新、变化。这样，才能真正研究和揭示马克思主义发展史的真实过程及其内在规律。

---

① 庄福龄主编：《马克思主义史》（第1卷），北京：人民出版社1996年版，第28页。

三、从马克思主义的整体上来研究它形成和发展的历史

庄福龄先生特别强调，从马克思主义的整体上去研究它形成和发展的历史，是马克思主义发展史研究的重要的科学方法论。这是因为长期以来，在马克思主义发展史研究中存在各种片面性的认识和方法。如存在这样一种认识，认为马克思主义发展史就是研究马克思的思想发展史，因为马克思主义就是专指马克思的思想，恩格斯创立的是恩格斯主义，列宁创立的是列宁主义；还有人认为只要搞清楚马克思主义经典作家的思想就可以把握马克思主义发展的历史。还有一种以偏概全的研究方法，就是将马克思主义某个组成部分的历史等同于马克思主义整体的历史，将某一研究领域得出的结论作为一般的结论，如将马克思主义哲学史研究、马克思主义政治经济学史研究中得出的结论等同于马克思主义发展史整体性的结论。

庄福龄先生认为必须克服上述片面性的研究方法，整体性研究是马克思主义发展史研究必须坚持的科学研究方法。根据和理由在于：首先，马克思主义是一个严整的科学理论体系。其次，马克思主义发展史所研究的是马克思主义的整体发展，不是部分和某一流派或某一思潮发展的历史，更不是某一个经典作家思想发展的历史。再次，马克思主义发展史研究的是马克思主义发展的规律，而规律是体现在马克思主义发展的整体历史过程中的。

庄福龄先生指出，马克思主义发展史的整体性研究方法具体体现在以下几个方面：

第一，基于马克思主义理论体系的整体性研究马克思主义发展史。

庄先生指出，无产阶级革命实践的需要决定了马克思主义理论研究领域的多样性、涉及问题的复杂性，也决定了马克思主义理论的丰富性。这也决定了不能直接地把马克思主义归结为其某一个组成部分，如归结为科学社会主义，或归结为哲学世界观，或归结为经济学说。就如过去受苏联的影响，把马克思主义仅仅归结为三个组成部分并高度学科化，严重忽略了马克思主义科学理论体系的整体性。导致这种结果的主要原因，是对恩格斯《反杜林论》和列宁《马克思主义三个来源和三个组成部分》关于马克思主义理论体系及其组成部分的论述的简单化，甚至绝对化的理解。

需要注意的是，当前关于马克思主义整体性研究已经引起了学术界高度重视，取得了十分丰富的理论成果。但在讨论中也出现了一些值得注意的问题。如有人认为马克思主义的所有著作都是从整体上研究和阐述基本原理的，因此马克思主义的整体性是其本来的自然状态，根本就不存在什么组成部分，"三个组成部分"是人为地创造的结果。这种否定马克思主义组成部分来强调其整体性的观点也是不正确的。因为部分是相对整体而言，整体是相对部分而言。没有部分就没有整体，没有整体就没有部分。马克思主义是整体，但也存在部分，不能用部分否定整体，也不能用整体否定部分。马克思主义科学理论体系由马克思主义哲学、马克思主义政治经济学、科学社会主义三个主要组成部分构成，这是无法否定的事实。恩格斯在《反杜林论》中所构建的马克思主义科学理论体系，主要就是由三个部分构成，并深刻揭示出这三个主要组成部分之间的内在联系。

因此，庄先生强调，马克思主义史有别于它的各个组成部分的历史，例如有别于马克思主义哲学史、马克思主义政治经济学史、科学社会主义史等，但它也不是所有各个组成部分的机械总和与拼凑。这里关键的问题仍然是坚持从整体上去研究马克思主义史。

第二，基于马克思主义理论内容的整体性研究马克思主义发展史。

庄先生指出，马克思主义的三个组成部分只是其最重要和最主要的部分，但不是全部。除了三个部分之外，马克思主义还有法学、文艺学、军事学、民族学等方面的内容，而且随着时代的发展其内容还在不断丰富，马克思主义发展史研究必须要注意马克思主义这些方面的发展及其历史过程。事实上马克思主义的许多原著都是从多方面多学科来论述一个或几个中心问题的，很难界定它是某一学科的著作，如《资本论》《反杜林论》都是马克思主义"百科全书"式的著作。

因此，庄先生特别强调，必须忠实于不同时期马克思主义发展的轨迹，如实地按照它的重点和内容作出分析和阐述，而不是简单地把它们纳入现有的学科分类的框架，应当成为研究马克思主义史的方法。整体性的研究方法还要求注意马克思主义某些基本理论的内在联系，避免机械地从时间上把它们切断，孤立地对待。列宁明确说过，马克思主义的全部精神，它的整个体系，"要求人们对每一个原理都要（α）历史地，（β）都要同其他原理联系起来，（γ）都要同具体的历史经验联系起来加以考察。"①例如马克思的两个重大科学发现唯物史观和剩余价值学说，虽然在完成时间上有先后之别，但在内容上却有极密切的联系和互补关系。就如马克思在《〈政治经济学批判〉序言》中所说，唯物史观是他研究政治经济学的结果，又是进一步研究政治经济学的方法。没有马克思对政治经济学的研究就没有唯物史观的创立，唯物史观又是马克思进一步研究政治经济学的方法。马克思主义史对此应当有完整的反映，并且对两者之间的

---

① 《列宁选集》（第2卷），北京：人民出版社2012年版，第785页。

关系应当作出全面的分析，这恰好是历史和逻辑相一致的方法所要求的。

第三，要注意重点研究与全面研究相统一。

庄先生认为，马克思主义发展史的整体性研究，既要着重研究马克思主义不同历史时期关注的重点问题，又要全面研究马克思主义发展变化的理论和实践问题。因为马克思主义经典作家首先不是从学术研究上，而是从革命需要上创新发展马克思主义的。他们研究问题的出发点和归宿只能服从无产阶级革命的需要，解放全人类的需要，他们研究什么问题，突出什么重点，都是根据不同时期的不同需要决定的。马克思主义发展史研究首先要注重经典作家重点论述的问题，这些论述最能反映他们不同历史时期思想的主题和焦点。

但随着时代条件和无产阶级革命实践需要的变化，他们关注的重点也会有所不同，列宁说："既然马克思主义具有丰富多彩的思想内容，那么在俄国也同在其他国家一样，不同的历史时期时而特别突出马克思主义的这一方面，时而特别突出马克思主义的那一方面"[1]，"把注意力主要放在这一方面或那一方面，并不取决于主观愿望，而取决于总的历史条件"[2]。全面研究马克思主义发展中重点的变化，才能完整反映马克思主义发展史的全貌。

除了研究马克思主义发展史中重点及其变化，也不能忽视经典作家重点论述以外的其他论述，这些论述往往包含着十分重要的思想，而且在一定时期不是重点，但在另外的历史时期就可能成为重点。如马克思、恩格斯所关注的重点是阶级斗争理论，因为这是无产阶级革命的需要，他们对

---

[1] 《列宁专题文集 论马克思主义》，北京：人民出版社2009年版，第299页。
[2] 《列宁专题文集 论马克思主义》，北京：人民出版社2009年版，第299页。

未来社会的预测在当时就没有阶级斗争理论那么重要。但到社会主义建设时期，他们关于未来社会的预测就成为重点，因为这些预测中包含他们对社会主义的根本看法。

第四，整体性研究方法要求反映马克思主义发展的多样性和连续性的统一。

庄先生认为，整体性研究方法，要将马克思主义的发展看作是一部连续而前后衔接的历史，对其自身的内在的逻辑发展，对它发展的高低起伏和曲折迂回都应作出科学的分析，而不能造成历史的空白和历史的断裂。马克思主义170多年发展的历史，就是在实践的基础上不断创新、丰富和发展的历史。马克思主义发展史研究就是要整体反映不同时代马克思主义与时俱进的历史，揭示不同历史时期马克思主义发展的内在联系，完整呈现马克思主义发展连续而前后衔接的历史。

马克思主义的发展是一部高低起伏和曲折迂回的历史，既有高歌行进，又有挫折低潮，如既有马克思主义创立并指导国际共产主义运动的高涨，也有伯恩施坦修正主义导致第二国际的破产；既有列宁主义指导十月革命的伟大胜利，也有戈尔巴乔夫否定马克思主义导致苏联解体；既有马克思主义中国化伟大成果毛泽东思想创立指导新民主主义革命的伟大胜利和新中国建立，也有"文化大革命"严重挫折；更有马克思主义中国化时代化新成果中国特色社会主义理论体系和习近平新时代中国特色社会主义思想的创立，指导中国改革开放和中国式现代化取得突飞猛进。因此，马克思主义发展史的整体研究就必须对这些历史作出科学的分析，而不能造成历史的空白和历史的断裂。

四、科学的研究方法应当立足于现实，根据现在的情况来研究马克思主义发展的历史

习近平提出，时代是思想之母，实践是理论之源。这就深刻揭示出马克思主义与时代、与实践之间的辩证关系。马克思主义是在解答时代课题的过程中创立的，时代性是其重要特征。因此庄先生认为，马克思主义是发展的科学，是随着时代发展而发展的科学。如果割断了时代发展和马克思主义发展之间的联系，就不可能正确认识马克思主义，也就难以正确评价马克思主义了。评价马克思主义的某个原理和观点究竟正确与否，要看它是否反映时代的需要，是否解决时代提出的重大理论和实践的课题，是否推动时代的前进，这就是历史的观点。符合时代需要的马克思主义基本原理就应当继承下来，继承的目的在于运用，即运用这些基本原理来分析解决现实的问题。而现在如何应用这些继承下来的理论，又必须根据现在的条件，结合现在的情况，这就需要发展创新。就如马克思所指出："正确的理论必须结合具体情况并根据现存条件加以阐明和发挥。"①

庄先生认为，纵观马克思主义的全部历史，从来就存在一个对马克思主义的理解问题。如何处理马克思主义经典作家的思想与新时代的关系，处理好继承与创新的关系，需要坚持科学的马克思主义观，坚持对待马克思主义的科学态度。恩格斯明确提出："社会主义自从成为科学以来，

---

① 《马克思恩格斯全集》（第47卷），北京：人民出版社2004年版，第35页。

就要求人们把它当做科学来对待"①。邓小平说过，决不能要求马克思为解决他去世之后上百年、几百年所产生的问题提供现成答案。列宁也是如此，毛主席也是如此，每个时代有每个时代的问题，不能用今日的眼光来看待，与时俱进才是真理。因此庄先生强调，我们既不应要求过去的马克思主义完全掌握今天的情况，不能要求马克思预见到上百年后的历史变化，不能要求他为解决上百年后，甚至几百年后所产生的问题提供现成的答案，这就是不能苛求于前人；同样，也不应根据过去的情况去要求今天的马克思主义，不能要求今天的马克思主义一切都必须按过去的办，一切都"率由旧章"，都不能越雷池一步，都要从上百年前的原理中寻求现成的答案，这就是不能用前人的论述来束缚后人的手脚。

正是马克思主义的创立者和后继者坚持了对马克思主义的科学态度，立足于时代和现实创新发展马克思主义，马克思主义才得以继承和发展，才有迄今一个半世纪多的历史。在马克思主义发展史上，从来就存在两种错误的态度，即把马克思主义僵化和绝对化的教条主义和借口时代条件变化而否定马克思主义的修正主义。教条主义者把马克思主义僵化和绝对化，一切从本本出发，墨守成规，一成不变，简单地搬用已有的结论，不愿根据时代条件的变化去研究和解答时代提出的新课题，这就窒息了马克思主义发展的道路；修正主义者不顾马克思主义的根本原理仍然适合今天的情况，借口情况的变化而从根本上修正马克思主义，他们不论对当今的情况也好，对马克思主义也好，都是以主观臆断代替历史分析，而不是对马克思主义进行认真的研究，当然也就堵塞了继承和发展马克思主义的道路。在深刻总结历史经验的基础上，庄先生得出了结论："不用历史的观点对待过去和现在，不根据现在的情况正确认识和理解马克思主

---

① 《马克思恩格斯文集》（第2卷），北京：人民出版社2009年版，第219页。

义，就谈不上对它的继承和发展，当然也就不可能正确阐明马克思主义的历史。"①

庄福龄先生长期从事马克思主义发展史的研究，取得了丰硕的学术成果，特别是在对马克思主义发展史研究方法论方面的总结和概括是他智慧和心血的结晶，具有开创性的重大意义，为马克思主义发展史的研究奠定了科学的方法论基础，至今仍然具有十分重要的借鉴和启示价值，需要我们后辈学人不断研究和弘扬。

---

① 庄福龄主编：《马克思主义史》（第1卷），北京：人民出版社1996年版，第31页。

张 琳

▶ 中共中央党校培训部教授。
庄福龄教授博士研究生

怀念与思考
——薪火相传的马克思主义哲学史研究

张 琳

一晃,导师庄福龄教授离开我们已经有七年了。印象中的导师,温和健谈。于我而言,他不仅"是三尺讲台上的严肃教师,也是方寸书斋里的慎思哲人",更是生活中的仁厚长者。导师一生淡泊名利,潜心学问,正如一篇学人传记中所说,庄福龄"是学术科研坦途上的启明星,也是远离名利的纯粹学者,始终保持朴素的教学初心,倾注满腔热血教书育人,笃信马克思主义理论的生命力,数十载坚守耕耘马克思主义理论"。"庄福龄老师的一生正如其名:鹤龄初心惟德馨,鏊拓学疆福后来。"

1992年我还在四川大学读硕士时,硕士导师冉昌光教授让我和其他几位同门一起接待教育部组织的全国《马克思主义哲学史》教材编写组的老师,那是我第一次和庄福龄老师结缘。1995年底至1997年8月,我作为川大教师借调到原国家教委高教司文科处工作,作为文科处工作人员参与了全国高校《马克思主义哲学史》教材编写的组织工作,并有幸同教材编写组的成员庄福龄、黄枬森、徐琳、孙伯鍨、施德福、宋一秀以及余源培、陈学明、侯惠勤等前辈和老师一同参加了在江苏华西新村和北京的教材编写会议，亲眼见证了马哲学界的前辈们认真讨论、精益求精的工作态度。如今他们中的大部分都已驾鹤西去，但他们为人治学的先德风范，一直激励着我努力前行。

62年的执教生涯中，庄老师不仅坚持"教理论、讲理论、修理论"，而且也坚持教书育人、培养新人、奖掖后学。在师从庄老师读博的三年中，我更是受益良多。对于导师为人、为师的评价，是一个具有个体化、感性化的事情，作为他的学生和弟子，每个人都有不同的视角、经验和感悟，然而对于庄老师的学术评价则不完全是个体化、感性化的事情，它涉及对一门学科、一代学人、一段学术史的评价。因此，应把对庄老师的学术评价放到更为宏阔的历史条件、学科奠基与建构、学术发展与创新的背景下来思考，这样才更客观、更全面。今天，对导师及先贤最好的纪念乃是学习他们的治学精神，光大他们所开拓和心系的马克思主义研究事业。下面我将结合庄老师的学术研究和治学经历，就如何进一步推进马克思主义哲学史研究，谱写马克思主义研究新篇章谈点个人看法。

其一，深入推进马克思主义哲学史研究，不能忽视该学科发展史的研究。

在我国，马克思主义哲学史是一门相对年轻的学科。相较于马克思主义哲学二级学科，马克思主义哲学史这个三级学科形成和发展较晚，它是在我国改革开放后才发展起来的。也就是说，我国真正独立的、学科意义上的马克思主义哲学史研究是在党的十一届三中全会后开始的。改革开放以来40多年的马克思主义哲学史学科发展，已然形成了属于自己的学科发展历史。如何划分和看待学科发展历史阶段？每一历史阶段的研究队伍（包括师资和招生情况、人才培养情况）、代表成果（包括教材编写，学科范畴、概念，研究范式与文献资料的开辟与准备等）、学科影响如何？当中有什么经验、教训和规律？如何进一步推进学科发展，建构适合时代和实际需要的研究范式、话语体系和学科体系？对于这些问题，目前学界给予总结、反思的文章可谓凤毛麟角。从学科发展史的角度研究马克思主义哲学史，无疑对于进一步深化马克思主义哲学史研究是非常必要的，这也是学科成熟和学科主体性、自觉性的高度体现。目前，有学者将我国马克思主义哲学史学科的历史发展划分为孕育期、徘徊期、发展期、困境期、新的发展期这样几个阶段，但对于分期的标准、各个阶段的发展现状，并没有给予充分的说明，尤其是新时代以来的马克思主义哲学史发展情况的分析和总结，几乎是空白。

事实上，早在20世纪50年代初，适逢新中国建设需要，国家开始系统培养马克思主义理论教学和研究人才，当时中苏关系尚好，两国联系比较密切。在苏联专家的帮助和指导下，以苏联当时的学科建制为蓝本，我国初步开启建设马克思主义学科体系、培养马克思主义理论人才。受时代背景和历史条件的影响和限制，当时在华的苏联专家并不具有明确的马克思主义哲学史学科观念，也没有直接帮助我国建立马克思主义哲学史学科，但他们却为我国培养出了一批具有坚定的政治信仰和扎实的马克思主义理论基础、熟悉马克思主义哲学发展史上的经典文本的青年哲学工作者，从中涌现出了我国第一批从事马克思主义哲学史研究的专家。庄老师就是其中之一。

庄老师的一生，为马克思主义哲学史学科的奠基及其系统性建设和科学性发展，作出了不可磨灭的贡献。他不仅为中国人民大学马列主义发展史研究所的创立与发展、中国马克思主义哲学史学会的创立与发展殚精竭虑，而且还为马克思主义哲学史教材编写和《马克思主义哲学史》（八卷本）、《马克思主义史》（四卷本）、《马克思主义发展史》（十卷本）编写呕心沥血，投入了全部精力。庄老师大学的专业是财经，主修的是会计学。1951年他从上海商学院毕业后，决定放弃自己的财经专业，投身马克思主义研究事业，自此，他将自己的一生同马克思主义紧紧地联系在一起。1953年至1955年他进入中国人民大学马列主义研究班学习，毕业后留校任教，并兼任马列主义研究班哲学分班主任，主讲哲学专业课。1964年党中央决定在中国人民大学成立马列主义发展史研究所，这表明，马克思主义哲学史学科观念在我国已经初步形成。庄老师参与了该所的筹建工作，并先后担任该所马克思主义哲学史研究室副主任、主任。遗憾的是，十年"文化大革命"使得刚起步的学科建设完全处于停滞状态。

党的十一届三中全会以后，学科建设重新启动。从70年代末期开始，许多大学、党校、科研院所都设立了马克思主义哲学史教研室或研究室，这就为学科发展提供了必要的平台和人员保障。到80年代，随着研究队伍的不断壮大，该学科还涌现出了一些杰出的学科带头人和研究团队。作为我国马克思主义哲学史学科的主要创建者之一，庄福龄教授在80年代历史地肩负起了领导、推动该学科发展的重任。在他和其他同仁的共同努力下，中国人民大学马列主义研究所作为我国第一个马克思主义的专门研究机构，成为该学科最重要的研究中心之一。与此同时，经过二三十年的积累与沉淀，我国第一代马克思主义哲学史家大多在这一时期进入自己的学术盛年，并留下了自己的代表性成果，这当中就有由庄福龄与黄枬森、林利共同担任主编、全国57位学者参与编写的八卷本《马克思主义哲学史》，该套书从1983年开始，历经10多年的努力，于1996年出齐，这一宏大学术工程成为这一学科具有里程碑意义的奠基性成果，该书问世后获得了学界和社会广泛的好评，先后获全国"五个一"工程奖、国家社科基金优秀成果一等奖、"吴玉章奖"和北京市哲学社会科学优秀成果特等奖，并入选了"中国文库"。

90年代以后，由于世界格局的变化，社会主义暂时处于低潮，马克思主义面临严重挑战，一方面，苏联解体、东欧剧变在颠覆了苏联马克思主义哲学史研究模式的合法性基础之余,也打破了它唯我独尊的研究模式,破除其教条主义解释的思想垄断和意识形态禁锢。人们开始反思苏联研究模式弊端,并寻找符合时代发展和思想发展需求的新的研究范式;另一方面,随着中国特色社会主义市场经济体制的建立,实践中出现了一些用传统马克思主义无法解释的社会现象,加之受中西方学术交流空前深入发展的影响,一时间,"马克思主义过时论"甚嚣尘上。甚至出现了在有的领域中马克思主义被边缘化、空泛化、标签化,在一些学科中"失语"、教材中"失踪"、论坛上"失声"的现象,马克思主义指导地位日渐下降,导致该学科的学科地位、学术信誉受到空前挑战,研究队伍迅速流失、萎缩,马克思主义哲学史学科在发展中出现了暂时的、相对的困境。

针对以上情况,进入新世纪后,庄老师指出,"马克思主义诞生于19世纪中叶,在社会革命的风云变幻中经历了19世纪和20世纪,当前正在一个动荡多变的21世纪中破浪前进,以自己的理论'书写'着自己的'历史'。这就是马克思主义发展史。"①那么,如何有针对性地使马克思主义研究不断提高其科学水平,不断占领更多的思想阵地并扩大其影响,他认为这应当成为新世纪马克思主义研究的首要任务。而对于刚刚过去的20世纪,他指出,要在充分占有大量史料的基础上,认真而细致地去思考和分析马克思主义的每一个重要历程,既总结其应当肯定的重要经验,也揭示人们在理解和运用上的失误而导致的重要教训,让百年来马克思主义发展的历史经验真正成为指导我们前进的科学财富。令人欣慰的是,经过90年代的考验和大浪淘沙,一批具有坚定的马克思主义信仰、接受过严格的学术训练、理论功底扎实、学术视野开阔、具有反思精神和批判精神

---

① 庄福龄:《学习马克思主义经典作家治学立论的基本功》,《马克思主义研究》2012年第7期。

的年轻一代马克思主义哲学史家在困境中成长起来并日益成熟,他们是使该学科能够走出困境、实现新的发展的中坚力量。

进入新时代,随着各级党校和高校马克思主义学院的成立,随着国家对马克思主义学科发展的积极扶持和鼓励,马克思主义哲学史研究迎来了新的机遇。今天,年轻一代马克思主义哲学史学者已经顺利地从第一代马克思主义哲学史家手中接过该学科的旗帜,肩负起了领导该学科不断发展的历史使命。今天,面对百年未有之大变局与世界多极化发展的情形,面对新形势、新任务,如何进一步把学科研究和建构推向新的发展?对此,庄老师指出,必须认真总结经验,在解读经典原著上不断下功夫,突出整体分析和系统分析方法,拓宽研究视野,同国外研究者深入对话,加强马克思主义中国化和马克思主义哲学中国化的研究等,他的这些真知灼见,在今天依然值得认真领会和品味。总之,今天只有在继承前人研究和发扬前人学科精神的基础上,科学总结学科历史发展的经验教训和规律,不断更新学科话语体系,实现新的话语建构,才能力争在学科研究范式、人才培养模式和学科建构和影响等方面作出新的贡献。

其二,深入推进马克思主义哲学史研究,不能忽视该学术发展史的梳理。

学术史不同于学科史。它主要侧重马克思主义哲学史研究的学术发展历史,着重分析梳理的是马克思主义哲学史研究中出现过哪些重要的思想、理论,这些思想、理论间的传承、创新关系如何,有哪些重要的事件、人物、著述等,它们对学术和学科发展起到什么作用,有哪些贡献等。

有学者指出,没有思想史、学术史的学科,不是一个完整乃至成熟的学科。学术史的梳理本身是一个非常学术化的事情,这种梳理是一个动态的、不断递进和发展的过程。学术发展史和学术研究过程密切相关,我们的研究进展到哪里，我们的学术发展就跟进到哪里。通过学术发展史的梳理，我们更加清晰地看到随着中国马克思主义哲学家对马克思恩格斯的著作、同时代哲学家著作研究的不断深入，我们可以进一步深化学术史中的某些具体的局部问题的研究，甚至可能重新阐释某些问题。

重视学术发展史的梳理，有必要探讨作为相对独立学科的"马克思主义哲学史"如何实现向完整的"马克思主义史"的拓展。也即学者们是通过什么途径和方法来促进分门别类的哲学史研究与整体性的马克思主义发展史之间的关联和融通，从而实现马克思主义哲学史研究的"升级"。可以说这是学术发展史梳理的一个重要内容。在这方面，庄老师有着深刻的自觉并进行了探索。他在不断研究中逐渐认识到，马克思主义哲学史的研究不能仅仅停留在纯粹哲学的发展和书斋里，而是要从整体上，结合中国现实来进行研究，这样才能更好说明地马克思主义哲学史的发展。基于这种认识，从"马克思主义哲学史"到"马克思主义史"的拓展、从整体上研究马克思主义形成和发展史就成为马克思主义研究的必然选择。这样的拓展一方面紧密结合中国特色社会主义实践，一方面又不是简单地将马克思主义哲学、政治经济学、科学社会主义三个组成部分笼统地聚合在一起进行简单的拼凑，而是让马克思主义哲学像在它的创始人的著作里那样，真正渗透和融合在政治、经济、文化、军事、科学、自然、思维和一切领域，使其真正发挥出普遍性的指导作用。这从庄老师主编的《马克思主义史》四卷本中就可以看出。此书特别注重从以下几个角度来把握马克思主义的整体性：一是以马克思主义基本原理为内核来理解和把握其整体性；二是从马克思主义的发展历史来理解和把握其整体性；三是从马克思主义的理论品格来理解和把握其整体性。此书一出便在全国引起强烈反响，并获得了全国精神文明建设"五个一工程奖"和"国家图书奖"之提名奖。

我们说马克思主义提供给人们的是完整的世界观，它具有内容的全面性、结构的系统性、逻辑表述的严整性、方法的科学性等本质特征。学习、传承和发展马克思主义，需要注重从整体上理解和把握马克思主义理论体系。虽然对马克思主义进行分门别类的研究是十分必要的，但不能因此孤立地研究马克思主义三个组成部分而忽视从整体上把握和理解马克思主义。深刻理解和把握马克思主义的整体性，不仅能更好地用马克思主义观察时代、解读时代、引领时代，并用鲜活丰富的当代中国实践推动马克思主义不断发展，而且也有利于深化和推进对马克思主义各组成部分的研究。为此，在四卷本《马克思主义史》基础上，庄老师又主编了一卷本《简明马克思主义史》，于1999年出版。本书按照"奠基篇""开拓篇""发展篇""创新篇"的结构，阐述了1842—1997年马克思主义产生、发展的历史，论述了马克思主义产生和发展的历史背景、基本原理、重要事件和重要人物。该书在保持四卷本特色和深度的基础上，力图站在当代的高度来审视马克思主义的历史。可以说，正是借助向"马克思主义史"的拓展，庄老师将"马克思主义哲学史"研究推进到新的层次。

其三，深入推进马克思主义哲学史研究，不能忽视非经典马克思主义哲学家、思想家及其著述的研究。

在马克思主义哲学史研究过程中，在着眼于历史过程中的事件、人物、著作、思想、思想流派及其演进等基本要素的研究中，我们既要注重对马克思主义哲学经典作家和经典著作以及国际共产主义运动中领袖人物哲学思想的研究，也要注重对不同时代的其他马克思主义理论家、思想家及其著述的研究，否则，马克思主义哲学史就成了马克思主义哲学经典作家或领袖人物的思想史，就难以了解马克思主义哲学发展史的全貌。

今天，深入推进马克思主义哲学史研究，同样也不能忽视对新中国成立后成长起来的我国第一代马克思主义哲学史家著述及其思想的研究。作为我国第一代马克思主义哲学史家，他们的学术研究具有如下鲜明特点：一是具有高度自觉的现实关怀。他们都自觉地把自己的研究和学习与中国特色社会主义建设事业联系起来，因此往往会不约而同地关注那些能够与我国社会主义建设中的实践问题联系起来的哲学史问题，并形成研究的热点或争论的焦点。二是具有坚定而敏锐的理论党性。强烈的政治使命感是该学科在其形成和发展过程中逐渐确立的一种传统，加之由于特殊的成长经历，第一代马克思主义哲学史家们能够敏锐地捕捉到学术论争和动向背后的意识形态倾向和动机。这也使得他们的研究与政治意识形态的关系比较紧密。三是笃信马克思主义及其理论生命力。我国第一代马克思主义哲学史家都是历经多次磨难而不失其志的坚定的马克思主义者。他们不仅具有坚定的政治信念，还具有坚定的理论信念和坚实的理论功底，因此能够面对各种复杂的理论挑战而坚守自己的政治立场和理论立场。不会因为外界环境的变换而动摇自己的理想与追求。四是对马克思主义的理解具有同质化倾向。第一代马克思主义哲学史家们实际上是作为苏联研究模式在中国的实践者走上现代学术史的，他们在充分吸收了苏联研究模式长处的同时，对其存在的问题与局限则缺乏必要的反思与批判，从而很难最终超越。当然，我们也不必苛求前人，每一代人有每一代人的局限，后人要做的，是如何客观分析和克服前人的局限，在前人研究基础上实现真正的超越。

值得一提的是，与同代人相比，庄老师在研究中始终坚持史论结合，这也是他研究的最大特点和特色。他坚信只要在研究中坚持史论结合的原则，既打好根底，又面向未来发展，就一定能把这门新兴的学科建设好，不断开创马克思主义哲学史研究的新局面。之所以如此，是因为庄老师深谙史论结合是马克思主义哲学内在的基本要求，在他看来，马克思主义"在传统的学科分类中，它的三个基本组成部分还分属三个不同的学科，缺少整体的综合的研究，马克思主义哲学和经济学是同历史和现实中众多学派并列在一起的,科学社会主义则代替了马克思主义的综合研究。这种状况,既削弱了马克思主义的整体性,也难以覆盖马克思主义的综合性,主观上想把马克思主义渗透在各个学科之中,而现有的位置实际上很难突出其指导性。"①

"欲知大道,必先为史。"在庄老师看来,作为一门研究科学的哲学思维发展的历史科学,马克思主义哲学史研究必须把史论结合的要求贯穿在整个研究过程之中,既不能脱离历史作抽象的逻辑推论,也不能脱离理论作历史的流年记录。在他看来,马克思主义哲学史研究的根本性任务就在于"把马克思主义哲学形成和发展的历史如实地反映出来,把马克思主义哲学在一个半世纪内的经验教训和发展规律揭示出来"②。他强调,对于历史的进步固然应当如实地反映,而对于历史的曲折和倒退也绝不应当忌讳和掩盖。尊重历史还应当尊重历史的辩证法,因为历史本身是辩证地发展的。应当把历史当作一个多方面联系的、错综复杂的、充满矛盾而又有规律的发展过程来研究。如果离开了历史的矛盾和斗争,离开了历史发展中迂回曲折的情况,把马克思主义哲学的发展说成是一帆风顺的从胜利走向胜利的过程,这不仅会使人们对历史的理解陷入直线性和片面性、死板和僵化、主观主义和主观盲目性的错误,也会把马克思主义哲学发展的历史弄得面目全非。尊重历史就要同种种歪曲马克思主义哲学史的现象作斗争,就要面向当代世界范围内对马克思主义哲学史提出的种种挑战,特别要对非马克思主义乃至反马克思主义的论点作出科学的分析和评论,澄清对历史的歪曲,还历史的本来面目。不仅如此,他还对史论结合作了系统阐发,并将"由论入史""由史立论""论从史出"的治学方法和研究

---

① 庄福龄:《庄福龄自选集》,北京:中国人民大学出版社2007年版,第595页。
② 庄福龄:《史论结合和开展马克思主义哲学史研究》,《人文杂志》1984年第5期。

精神同学术研究和教学的实践活动紧密联系起来。他是这样讲的，也是这样积极践行的。

历尽天华成此景，看似容易却艰辛。庄老师的一生都在为马克思主义研究事业和马克思主义哲学史学科发展探索不止，在其生命的最后两年，他还从发掘、理解、诠释马克思主义发展的丰富理论内容和发展经验的要求出发，提议撰写《马克思主义发展史》（十卷本）。遗憾的是，十卷本启动不久，他就身患重病。在病中庄老师仍不忘十卷本的撰写工作进展，始终关注马克思主义理论的创新发展。最终这一浩大工程成了他未竟的事业。可以告慰庄老师的是，2023年，在庄老师同仁及弟子们的努力下，《马克思主义发展史》（十卷本）最终得以全部付梓。如果说《马克思主义哲学史》（八卷本），是当时世界上篇幅最大的马克思主义哲学通史，标志着我国一代马克思主义哲学史家所树立的学术丰碑的话，那么，由庄福龄老师积极倡导、担任总主编并奠定基础的《马克思主义发展史》（十卷本），则是目前世界上体系最完整、规模最大的马克思主义史研究著作，反映和体现了中国马克思主义研究的最新发展，标志着新一代哲学史家们在马克思主义发展史上建立的又一个学术丰碑。

侯衍社

▶ 中国人民大学马克思主义学院教授。
庄福龄教授博士研究生

庄福龄先生的主要研究领域和学术思想成就
——由论入史　由史立论　史论结合

侯衍社

庄福龄先生长期深入研究马克思主义哲学史、马克思主义史和马克思主义中国化问题，在多年反复思考和辛勤著述基础上形成了对马克思主义哲学史自觉、全面而独到的理解，在马克思主义史、马克思主义中国化等方面都取得了令人瞩目的理论成果。

一、关于马克思主义哲学史

庄福龄先生集20余年心血智慧集中深入研究马克思主义哲学史，在这个领域奋力开拓并发挥了重要的奠基作用。庄先生的马克思主义哲学史观主要包括四方面的内容：对马克思主义哲学史学科特质的理解；关于马克思主义哲学史研究的方法论原则；马克思主义哲学史的个案、断代与贯通评论；马克思主义哲学史学科建设的设想。

1. 对马克思主义哲学史学科特质的理解

庄先生认为，马克思主义哲学史是一门研究马克思主义哲学产生、发展的历史及其规律的科学。首先,它是一门历史科学,是建立在大量第一手历史资料基础上的。马克思主义哲学作为无产阶级的世界观,一贯坚持按照历史的本来面貌去解释历史。它既如实地反映历史的进步,把这种进步作为继续前进的起点;也不讳言历史的挫折和倒退,把这种曲折看作前进中的插曲,作为总结历史经验,吸取历史教训的课堂。因此尊重历史,忠于历史,努力澄清对历史的歪曲,杜绝脱离历史的空谈是马克思主义哲学史研究的基本要求。其次,它还是一门理论性极强的科学,是寓马克思主义哲学理论于历史之中的科学。历史是变化发展的、充满辩证法的,尊重历史也就是要尊重历史的辩证法,把历史当作一个多方面联系的、错综复杂的、充满矛盾的却又有规律可循的发展过程来研究。如果仅仅依靠罗列历史事件和任意抓住个别事例,就不可能反映历史的本质和全部联系,就会把马克思主义哲学发展的历史弄得面目全非。因此坚持全面地、发展地研究历史,辩证地分析历史,同样是马克思主义哲学史的内在要求。

不仅如此,庄先生还对马克思主义哲学史与马克思主义哲学原理的关系进行了区分,认为它们是既有区别又有联系的两门科学,区别在于前者以马克思主义哲学这种特定的思想体系的历史为研究对象,后者以客观世界本身及其内在的必然联系和运动规律为研究对象;前者表现为马克思主义哲学的历史形态,后者表现为马克思主义哲学的理论形态。两门科学的联系在于马克思主义哲学原理是在一定的历史中产生和发展的,论从史出,理论离不开历史;马克思主义哲学的历史需要理论去观察、分析和思维,研究历史也不能离开理论的指导;正如史和论需要结合一起,只有加强马克思主义哲学的历史和马克思主义原理之间的结合和协作,只有在研究中"瞻前顾后"、与时俱进,才能更加完整、准确地把握马克思主义哲学。

2. 关于研究马克思主义哲学史的方法论原则

根据马克思主义哲学史本身的特点，庄先生认为，必须坚持理论与实践、逻辑与历史、革命性与科学性相统一的方法论原则。

坚持理论和实践的统一。重要的问题在于正确认识和处理理论和实践的关系。就哲学来说，它首先是由社会经济条件、社会实践所决定的，它的发展也是由实践所推动的，哲学的生命力由实践赋予，哲学的正确性要由实践验证。因此哲学要经常倾听实践的呼声，回答实践提出的问题，永远面对实践中的新情况和新问题。但是哲学思想又具有相对独立性和巨大能动性，作为时代精神的精华，它一经产生又会发挥启迪、组织、动员、鼓舞的积极作用，成为人们认识世界和改造世界的锐利武器。哲学还能通过对人们理论思维和实践经验教训的概括和总结，在世界观和方法论上作出具有普遍意义的结论，把人们的认识提高到新水平。可以说，马克思主义哲学发展的历史，是一部理论和实践相互作用、密切结合、高度统一的历史。离开理论和实践的统一，就不可能理解这段历史，把握这段历史。

坚持逻辑和历史的统一。庄先生主张马克思主义哲学史研究要坚持逻辑和历史相统一的方法论原则，就是认为在研究中既要把马克思主义哲学的原理、原则、范畴、规律放到一定的历史条件和历史范围中去理解，又要从历史和认识发展中去考察马克思主义哲学的发展过程，或者说，既要注意逻辑分析的历史背景，又要研究怎样从历史中作出逻辑分析。对于马克思主义哲学史上重要的思想观点，都应该具体分析它是在什么样的历史条件下提出的，在回答和解决了马克思主义哲学是什么样的问题的基础上，进一步回答和解决它同以前的思想相比是否有所前进，它前进和发展表现在哪里，它在理论上作过什么样的贡献，在现实生活中有哪些影响和作用，等等。就是既不要把我们所能了解的思想，硬挂到前人的名下，也不要根据我们今天的理解，对前人求全责备，对任何具体思想的分析和估价，都必须注意其历史性，坚持科学的实事求是态度。对于马克思主义哲学史这门科学来说，重要的在于不仅仅研究马克思主义哲学在今天已经达到的成果和结论，而且研究取得这些成果和结论的认识过程，探讨过去是怎样认识世界的，认识又是怎样发展、怎样逐步深入的，总结在认识和改造世界过程中理论思维的经验教训，从而具体研究马克思主义哲学在不同历史阶段和不同情况下是怎样分析和总结社会发展过程的，是怎样吸取和改造科学和哲学成就的，是怎样反映无产阶级利益的，又是怎样确定改造社会方向的，等等。马克思主义哲学史提供给人们的不仅有各种具体的认识成果和结论，而且还有在认识过程中产生的科学方法。

坚持革命性和科学性的统一。庄先生主张马克思主义哲学史研究要坚持革命性和可行性相统一的方法论原则，认为马克思主义哲学史作为无产阶级世界观产生和发展的历史，必须始终贯穿鲜明的无产阶级立场和观点，坚持无产阶级的原则，开展反对资产阶级意识形态的斗争。无产阶级的利益同全人类的彻底解放是完全一致的。这个阶级的革命性恰好在于它能用彻底科学的态度来对待一切，也包括自己。庄先生经常引用恩格斯的一句话："科学越是毫无顾忌和大公无私，它就越符合工人的利益和愿望。"[①] 无私才能无畏。研究马克思主义哲学史要注意它的科学性和革命性的统一，而不要把二者对立起来，既不要因为坚持无产阶级的原则而放松了严格的科学要求，也不要因为强调科学态度而不敢坚持无产阶级原则。

3. 马克思主义哲学史个案、断代与贯通评说

庄先生认为，马克思主义哲学史就人物而言，首先是马克思主义创始人及后继者思想发展的历史，因此马克思、恩格斯、列宁、毛泽东、邓小

---

① 参见《马克思恩格斯文集》(第4卷)，北京：人民出版社2009年版，第313页。

平等人的思想与实践占有十分突出的地位。在对上述经典作家的研究中，庄先生既认真梳理与区分了一些历史事实，比如人物思想转变的过程、文献的写作与影响情况等，又作了重要的专题性研究。他在大量第一手材料的基础上，就马克思恩格斯辩证法思想的形成和发展、马克思的人类解放理论、马克思恩格斯军事思想、马克思对巴黎公社经验的总结、十月革命前列宁哲学思想的发展、列宁关于巩固和发展社会主义胜利的战略思想、毛泽东哲学思想史的特点、中国马克思主义哲学传播的历史、老一辈革命家在社会主义时期有关中国特色和思想方法的论述、20世纪社会主义理论的发展、毛泽东思想与中国特色社会主义理论体系的关系等问题做了精深分析，写下了一系列重要论文与专著。在对马克思恩格斯的思想评价中，庄先生反对以某一时期作为其思想顶峰的论点，特别是对西方某些学者抬高早期、抬高《1844年经济学哲学手稿》的论调不以为然，他认为只有将其置于马克思一生思想发展的长河中才能确立其地位与价值；对恩格斯的军事理论庄先生下了大功夫进行梳理与挖掘，处于国内研究的前列；庄先生还十分注意整理列宁晚年关于社会主义建设的战略思想，分析毛泽东、邓小平社会主义建设思想与他的一脉相承而又与时俱进的关系。

4. 关于马克思主义哲学史的学科建设

20世纪是在曲折起伏、动荡多变的情况下度过的。作为科学世界观和方法论的马克思主义哲学理应对20世纪错综复杂的历史作出科学的概括和总结，对资本主义和社会主义制度的发展演变作出透彻的令人信服的分析；应能总结无产阶级在运用马克思主义哲学上的经验教训，从哲学上概括社会主义的建立、发展及其在某些国家兴衰变化的历史，并对人类发展所出现的重大问题，如科技革命、生态危机、人口压力、贫富悬殊等作出科学的说明和分析。推进马克思主义哲学史的学科建设，需要学习马克思、超越马克思的精神，需要在解放思想、实事求是的道路上做好三方面工作：其一，马克思主义哲学史学科建设者应当以研究社会主义、特别是中国特色社会主义理论为重点。其二，马克思主义哲学史学科研究要注意吸收其它形式的哲学传统的优秀成果。这包括中国几千年优秀的哲学精华、马克思主义哲学传入中国和改变国家面貌的历史经验、世界各国先进的哲学思维方式等等。其三，努力抓好学科队伍建设。学科建设能否继续和加强，很大程度上取决于新一代的基础和素质，专业人才贵在精而不在多，他们要有在市场经济新形势下甘于寂寞、刻苦钻研、矢志不渝的精神状态，有稳定的专业思想，通晓原著和经典文献，同时懂得其他交叉学科的知识与研究现状，善于从理论和实践的结合上对重大问题作哲学的沉思、概括和总结。

鉴于马克思主义哲学史作为一门新兴学科起步晚而又具有博大精深的特点，需要集体攻关并把重点放在难点和薄弱环节上，学科建设不能赶时髦、攻冷门，追求个人著书立说。庄先生为此宁可牺牲个人成果，把精力集中到欧洲革命风暴的哲学总结、恩格斯的军事辩证法和马克思的经济哲学这样一些少有人问津的领域，等等。

二、关于马克思主义史

为了系统研究马克思主义170多年来在实践中产生和发展的历史，庄先生在党的十八大后首倡并积极推动了《马克思主义发展史》（十卷本）的撰写工作，这套具有重要学术价值的著作于2023年10月由人民出版社出齐，合计700万字，是国内外迄今为止篇幅最大的马克思主义发展史著作，为国家思想理论建设、为马克思主义理论学科建设做出了重要贡献。在庄先生看来，马克思主义哲学史学科建设的进一步发展，必然提出研究其各个组成部分相互关系的要求，提出拓宽研究思路、树立学科融合的要求，提出从整体上研究马克思主义的要求。研究马克思主义史是研究马克思主义哲学史的必然结果，同时也是更全面更深入地研究马克思主义哲学史的内在要求。

1. 关于马克思主义发展史的分期问题

庄先生认为，马克思主义发展史是一部解放思想、实事求是、理论创新的历史。在《简明马克思主义史》（人民出版社1999、2001、2004年版）中，他把马克思主义发展的历史划分为四个时期。

第一时期是奠基时期，时间是从19世纪50年代开始到19世纪末。马克思、恩格斯的一生主要是围绕对资本主义的认识，对资本主义的分析，对资本主义的批判和对资本主义进行的斗争而展开的。这一时期又可划分为三个阶段：第一阶段，围绕《共产党宣言》和欧洲1848年革命而展开，大体上是从19世纪40年代末到50年代初。这个阶段马克思以解放思想、大无畏的精神对待资本主义，在肯定资本主义历史贡献的同时，大胆地揭露了资本主义致命的弱点，提出了资本主义由于自身内在矛盾必然走向灭亡的结论。第二阶段，时间是从19世纪50年代到60年代。1848年欧洲革命失败后马克思、恩格斯在革命处于低潮的情况下，着手研究资本主义，分析资本主义，总结与资本主义斗争的经验教训。这个时期马克思开始着手写作《资本论》。1859年《〈政治经济学批判〉序言》是这一阶段代表作，它提出了"两个必然"和"两个决不会"的论断，提出了"社会形态更替论"，是马克思、恩格斯进入沉思和总结的年代，是他们对资本主义产生了新认识的年代，是为迎接下一次革命高潮到来做理论准备的年代。第三阶段，时间是从19世纪70年代到90年代。马克思、恩格斯从理论上对巴黎公社的经验进行了冷静分析，指出不要把巴黎公社神圣化，要正确把握必然性和偶然性的关系，提出要用巴黎公社这种国家机器形式代替被打碎的国家机器，解决了马克思主义如何对待资本主义、如何对待资本主义条件下的工人革命，如何对待我们自己的胜利、我们自己的胜利成果的问题。到了90年代，恩格斯在马克思去世后独立地对资本主义新变化作出新分析，他要求后一代继续研究资本主义的新变化。

第二时期，时间是20世纪前20年，大体上围绕如何对待社会主义、如何建设社会主义而展开。这一阶段的主要代表是列宁，他根据新情况对马克思主义作出了发展和创新。列宁对马克思主义的贡献，主要是围绕怎样建立社会主义、怎样建设社会主义这一中心问题展开的。十月革命前列宁的贡献是提出了社会主义革命有可能在经济相对落后的国家和地区首先取得突破的结论，改变了马克思、恩格斯先前的论断。十月革命后列宁的贡献是从实际出发、实事求是，提出从战时共产主义政策走向新经济政策，为后来苏联社会主义建设开辟了一条新路。

第三时期，大体上从20世纪20年代到50年代中叶的30多年时间，是马克思主义和社会主义大发展时期。这个时期社会主义从一到多，形成社会主义阵营，马克思主义也得到了重大发展。这一时期的中心问题是马克思主义和具体国情能不能相结合的问题，也就是说在结合上下功夫没有，功夫下的深不深，功夫下的有没有成果。在这方面苏联和中国是两个鲜明的对比。中国由于正确地把马克思主义和中国实际相结合，取得了新民主主义革命的胜利，实现了从新民主主义到社会主义的转变，进行了社会主义革命，推进了社会主义建设。而苏联从斯大林开始一直到赫鲁晓夫，马克思主义在脱离苏联国情的道路上越走越远，为苏联解体、东欧剧变埋下了伏笔。

第四时期，是20世纪50年代中期到21世纪早期，这个时期是社会主义曲折发展，马克思主义又有伟大创新的时期。其中心问题是两次曲折、一次拨乱反正，出现社会主义复兴和马克思主义的发展。两次曲折发展一个是苏联解体、东欧剧变，另一个是中国的"文化大革命"。马克思主义的伟大创新，表现在以邓小平、江泽民、胡锦涛和习近平等为代表的党的领导集体带领中国人民开辟了中国特色社会主义道路，形成了中国特色社会主义理论体系。

2. 关于马克思主义170余年发展历史的基本结论

纵观马克思主义发展史，可以得出以下四个基本论断：

第一，与时俱进、不断创新是马克思主义的品质、灵魂，是它的生命力所在。马克思主义发展史是我们学习"解放思想，理论创新"最好、最生动的教材，一部马克思主义发展史给我们提供了无数创新的典范。

第二，马克思主义发展史是一部始终围绕着资本主义和社会主义，始终围绕着如何正确认识资本主义，如何正确认识社会主义的历史进程而展开的历史。正确认识这一点，对于我们正确认识当前的形势和任务，进一步增强贯彻执行党的基本理论、基本路线、基本纲领、基本政策的自觉性，推进新时代的历史进程有极其重要的意义。学习马克思主义发展史并不是简单地面向过去、回顾历史，更重要的是认识当前的形势和任务，而认识当前的形势和任务也离不开认识社会主义和资本主义，离不开了解社会主义的历史进程和资本主义的历史进程。

第三，马克思主义发展史是坚持实践标准、不断追求真理、修正错误的历史。马克思主义的杰出代表从来不隐讳自己的错误，比如恩格斯不止一次地说过，他和马克思对1848年革命的估计是错误的。列宁在实行新经济政策时也公开表明党在这个问题上曾经犯过错误。邓小平在"拨乱反正"的过程中不止一次说过党犯了错误，他本人也犯了错误。所以一部马克思主义发展史也是一部理论上不断修正错误、联系实际不断创新的历史。

第四，马克思主义发展史上涌现了一些杰出的历史人物，产生了震撼世界的历史事件，积累了发人深思的历史经验，由这些历史人物、历史经验、历史事件凝成了马克思主义的优良传统和优良作风。学习这样一段历史，我们可以从历史的榜样和启示中得到净化，使我们真正做到立党为公，执政为民，密切党和群众的关系。

3. 关于科学的马克思主义观

马克思主义的理论创新关键是树立科学的马克思主义观。邓小平指出："多年来，存在一个对马克思主义、社会主义的理解问题。"① "真正的马克思列宁主义者必须根据现在的情况，认识、继承和发展马克思列宁主义。"② 树立科学的马克思主义观就是要用马克思主义的态度对待马克思主义。怎样用马克思主义的态度对待马克思主义呢？其一，要以理论和实践相统一的态度，而不是教条主义的态度对待马克思主义。其二，要以不断学习、永不满足的态度去对待马克思主义。马克思主义是一个永远取之不尽的精神财富。因为它是在实践中不断发展的。其三，用尊重实践、尊重群众的态度对待马克思主义。马克思主义最尊重实践，因为理论之所以能够创新、能够发展，关键在实践。马克思主义最尊重群众，因为群众是历史的主人、历史的创造者、历史的主体。其四，要以解放思想、实事求是的态度对待马克思主义。要自觉地把思想认识从那些不合时宜的观念、做法和体制中解放出来，从对马克思主义的错误的教条式的理解中解放出来，从主观主义和形而上学的桎梏中解放出来。既要脚踏实地、实事求是，又要解放思想、面向未来。基点在于现实、在于脚踏实地，理想在于面向未来。

4. 关于马克思主义的历史命运和特点

马克思主义在未来的历史命运，离不开当代的几个重大关系：一是马

---

① 《邓小平文选》（第3卷），北京：人民出版社1993年版，第291页。
② 《邓小平文选》（第3卷），北京：人民出版社1993年版，第291页。

克思主义同经济全球化的关系；二是马克思主义同资本主义的关系；三是马克思主义与社会主义的关系。纵观马克思主义形成和发展的历史，面对资本主义和社会主义，面对新时代的新变化，马克思主义没有失效，更没有消失。根据中国的经验，关键是坚持什么样的学风，坚持什么样的马克思主义观。研究马克思主义史，要对19世纪和20世纪的发展进行回顾和沉思，要以此作为走向新世纪的基础和出发点，研究新情况、新问题，在前进中坚持和发展马克思主义。

深入思考马克思主义的历史发展，马克思主义的特点可以归纳为三个方面：第一，马克思主义从一开始就是作为国际性思潮和普遍适用的学说问世的，当然，其国际性和普遍意义又是必须和具体实际相结合的，必须通过一定的具体条件而表现出来。第二，马克思主义的传播和影响是多方面、多种形式的，不同国家、不同地区不可能千篇一律，发展和运用马克思主义是一项创造性的事业，一个统一的、适合所有国家的方式是不存在的。第三，马克思主义的发展有高潮，也有低潮，有直线，也有曲折，有前进，也有后退，它的历史呈现出曲折发展的状态，但真理终究是不可战胜的，马克思主义所揭示的人类社会发展规律终究是不可逆转的。

5. 关于新世纪中国的马克思主义理论研究和建设

既要巩固和推进已经取得的良好的发展势头，又要正视和解决前进中面临的问题。其一，马克思主义理论研究和理论建设既要坚持老祖宗，又要坚持创新。其二，马克思主义的旗帜必须鲜明，理论阵地必须由马克思主义占领。其三，马克思主义基本原理的研究必须加强，决不可当作老生常谈而予以忽视。要总结某些在基本原理上的失误而导致理论上的错误的情况，对于有关哲学基本问题、唯物论和唯心论的区别、主体哲学、本体论、人学、文化问题等讨论中的得失利弊要做具体分析，总结经验教训。其四，马克思主义中国化的伟大事业还要继续推进和深化。要把重点放在科学地对待马克思主义和吃透国情、同中国实际的结合上。其五,马克思主义理论建设必须进一步深化和提高。马克思主义作为一门科学,尤其在我国作为党和国家的指导思想,理应占有独立的突出的学科地位。目前它的三个基本部分即马克思主义哲学、政治经济学和科学社会主义还分属不同的学科。这种状况既削弱了马克思主义的整体性,也难以覆盖马克思主义的综合性。马克思主义理论研究和学科建设都有很多问题需要研究,需要更高地突出其整体性、综合性和指导性。

三、关于马克思主义中国化

1. 马克思主义中国化是研究马克思主义哲学史和马克思主义史的落脚点和归宿

在庄先生看来,进行马克思主义哲学史和马克思主义发展史的研究,决不是为学术而学术,而是为了回顾和总结马克思主义的发展历程及其经验教训,总结它在170余年历程中所面临的多次挑战和兴衰起伏的特点,从而深刻认识马克思主义发展的内在规律,为推动我国社会主义现代化建设事业和继续推进历史进步提供科学的理论指导。庄先生强调,研究马克思主义理论,要面向当代,从历史的发展上把当代中国马克思主义作为研究的重点。他认为,在当代中国,研究马克思主义哲学,应当同研究社会主义理论结合起来。当代中国哲学如果脱离了中国人民和世界人民所关注的中国特色社会主义事业,那就会失去时代的光彩和中国的特点。正是基于这种认识,庄先生在进行马克思主义史和马克思主义哲学史研究中十分强调研究中国马克思主义哲学的发展历程,强调研究当代中国的马克思主义。80年代末90年代初,他主编了《中国马克思主义哲学传播史》和三卷本《毛泽东哲学思想史》,突出了马克思主义哲学在中国传播和发展的历史；同时又在密切关注当时国内外政治风波和苏东剧变的严峻形势下，从总结历史经验着手，以当代中国的马克思主义为武器，主持撰写了《中国体制改革的哲学探索》，力图从历史和现实、理论和实践的统一上，把马克思主义哲学史的当代发展同社会主义的命运和前途结合起来进行研究，以增强这门学科的现实感。进入21世纪以来，他把研究重点转向了马克思主义中国化方面，并取得了引人注目的成果，2004年3月，人民出版社出版了他的专著《马克思主义中国化伟大理论成果》。专著以厚重的历史感和理论与实践结合的视角阐述了马克思主义中国化的三大理论成果，即毛泽东思想、邓小平理论和"三个代表"重要思想，为理论界和许多专家所重视。

2. 关于马克思主义在中国传播的特点

《中国马克思主义哲学传播史》作为教材首次把中国马克思主义哲学传播史作为一门新兴学科来建构。庄先生认为，这门学科是马克思主义哲学史在一个特定时间和具体空间的延伸和展开。该学科从纵的方面即历史上和横的方面即社会生活各领域均应作全面深入的研究，对中国马克思主义哲学家作出的贡献和对理论的发展要有充分的反映，对有代表性的中国论著和有关思想应作历史的评价，对马克思主义哲学在中国传播发展的历史特点和历史作用应作科学的分析。在书中他对马克思主义哲学在中国传播的历史特点作出的理论概括是：其一，经过"十月革命"而认识和接受马克思主义哲学；其二，同反帝反封建的群众运动相结合；其三，学习马克思恩格斯哲学思想同学习列宁的新贡献相结合；其四，探索改造社会的途径和研究唯物史观相结合。庄先生强调，研究这门学科的方法论要着眼于马克思主义的精神实质，要突出马克思主义哲学对实践的概括和回答，要突出毛泽东哲学思想的历史地位和历史作用。

3. 关于毛泽东（哲学）思想

庄先生在国内不仅以研究马克思主义哲学史和马克思主义史而著称，而且也以研究毛泽东（哲学）思想而闻名。他主持编写的三卷本《毛泽东哲学思想史》以突出的地位和系统的史料分析了毛泽东哲学思想孕育、形成、发展的历史。该书认为，毛泽东哲学思想史的特点有四：一是坚持和发展马克思主义哲学的历史，二是实事求是思想路线发展的历史，三是集体智慧结晶的历史，四是实践中运用辩证唯物论的历史。因此，研究毛泽东哲学思想史的方法论，一要完整地准确地把握思想体系，不拘泥于个别词句；二要紧密结合革命实践和党的活动，不面面俱到地作学理推究；三要重点研究其特色和贡献的形成过程，不简单复述马克思主义哲学的一般原理；四要重点研究集体智慧及其发展规律，不纠缠于历史细节和个人活动。在2004年出版的《马克思主义中国化伟大理论成果》一书中，庄先生对毛泽东思想的理论贡献作了系统概括和多方面贡献，他认为，毛泽东思想作为马克思主义中国化的第一个伟大理论成果，是马克思主义发展史上前所未有的崭新篇章。既论证了马克思主义要中国化，又论证了中国实际要马克思主义化，紧密结合中国实际，他善于透过历史的陈述与分析，对马克思主义作出系统的发展创新。

4. 关于邓小平理论和中国特色社会主义理论体系

庄先生认为，马克思主义中国化是一项需要继往开来、与时俱进、永远坚持下去的事业，是一项在实践基础上永无止境的事业。邓小平理论是马克思主义中国化的第二大理论成果，它为中国描绘了未来半个世纪切实可行的宏伟蓝图，从总揽全局的高度正确处理改革、发展和稳定的关系；它根据时代特点，从世界观和方法论上提出了一条解放思想、实事求是的思想路线，使其成为贯穿一切工作的灵魂，成为认识新情况、解决新问题的根本观点、根本方法。因此，中国在21世纪的发展，离不开邓小平理论和中国特色社会主义理论体系的指导。在新的历史时期，包括邓小平理论、"三个代表"重要思想和科学发展观等在内的中国特色社会主义理论体系，成为指引中国人民进行社会主义现代化事业的科学理论武器，并在实践中不断得到发展和创新。庄先生在撰写《马克思主义发展史》（十卷本）时特别指出，在新的历史条件下撰写"十卷本"，不仅要结合新实践新理论补写《马克思主义史》"四卷本"出版后至党的十八大前16年的内容，而且要重点突出党的十八大以后习近平总书记提出的新思想新论断的重要内容，整套书要体现出系统性、创新性、权威性。

四、关于马克思主义理论研究和建设工程

庄先生作为马克思主义理论研究和建设工程的首席专家，积极参加了马克思主义哲学史教材编写和经典著作的有关研究工作。他曾经深有感触地说，"身逢盛世，年迈而不服老，我多么希望青春重返，再作一番拼搏啊！"他把党中央实施的理论研究和建设工程视为新时期以来理论工作面临的又一次重大机遇，是理论工作者拼搏和报效的最好时机。他在总结自己半个多世纪从事理论工作的经验时指出："我在研究马克思主义进程中由论入史，由史立论，经历了一条史论结合的道路，今后在'工程'中仍然要沿着这条道路走下去，从最基础的重要原著入手，从理论上分清哪些是必须长期坚持的马克思主义基本原理，哪些是需要结合新的实际丰富发展的理论判断，哪些是必须破除的教条式的理解，哪些是必须澄清的附加在马克思主义名下的错误观点，从而进一步用科学的态度对待马克思主义，用发展着的马克思主义指导新的实践，使社会主义的中国对马克思主义真正作出无愧于人类的伟大贡献！"

臧峰宇

▶ 中国人民大学哲学院教授、院长，中国辩证唯物主义研究会副会长。

以史论结合的原则呈现思想史中的时代

臧峰宇

庄福龄老师是人大哲学院的前身——马列主义研究班哲学分班第三届毕业生，在人大哲学系创立当年留校任教，他与同年留校任教的陈先达老师、汪永祥老师等为马克思主义哲学学科建设做出了卓越贡献。庄老师与黄枬森先生等联合主编的《马克思主义哲学史》8卷本是我们最初从事哲学教学与研究时的重要参考书。我到人大哲学院工作的时候，庄老师已经到马克思主义学院任教多年，在中国马克思主义哲学史学会年会等学术会议上，我多次领略过庄老师的风采，印象最深的是庄老师强调史论结合的研究方法，他讲述马克思主义哲学史的关键细节非常清晰、切中肯綮，常给人以醍醐灌顶之感。

在他看来，脱离哲学史，孤立地理解马克思主义哲学的具体观点和具体结论，不可能形成正确的认识。正确把握马克思主义哲学史，理解思想产生的历史语境，离不开马克思主义哲学的思想方法。马克思主义哲学对社会矛盾的揭示、对历史经验的分析、对发展规律的归纳，是我们理解历史发生过程的钥匙。在这个意义上，马克思主义哲学原理研究和马克思主义哲学史研究是相互促进的，我们既要在特定的历史语境和时代背景中理解马克思主义哲学原理和方法，也要以科学的历史观和哲学原理把握马克思主义哲学史。

正如恩格斯所说，"马克思研究任何事物时都考查它的历史起源和它的前提，因此，在他那里，每一单个问题都自然要产生一系列的新问题。"① 对我们研究的哲学问题做历史的考察，遵循史论结合原则，才能更深刻理解马克思主义经典作家的经典表述，才能在思想史和文本解读中更深刻地反映历史的本质。因而，我们既要尊重史实，又要把握各历史发展进程中呈现的概念、范畴、原理、规律和理论思维的逻辑形式。庄老师强调的史论结合原则颇具启发性，马克思主义哲学史研究不是远离现实的纯粹史料学研究，而应以时代精神的精华映现"文本中的时代"，成为研究哲学思维发展的历史科学。这样，我们就可以用发展的观点理解马克思主义哲学史，将马克思主义哲学看作是随着时代条件的变化而不断丰富和发展的理论，从而研究马克思主义哲学的新发展，研究发展着的马克思主义哲学领域的新问题。

庄老师认为，马克思主义发展史是一部"与时俱进、理论创新的历史"，马克思主义发展史的第一个时期，就是马克思恩格斯以历史的态度肯定资本主义在发展生产力和促进社会发展上的历史功绩与历史作用，同时深切批判资本主义的历史。我们正是按照庄老师提出的马克思主义发展史研究理念和原则，编写新版《马克思主义发展史》第一卷的。这一卷展现了19世纪40年代马克思主义的创立过程，引导读者沿着马克思和恩格斯阐发新世界观的历程、感知马克思主义诞生的思想光芒，是编写组全体成员集体智慧的结晶，历时三年多完成。当时我协助郝立新教授先后提出这一卷的三份写作提纲，编写组16位成员认真研究、集思广益。大家围绕如

---

① 《马克思恩格斯全集》（第22卷），北京：人民出版社1965年版，第400页。

何在历史语境的再现中阐明马克思思想的主体性、如何呈现马克思主义的思想来源、如果确认马克思恩格斯同时代思想家特别是青年黑格尔派对马克思主义创始人思想的影响、如何在引证新的文献资料的同时突出思想史的脉络、如何阐述马克思与恩格斯的学术思想关系等问题，进行了热烈争论和深入交流，那些场景至今令人难忘。

随着讨论逐步深入，编写组成员们梳理了马克思主义创立时期欧洲社会经济发展状况、革命风暴、自然科学和人文社会科学发展成就，在思想史解读中再现了马克思主义形成的时代背景，描述了马克思和恩格斯早期思想发展轨迹以及他们向唯物史观迈进的路径与印记，呈现了新世界观的天才萌芽和马克思的第一个伟大发现。编写组成员们意识到庄老师强调的史论结合的重要性，力图在马克思主义发展史书写中展现马克思恩格斯开创的思想传统，把握坚持马克思主义在哲学社会科学领域指导地位的历史依据。我们注重在思想史书写中介绍MEGA2和马克思恩格斯文献研究的有关内容，使思想史研究和文本研究有机结合，从而呈现较强的立体感。我们也以这样的原则统稿，并明确修改完善思路。在提交书稿之前，我们采用集体审订的方式，审者颇为严苛，作者不免有些紧张，大家常常为某一节的写作框架、理论定位、论述细节展开近乎答辩式的对话。有时气氛是比较凝重的，但这是保证书稿质量上乘、避免出现硬伤的重要举措。人民出版社郁中建编审和毕于慧编审做了很多耐心细致的工作，有时与编写组成员一起讨论，使本书尽可能史料准确、论据充分。

在推进马克思主义哲学史和马克思主义发展史研究的同时，庄老师强调对当代中国马克思主义作历史思考，在世纪之交的关键时刻，展开两个世纪的沉思，他指出当代中国马克思主义是"在世纪交替的时代背景下形成的"，是"围绕着发挥社会主义优越性这一十分紧迫的问题而形成的"，是"在对社会主义再认识、再实践中形成的"。当代中国马克思主义的特点表明,"马克思主义正在从两个世纪的实践中、从自己的经验教训中对时代的脉搏、对群众的向背有了更深切的理解,变得更加成熟,更善于自我完善,有更强的应变力和生命力了","这是一项'任重道远'的战略工程,是一项关系到民族和人类前途的伟大事业"①。这些论断具有历史感和前瞻性,至今对我们具有启示意义。

也是从史论结合的角度,庄老师深刻阐述了"当代中国哲学的基础理论研究及其与时俱进的创新"。正如他所说,"哲学从理论思维上发挥了总结经验、认识世界、改造世界和揭示未来的独特作用,而它的基础理论和基础性研究更是功不可没,在长期的异常复杂的实践中指引着我们清醒而执著地阔步前进。""哲学的基础理论,它的基本概念、基本范畴和基本规律,都是人们经过亿万次实践而抽象和概括的成果,它们形式上的抽象丝毫也不影响其理论的深刻性和普遍性。"当然,庄老师强调的主要是当代中国马克思主义哲学基础理论,例如,发展观、矛盾观、人民群众论、历史进步论,这些理论具有深刻内涵及明确的所指和能指,随着时代条件的变化而不断与时俱进,"深刻地反映着具体,包容着具体,反映着时代,体现着时代精神,也为理论的进一步发展和应用提供着基础和生长点。"可以说,"当代中国哲学形成和发展的过程,是马克思主义及其哲学基础理论同当代中国实际相结合的过程,也是实现马克思主义中国化的过程。""当代中国哲学的基础理论之所以重要,之所以不能忽视,既是由基础理论的性质和内涵所决定的,也是由我国社会主义实践经验所决定的。"②这些观

---

① 此段皆出自庄福龄:《当代中国马克思主义的历史思考》,《长白论丛》1996年第6期。
② 此段皆出自庄福龄:《当代中国哲学的基础理论研究及其与时俱进的创新》,《中国人民大学学报》2005年第5期。

点彰显了深刻的马克思主义哲学史研究底蕴,以史论结合的原则呈现了思想史中的时代,为我们推动马克思主义发展史编纂和研究确立了典范。

李俊文

▶ 中国社会科学院哲学研究所研究员,中国马克思主义哲学史学会副秘书长。

庄福龄先生对马克思主义哲学史的研究与贡献

李俊文

各位前辈、老师、与会学者上午好,在聆听了已发言前辈学者的报告,我的思想与内心受到了极大的精神洗礼,收获与受益良多,有感于此次学术纪念活动,我以"庄福龄先生对马克思主义哲学史的研究与贡献"为发言题目,谈三点心得与体会,以此向庄福龄先生表达后学的一份崇敬与致礼!

第一,庄福龄先生开启了马克思主义哲学史学科建设的新篇章。

庄先生主编并参与撰写的主要著作有,在我学习和查找到的文献中包括《马克思主义哲学史稿》《马克思主义哲学史纲要》《马克思主义哲学史教学资料选编》《毛泽东哲学思想史》(三卷本)、《马克思主义哲学史辞典》《马克思主义哲学史》(八卷本)、《马克思主义史》(四卷本),等等。每一部著作都是先生辛勤劳动和思想积淀的结晶。以《马克思主义哲学史》(八卷本)为例,这是一部早在全国哲学社会科学的"六五"计划中被列为的重点项目,历经近10年的时间,形成了近500万字的八卷本专著和一本附卷《索引》,这套马克思主义哲学的通史,涉及众多的历史人物、历史事件和历史文献。在内容的全面性、系统性和篇幅的数量上都超过了国内外同类著作。其研究内容覆盖面之广、原著思想阐释之深、成书篇幅涉猎之大，在国内外同类著作中是领先和前所未有的，成为时至今日无以超越的学界经典之作。这套通史的陆续出版，以其独有的思想深度和理论创新，赢得了学界的普遍关注和众多好评。可以说，《马克思主义哲学史》（八卷本）这套鸿篇巨作对马克思主义哲学史学科建设起到了重要奠基、拓展和深化的作用，开启了中国马克思主义哲学史学科建设的新篇章。

第二，以史论结合、面向现实的问题意识不断深化马克思主义哲学史和中国马克思主义哲学的研究，是庄福龄先生突出的理论研究品格。

庄先生不仅是新时期马克思主义哲学史学科建设重要带头人和开拓者，而且在马克思主义教学与科研方面也做出了突出的贡献。40多年来，庄先生一直在高校从事马克思主义理论教育和研究工作，先后主讲过新民主主义革命史、辩证唯物论和历史唯物论、毛泽东哲学思想、哲学原著、历史唯物论专题等多门有重要影响力的马克思主义原创性课程。

20世纪60年代初，庄先生在中国人民大学筹备并参加组建中国第一个专门从事马克思主义发展史研究的机构。当时研究马克思主义哲学史是一项艰巨的科学事业，在我国刚刚起步。这种情况下，庄先生以"史论结合"的方式开展了马克思主义哲学史的研究。一方面，马克思主义哲学史作为一门历史科学，要以大量的历史事实和历史资料为基础，并遵循历史的思维逻辑。另一方面，马克思主义哲学史体现着极强的理论性，是寓马克思主义哲学理论于历史之中的科学。同时，庄先生指出，"史"的研究必须与现实密切相关，要带着问题意识去研究马克思主义哲学史。以鲜明的问题意识，把马克思主义哲学发展中的一些重大理论问题和当代价值，包括对于当代学术发展的意义和对于当代世界性问题的解决所提供的思想资源，作出恰如其分的评价和说明。这就要求做好中国马克思主义哲学的研究和建设，庄先生指出，要面向当代中国，从历史的发展上把当代中国马克思主义作为研究的重点，或者说把建设中国特色社会主义理论作为研究的重点。在当代中国，研究马克思主义哲学，应当同研究社会主义理论结合起来。

在四十多年的教学和研究中，庄先生形成了关注时代问题、把握时代脉搏的学术研究风格。正因此，庄先生在马克思主义史和马克思主义中国化研究等领域也都作出了积极贡献，提出了一系列具有与时俱进的原创性理论观点。

第三，筹备与创立中国马克思主义哲学史学会，积极部署和搭建学术交流平台，促进马哲史教学与研究队伍的人才建设，实现中国马克思主义哲学研究的学脉传承与发展。

作为后学，我对庄先生的深入了解是从2012年进入中国马克思主义哲学史学会的秘书处工作开始的。在对学会历史的学习和工作接手中，我从第七届学会负责人梁树发老师那里了解到，1979年在桂林庄先生主持召开的全国马克思主义哲学史教材编写会议上，他联络兄弟单位一道发起成立了"中国马克思主义哲学史学会"（时称"全国马克思主义哲学史研究会"），庄先生成为中国马克思主义哲学史学会的创立者之一，为全国开展马克思主义哲学史学术研究作了大量开拓工作和组织工作，从1979年到2007年一直担任学会会长。

秉承庄先生的学术精神，时至今日，中国马克思主义哲学史学会作为新时期建立最早的学会之一，已经走过了44个春秋，成为凝聚思想力量、研究方向明确、组织健全、影响遍及全国、拥有11个二级分会、学术活动常态化、前沿化和多样化的全国性学术团体。在这一学术平台上，有力地促进了中国马克思主义哲学史的教学和研究水平的提高，也形成了一支薪火相传、学脉融通、继往开来的研究队伍和学术共同体，在中国马克思主义哲学界和马克思主义研究界承担着学者应有的使命，为实现中国式现代化贡献学者的思想和智慧。

庄福龄会长与中国马克思主义哲学史学会的创建和发展

梁树发

庄福龄教授是中国马克思主义哲学史学会的创建者,长期担任中国马克思主义哲学史学会的领导。1978年末至1979年初,他同参加《马克思主义哲学史稿》编写的作者一起倡导并参与筹备中国马克思主义哲学史学会的成立。1979年10月在学会正式宣布成立时,他被推举为学会"三会长"(时称"干事会召集人")之一(另二位会长是中国社会科学院哲学所的马泽民研究员和北京大学哲学系的黄枬森教授)。1992年根据民政部的指示,"三会长制"改为"单一会长制",此后庄福龄教授又连续担任三届(第四、五、六届)会长,2007年卸任会长后,又连续担任第七、八届的名誉会长。

从参与学会成立的筹备到2016年病逝,庄福龄教授把对任何一位学人来说都至关重要的38年的学术人生奉献于中国马克思主义哲学史学会。2007年8月20日至24日,中国马克思主义哲学史学会在乌鲁木齐举办主题为"中国特色社会主义与马克思主义哲学的发展"的学术研讨会,并同时进行了学会领导机构的换届改选。在会员大会上,庄福龄会长作了中国马克思主义哲学史学会第六届理事会的工作报告。在报告的结尾部分，他深情地回顾了学会成立30年来的艰辛发展历程，谈了他领导学会工作的心得，并发出以下感慨："我作为身在其中，三十年甘苦与共的一名成员，既饱尝了学会的成就与发展，也饱尝了学会的艰难与曲折，但我热爱这份工作，珍惜这份工作，为它承担责任、为它耗费光阴、为它自我批评，我无怨无悔，为把自己一生中最宝贵的时光投入这份目标专一、工作持久不变的事业而感到自慰、自强和自豪。"

一、中国马克思主义哲学史学会的创建者

中国马克思主义哲学史学会是国内各全国性学术团体中成立较早的一家。尽管最初有单位的学者曾产生建立一个从事马克思主义哲学史研究的全国性学术组织的动议，但是只有在启动了我国第一部马克思主义哲学史教材编写时它才成为现实。全国性第一部马克思主义哲学史教材的编写是中国马克思主义哲学史学会成立的契机。

改革开放后，为适应高校马克思主义哲学教学的需要，教育部决定组织编写一部全国高校通用的马克思主义哲学史教材，责成中山大学哲学系和中国人民大学马列主义发展史研究所为教材编写的正副主编单位，联合多所高校教师共同编写。马克思主义哲学史是我国高等教育中哲学教育的一门新兴学科。它对于无论是提升高校马克思主义哲学专业人才教育和培养水平，还是干部群众的马克思主义理论修养的培育都具有重要意义。"文化大革命"前我国不仅没有这样一个学科，没有高校开设过这门课程，在教师中甚至没有马克思主义哲学史概念。70年代初高校逐渐恢复招生后，只有极少数几个高校曾经探索性地开设过这门课程，但是由于教材和师资的缺乏，课程内容却不够完整、连贯。编写一部通用的马克思主义

哲学史教材是高校马克思主义哲学教育和课程教学的急需。1978年末至1979年初，教材编写正式启动，编写会议在桂林召开。正是在这个会议上一些学者提出成立全国性的马克思主义哲学史研究会的倡议。这个倡议得到了全体与会学者的积极响应。经协商，与会者推举中国社会科学院哲学研究所、中国人民大学马列主义发展史研究所、北京大学哲学系、中山大学哲学系和厦门大学哲学系负责研究会成立的筹备。1979年10月，在厦门举行的马克思主义哲学史教材编写初稿讨论会上，宣告了全国马克思主义哲学史研究会的成立（1984年改为正式名称：中国马克思主义哲学史学会）。全国马克思主义哲学史研究会的常设机构是"干事会"和"驻会干事会"。"干事会"相当于现在的"理事会"，"驻会干事会"相当于现在的"常务理事会"。干事会讨论决定，由中国社会科学院哲学所马克思主义哲学史研究室主任马泽民研究员、中国人民大学马列主义发展史研究所庄福龄教授、北京大学哲学系黄枬森教授为"干事会召集人"。1982年2月8日，全国马克思主义哲学史研究会驻会干事会召开会议，决定增补中国社会科学院哲学研究所马克思主义哲学史研究室主任林利先生为研究会干事、驻会干事和干事会召集人。11月5日，驻会干事会全体会议经讨论决定将"干事会召集人"这一名称改为"执行会长"，三位执行会长轮流主持研究会的工作。以姓氏笔画为序，他们是：庄福龄、林利、黄枬森。

庄福龄教授成为中国马克思主义哲学史学会的首任会长之一是当之无愧的。其原因，首先在于他是学会的主要创建者之一，是领导过学会创建的；其次在于他在马克思主义哲学，特别是马克思主义哲学史研究方面的学术修养和在学界的影响。早在50年代中期，也就是在中国人民大学哲学研究班毕业两年后的1958年，他就在重要刊物《读书月报》和《哲学研究》上连续发表论文。他讲授的马克思主义经典著作、马克思主义哲学原理和毛泽东哲学思想的课程也受到好评。他是经中央批准的国内唯一一家以马克思主义发展史为研究对象的中国人民大学马列主义发展史研究所的筹建者。在筹建工作中他表现出极强的组织协调能力，受到中国人民大学领导和教师们的普遍赞誉。他先后担任马列主义发展史研究所马克思主义哲学史研究室的副主任、主任。1970年10月中国人民大学解散，马列主义发展史研究所划归北京大学。在北京大学马列主义发展史研究所保持独立建制，与哲学系同属一个党总支。马列所的老师和哲学系的老师一起参加哲学系的教学的和政治的活动，并深入到各年级学生学习小组参加课程讨论和政治学习。我那时正好在北京大学哲学系学习。庄福龄老师虽然不在我们年级参加活动，但他的大名在我们年级的同学中却已经无人不知无人不晓了。当时，马列所有三位"大先生"为同学们所熟悉，一位是所长刘佩玄先生，另外两位是庄福龄先生和许征帆先生。原因在于他们经常参加学生们的活动，并且在学生们看来他们是学问最好的（其实马列所还有其他学问很好的老师，如徐琳先生和陈先达先生）。中国人民大学复校后，马列所回归，庄福龄先生仍为马克思主义哲学史研究室的负责人（由于其影响力，校外同仁都以为他一直是马列所的负责人），并作为中国人民大学马列所的学术带头人参加学界各种形式的活动，包括作为《马克思主义哲学史稿》副主编单位的召集人领导编写工作；庄福龄先生能够成为中国马克思主义哲学史学会的首任会长之一，其原因还在于他的资历和领导能力。先生1929年1月生于江苏镇江一个城市贫民家庭，1947年以优异成绩考入马寅初为校长的国立上海商学院（即现在的上海财经大学），主修会计学。大学期间他就参加了反饥饿、反迫害、反内战的学生运动，被列入逮捕名单，遭到特务的追捕。1949年，他成为上海解放后第一批秘密发展的共产党员。1951年他毕业并留校任教，1953年被选调进入中国人民大学马列主义研究班进修，1955年以研究生学历毕业后留校担任哲学教员兼马列主义研究班哲学分班的主任，从此开始了他60年的哲学教学生涯。他主讲马克思主义哲学原理、原著、毛泽东哲学著作和哲学思想、辩证唯物论和历史唯物论专题等课程。1959年他担任哲学教研室副主任。1964年他受学校委托，参与马列主义发展史研究所的筹建，负责马克思主义哲学史研究人员的选调，并成为成立后的研究室副主任。改革开放后，大学恢复了被破坏了的教学秩序，学科建设步入正轨。在他的领导下，马列所的马克思主义哲学史学科建设和学术研究取得突出成就，较早地出版了一批在学界颇有影响的马克思主义哲学史和马克思主义发展史研究著作，并且是马列所第一批"挂牌"的三位研究生导师之一。八十年代，中国人民大学马列主义发展史研究所发展成为马克思主义哲学史研究和马克思主义发展史研究的重镇，庄福龄教授此时已经是研究所马克思主义哲学史、马克思主义发展史研究方面的旗帜性人物，也是国内马克思主义哲学史、马克思主义发展史研究领域的旗帜性人物。他在中国人民大学经历的马克思主义哲学、马克思主义哲学史学科建设实践，参与全国马克思主义哲学史学科初创和中国马克思主义哲学史学会创建的经历和经验，凸显了庄福龄教授的卓越的领导才能。

二、奠定中国马克思主义哲学史学会发展的坚实基础

中国马克思主义哲学史学会成立之初有个时间不算短的"三会长"时期（第一、二、三届），这是奠定学会发展的基础时期。改革开放和拨乱反正的大势推动了社会生活、事业各方面的发展，人们的思想包括学术思想空前活跃。中国马克思主义哲学史学会正是在这一时期宣告成立。初创时期的学会工作活跃，发展态势良好。具体表现在以下方面：

第一，学术活动经常化。中国马克思主义哲学史学会的成立，为从事

马克思主义哲学史研究和教学的学者们提供了一个宽广的活动平台。在中国马克思主义哲学史学会第五届理事会工作报告中,庄福龄会长专门谈到学会的学术活动,提出学术活动经常化的要求。他说:"学会的经常性任务是根据时代和实践的需要,及时地组织有关的学术活动。没有经常而及时的学术活动,就没有广大会员学术活动的天地,就没有相互切磋探讨争鸣的条件,学会就没有生气,队伍将日趋涣散,新生力量就难以发现和培养。在一定意义上,学术活动是学会的生命。"学术活动的主要形式是理论研讨会。我们知道,这一时期是国家经济恢复时期,学会组织的各项活动以及学者们外出参加学术活动都受到经费不足的困扰。就此庄福龄会长曾经谈道:"当前市场经济的大潮与学科本身的特点,在每一次学术活动的背后都存在着筹集经费的困难。不仅如此,学会在筹集活动过程中还要考虑到参与者的承受能力和报销限度,可以说筹集学术活动面临双重的经济问题,既要考虑到学术活动本身的经费,也要考虑到参与者经济上的负担。既要找到乐于资助的协办单位,又要为会员精打细算,使出资者和与会者都满意。这样的活动,学会和所属的七个研究会总共每年最少也要开会两次,难度之大,可想而知。"办会的这种困难,如果不是亲身经历,谁也不会有如此细致的陈述和深刻体会。三位会长尤其是庄福龄会长在学会学术活动的组织上凸显了高超的领导才能。

根据记载,"三会长"制的三届学会组织的学术会议主要有:

第一届(1979—1984年)

1979年12月,学会协同有关单位在长春召开斯大林哲学思想研讨会。

1981年6月,学会在杭州召开首届中国马克思主义哲学史学会年会,对马克思主义哲学史多方面的问题展开讨论。

1982年4月,学会在洛阳召开中国马克思主义哲学史学会学术研讨会。

1983年,学会在北京分别召开纪念马克思逝世一百周年座谈会和马克思恩格斯早期哲学思想研讨会。后又在长沙召开毛泽东哲学思想研讨会,以纪念毛泽东诞辰九十周年。

1984年2月,学会在北京召开列宁哲学思想研讨会,纪念列宁逝世六十周年。

第二届(1984—1988年)

1984年9月6日至10日,学会与中央编译局、安徽省社会科学院、安徽大学、安徽师范大学、安徽省黄山市委宣传部在黄山市联合主办全国唯物史观形成问题研讨会。

1985年8月,为纪念恩格斯逝世90周年,学会在昆明召开全国恩格斯哲学思想学术研讨会,同时成立学会所属的马克思恩格斯哲学思想研究会。

1985年11月,学会在上海召开全国列宁哲学思想研讨会,同时成立学会所属的列宁哲学思想研究会。

1986年4月,学会在浙江省舟山召开全国马克思恩格斯早期哲学思想研讨会。

1986年8月,学会在吉林省长春市召开国外马克思主义哲学研究现状学术研讨会。

1986年10月,学会在四川省成都市召开毛泽东哲学思想研讨会,同时成立学会所属的毛泽东哲学思想研究会。

1987年8月,为纪念毛泽东的《实践论》《矛盾论》问世50周年和《关于正确处理人民内部矛盾的问题》发表30周年,学会在北京召开全国毛泽东哲学思想研讨会。同年10月,在大连召开马克思主义哲学史教学科研问题研讨会。

第三届（1988—1992年）

1988年底至1989年初，学会与中央党校在北京联合召开斯大林思想研讨会。

1989年7月，学会在包头市召开列宁的《唯物主义和经验批判主义》学术讨论会。

1990年10月，学会在马鞍山市召开全国第五届毛泽东哲学思想学术讨论会。

1990年11月，学会在北京主办学会常务理事藏族著名学者平措汪杰的《辩证法新探》一书座谈会。

1991年3月，学会在北京与北京市哲学学会联合召开纪念巴黎公社120周年学术研讨会。同月，还在深圳召开"恩格斯与现时代"学术研讨会。

1991年6月，学会在上海与上海社会科学院等单位联合召开《思想方法与工作方法》学术研讨会。

1991年10月底，学会在成都市召开马克思主义哲学史学术研讨会。

第二，积极开展多种形式的学会活动，特别是社会服务活动。这一时期学会还组织出版了一系列关于马克思主义哲学史研究著作，特别是由学会组织的理论研讨会的论文集。主要有：《斯大林哲学思想讨论文集》《马克思主义哲学史论集》《论马克思主义哲学的形成和发展》《论新时期毛泽东哲学思想的发展》《列宁哲学思想研究》《论中国特色社会主义理论的哲学基础》等。特别应该提到的是八卷本《马克思主义哲学史》的编写。编写工作始于"三会长"第二个任期中的80年代中后期，完成于90年代中期，历时10年。由三位会长担任全书总主编，全国从事马克思主义哲学史研究的57位学者参加编写。该书出版后引起学界的巨大反响，受到普遍好评，被评为中宣部"五个一工程"奖、"国家图书奖"和吴玉章人文社会科学奖，它的修订版八卷九册入选"中国文库"。

学会还多次以举办学术讲座、开办讲习班和学习班的形式服务社会。1980年9月开始,学会与北京市哲学学会、北京大学哲学系、中国人民大学马列主义发展史研究所联合举办马克思主义哲学史讲座。1983年,学会协同北京市马克思主义哲学史研究会组织了毛泽东哲学思想讲座。1985年,学会曾在哈尔滨开办为期一个月的马克思主义哲学史讲习班,听众达600余人。同年在昆明开办以普及为目的的马克思主义哲学史讲座。1987年和1988年,学会在北京相继开办国外马克思主义哲学研究现状讲习班和马克思主义哲学新问题新发展新趋势讲习班。1989年10月,在与北京市委讲师团联合召开马克思主义哲学研究与干部哲学教育研讨会的同时,举办了相应主题的干部学习班。1990年8月,在太原召开"列宁与社会主义"学术研讨会期间,还举办了社会主义理论干部学习班。

学会还开展了对外学术交流。1987年由庄福龄、林利、黄枬森等组成的中国马克思主义哲学史代表团对苏联作了为期20天的学术访问。1991年4月,学会三位秘书长唐源昌、余其铨、李敏生应邀赴苏联作了为期10天的访问,与苏联同行交流马克思主义哲学史研究情况和经验。

第三,整顿和健全组织。适应学会发展需要,学会领导机构进行了适时调整、按时换届。在第二届(1984年9月在安徽省黄山市举行)和第三届(1988年10月在贵州省贵阳市举行)理事会第一次会议上,庄福龄、林利、黄枬森连续当选为会长。一些省市自治区成立了学会属下的研究分会,如天津市马克思主义哲学史研究会、辽宁省马克思主义哲学史研究会;一些专业委员会也先后建立起来,如马克思恩格斯早期哲学思想研究会、列宁哲学思想研究会、毛泽东哲学思想研究会等。

1991年8月,根据国家有关规定,中国马克思主义哲学史学会向国家民政部正式注册登记。登记时按照民政部关于学会只能设会长1人和秘书长1人的规定,经协商决定庄福龄继续担任会长、唐源昌任秘书长,林利、黄枬森改任名誉会长。由此开启了学会的"单一会长制"时期。

第四，学会为人才成长提供广阔舞台。中国马克思主义哲学史学会成立之初，参加学会活动的主要是已有成就和学术声望的中老年学者。学会在发展中逐渐引起从事马克思主义哲学史研究的青年学者的关注，首先是在马克思主义哲学史研究方面崭露头角的青年学者参加学会活动和学会组织，然后是多数热心参加学会活动青年学者。学会对青年学者参加活动持积极开放态度，并有意识地把学会当作青年学者迅速成长的舞台。现在看，许多已经成为全国著名学者的当代马克思主义哲学家是较早参加中国马克思主义哲学史学会活动的年轻学者，并随着学会的发展成为学会领导机构成员或常务理事。

第五，一些学会管理制度和管理方法在摸索中逐步建立起来。首先是学会章程根据形势变化和理论任务及时进行修改。第一届理事会制定的学会章程总则是："马克思主义哲学史研究会，是研究马克思主义哲学史的群众性学术团体。本会遵循实事求是、理论与实践相结合的基本原则，坚持实践是检验真理的唯一标准，贯彻百花齐放、百家争鸣的方针，开展马克思主义哲学史的研究，努力做到完整、准确地掌握与宣传马克思主义哲学，更好地为我国现代化建设事业服务。"第二届理事会（干事会）制定的章程总则是"中国马克思主义哲学史学会，是研究马克思主义哲学史的群众性学术团体。本会在工作中应坚持四项基本原则，贯彻理论联系实际、实事求是和百花齐放、百家争鸣的方针，积极开展马克思主义哲学史的研究，完整、准确地研究与宣传马克思主义哲学发展的历史，坚持和发展马克思主义哲学，促进高度的社会主义物质文明和精神文明的建设，更好地为建设有中国特色的社会主义现代化事业做出贡献。"同第一届理事会章程总则比较，团体性质未变，方针总的没有变化。所做修改是，增加了"坚持四项基本原则"内容，原来的"遵循实事求是、理论与实践相结合的基本原则"纳入到了"方针"中，为防止内容重复删除了"坚持实践是检验真理的唯一标准"。把"努力做到完整、准确地掌握与宣传马克思主义哲学"修改为"完整、准确地研究与宣传马克思主义哲学发展的历史，坚持和发展马克思主义哲学"。新的总则把"掌握与宣传马克思主义哲学"修改为"研究与宣传马克思主义哲学发展的历史"，这个修改不仅使学会担负的任务更加明确，突出了"研究"，而且增加马克思主义哲学史的内容，更贴近学会的性质。增加了"促进高度的社会主义物质文明和精神文明的建设"，与这一时期党提出的"两手都要抓""两手都要硬"的发展思想一致起来，体现了"章程总则"的与时俱进。这个品质是学会在后来的发展中一直坚持的。例如，第四届理事会的章程总则对此表现得更为突出。这个总则是："中国马克思主义哲学史学会，是全国性的研究马克思主义哲学及其历史的群众性学术团体。本会在工作中应以马克思列宁主义、毛泽东思想和建设有中国特色社会主义的理论为指导，坚持党的'一个中心、两个基本点'的基本路线，解放思想、实事求是，贯彻理论联系实际和百花齐放、百家争鸣的方针，正确运用马克思主义的立场、观点和方法，从历史、理论和现实三者结合上坚持和研究马克思主义哲学，促进社会主义物质文明和精神文明的建设，更好地为中国社会主义现代化事业作贡献"。可以发现，在总则的指导思想中增加了"建设有中国特色社会主义的理论"，增加了"基本路线"，从立场、观点、方法和历史、理论和现实三者结合的角度强调了"坚持和研究马克思主义哲学"的内容，对学会工作坚持正确对待马克思主义的要求规定得更为全面、具体。

第六，积极开辟马克思主义哲学史学术研究成果发表园地，筹办学会学术刊物《马克思主义哲学史研究》，并把此项任务写入学会第二届理事会通过的章程中。

在学会第二届理事会第一次全体会议上，庄福龄会长在会议中的讲话既是对学会以后工作的要求,也是对以往学会工作经验的总结。他强调:第一,学会工作应当同现实需要相结合。第二,学术讨论要以小型多样为主,加强专业性研究会的建设。第三,学会要努力出版自己的刊物,建设好学术园地,团结和培养一大批学术骨干。第四,学会要依靠自己的智力优势,兴办各种社会需要的事业,同时为开展学术活动积累必要的资金。第五,学会在工作中要依靠群众、依靠地方、依靠热心于研究马克思主义哲学史的单位和同志,要从实际出发、实事求是,讲究实效,不务虚名。

总而言之,"三会长"时期是学会发展历史中的奠基时期,也是学会建设有良好开端,创造诸多业绩,形成良好传统,留下诸多美谈的时期。经过10余年的奋斗,学会工作取得突出成就,良好传统已经形成,发展的坚实基础已经奠定。在这个过程中三位会长在处理好在本单位担负的教学和科研工作的同时,又以充沛的精力、高度的热情和认真负责的精神,投入到学会工作中,从而奠定了学会发展的坚实基础。

作为"三会长"之一的庄福龄先生,不仅具有深厚的学术造诣,良好的品质和学风,而且具有在大学时期从事地下工作的经验,在学习、工作中特别是在筹备中国人民大学马列主义发展史研究所创立和担任研究室领导工作中积累下丰富的和突出的组织协调能力,这种能力适应了学会工作的需要并在其中得到充分的和创造性的发挥。可以说,在"三会长"时期,对学会的组织、管理和建设来说,庄福龄会长发挥了突出作用。所以,在本届会长任期没有结束,民政部发出学会设单一会长的指示后,他被一致推举继续担任会长,开始了"单一会长制"下的学会发展时期。

三、开创学会工作新局面

由于民政部作出学会会长只能由一人担任的决定,1991年8月,在没有进行学会领导机构换届选举的情况下,经协商决定"三会长"中由庄福龄继续担任学会会长,黄枬森、林利二位会长担任名誉会长。1992年11月,在无锡举行了学会第四届理事会和领导机构的改选,在理事会第一次全体会议上,以无记名投票方式选举庄福龄教授为中国马克思主义哲学史学会第四届会长,黄枬森、林利二位教授继续担任学会名誉会长。

在庄福龄会长的领导下,中国马克思主义哲学史学会进入"单一会长制"下的新的发展时期。这一时期学会确定的总的发展思路是"发扬传统和开创工作新局面"。"发扬传统"是庄福龄会长领导下一以贯之的学会工作总要求。在1997年第五届理事会第一次会议上,庄福龄会长曾代表学会提出内容为"发扬传统和群体优势,面向新世纪"的学会工作总要求,即"学术活动经常化、组织建设专业化,旗帜鲜明讲创新,团结务实讲奉献"。学会第五届理事会成立于"十五大"后,学术活动的重点理所当然地放到了马克思主义中国化新成果——邓小平理论的学习和研究上,从而提出从马克思主义哲学史这一学科特点出发,把对邓小平理论的研究同毛泽东思想的研究结合起来,同马克思主义发展史的研究结合起来,同中国社会主义改革开放的实践结合起来,同马克思主义在当代中国的最新理论成果结合起来的要求。

(一)继续保持和发扬学术活动经常化传统。

学会工作新局面的开创是在学会以往工作经验和传统基础上的实践。学术活动是学会工作的核心,学会的其他性质和形式的工作都应围绕学术活动展开,学会工作新局面的开创当然也应首先在此展开。所谓"学术活动经常化"的基本含义就是学术会议的经常化,亦即按照学会在成立之时就已经明确了的每年至少召开一次学会年会。而以学会为主体举办的学术会议的次数实则大大超过了这个规定。

1997年10月26日,在张家界市召开的学会第五届理事会第一次全体会议上所作的报告中，庄福龄会长在作第四届理事会工作总结时，提到学会在工作中进行的"多方面改革"，其中提到的一项改革是"规范和开好各种学术会议"。它的具体要求是："学术会议在专业化、中小型化、精干化上下功夫；对与会代表都要有严格要求，提高会议质量"。

开好学术会议，重要的是设定好会议主题。这一时期学会学术会议主题的主要特点是：

第一，与马克思主义中国化和中国特色社会主义理论与实践密切联系。例如，1992年11月，学会在南京召开了"马克思主义哲学与建设有中国特色社会主义理论"讨论会；1994年召开了"建设有中国特色社会主义理论与马克思主义哲学"研讨会；1995年6月在山东东营市召开了"邓小平理论"研讨会；同年8月联合江苏省、南京市有关单位召开了"马克思主义实践观与中国特色社会主义理论的哲学基础"研讨会；1996年在成都召开了"应用哲学"研讨会和"建设有中国特色社会主义文化"研讨会；1997年初，在海南召开了"邓小平理论"研讨会，随后又在南京召开了"《实践论》《矛盾论》和建设有中国特色社会主义理论"研讨会。10月在张家界召开了"十五大和马克思主义新发展"理论研讨会；1998年10月与学会所属的毛泽东哲学思想研究会、湘潭大学等高校、中共湘潭市委宣传部、中共韶山市委等单位在湘潭联合召开"第十次全国毛泽东哲学思想"研讨会；2002年11月，在上海召开"十六大精神与马克思主义哲学史研究"理论研讨会；2003年与华侨大学、福建省委党校等单位联合召开了"'三个代表'重要思想与马克思主义哲学新发展"理论研讨会。

第二，与马克思主义经典作家和重大事件的纪念活动结合起来。例如，1993年召开了"纪念马克思逝世110周年"学术讨论会，同年在湖南长沙举办了"毛泽东思想学术研讨会——纪念毛泽东同志诞辰100周年"理论研讨会；1994年围绕十四大精神和《邓小平文选》第三卷的出版，召开了"建设有中国特色社会主义理论与马克思主义哲学"研讨会。同年还召开了"纪念列宁逝世70周年"学术研讨会。召开了纪念学会成立15周年理论研讨会，庄福龄会长作了主题为《中国马克思主义哲学史学会15周年》的报告；1995年5月在江西省南昌市和井冈山召开了"纪念恩格斯逝世一百周年暨马克思主义哲学与当代"学术研讨会；1996年在山东东营市召开了《"八大"40周年与毛泽东逝世20周年学术研讨会》；1998年5月与中山大学等单位联合召开了"纪念马克思诞辰180周年暨《共产党宣言》发表150周年"理论研讨会。

第三，与马克思主义哲学和中国特色社会主义的重大理论问题密切联系。例如，1991年10月底，在成都召开马克思主义哲学史学术讨论会，就"马克思恩格斯早期哲学思想""列宁哲学思想""当代马克思主义研究"进行学术研讨；1995年12月在上海召开以"社会发展与价值观"为主题的应用哲学讨论会；1998年6月与中国人民大学马克思主义学院、中央编译局、国防大学马克思主义理论教研室、中国马克思主义研究基金会等单位在北京联合召开"90年代以来国外马克思主义理论研讨会"；1999年8月联合中共云南省委宣传部在昆明召开主题为"面向新世纪的马克思主义"学会年会；2006年在兰州大学召开主题为"科学发展观与马克思主义哲学创新"理论研讨会；2007年在乌鲁木齐召开"中国特色社会主义与马克思主义哲学发展"理论研讨会。

（二）学术活动形式多样化

1. 完成《马克思主义哲学史》（八卷本）的修订

在"三会长"时期，学会学术活动形式多样化的突出表现是编写《马克思主义哲学史》（八卷本）。到了第四届即"单一会长制"时期，《马克思主义哲学史》（八卷本）的修订工作被提上日程。该书修订的必要性在于，原书内容仅仅写到党的十一届三中全会，对于此后我国改革开放实践和马克思主义哲学的研究和发展、对于此后多年来国外马克思主义哲学的研究和发展尚未得到研究和书写。2003年8月30日，在由会长庄福龄主持的第六届常务理事会第二次会议上，在"关于加强学会学术活动的建议"中明确提出"关于修订《马克思主义哲学史》（八卷本）的建议"，指出"此事不宜拖延，学会应该继续组织该项工作"。历时一年完成修订，2004年1月由北京出版社出版。

2. 创造服务社会新形式

前面已经介绍学会曾以举办学术讲座、开办讲习班和学习班的形式为社会服务。1995年以来学会社会服务又产生了一些新的形式。例如，1995年6月在山东东营举办邓小平理论研讨会时，就为山东省的地、市以上讲师团举办了理论培训班；同年与中共北京市委研究室共同建立了以学习和研究邓小平理论为中心的"双月理论座谈会"，利用该形式为北京市建设提供理论和政策咨询。

3. 编写马克思主义哲学史研究综述

这是庄福龄会长在2003年8月30日召开的学会第六届常务理事会第二次会议上的一项提议，主要针对各研究分会提出的要求。他提议"各研究分会每年向学会提交一份本年度本专业领域的学术研究综述，以加强各研究分会乃至整个学术界的交流，为学科建设积累资料，活跃我会的学术活动"。参加会议的各位常务理事一致同意会长的提议，要求各研究分会立即行动起来。这项建议也得到各研究分会的积极响应，各分会按学会规定的时间提交了研究综述。这项要求从2014年学会创办《马克思主义哲学史研究》年度论文集起也在学会工作中以年度"国内马克思主义哲学史研究报告"的形式得到贯彻（2020年后中断）。

（三）学会基本建设

1. 创办学会刊物

创办学会刊物是学会成立时就提出的一项规划，并作出具体的组织安排。据1980年2月28日编发的学会第一期简报记载，全国马克思主义哲学史研究会驻会干事会第一次会议于1980年2月11日在京举行，会议由干事会召集人马泽民、庄福龄、黄枬森主持。会议专门讨论了筹备出版马克思主义哲学史专刊问题，认为出版一个马克思主义哲学史的专刊，是全国广大马克思主义哲学史工作者的强烈愿望，必须花极大的气力和办法把它办好。会议要求刊物组在2月底进行专门讨论，定出出版刊物的方针和办法。

1980年10月8日编发的第二期简报刊载了《马克思主义哲学史研究》的筹备情况报告，对刊物的性质、宗旨、年度刊次等作了全面介绍，并报告了第一期稿件的初选情况和向出版社发稿的计划。这应该就是生活·读书·新知三联书店1982年出版的以书代刊的《马克思主义哲学史论集》。在本书"编后记"中有这样的说明："这本论集，是由全国马克思主义哲学史研究会编辑组选编的。"（编辑组即原来的刊物组。1982年12月5日驻会干事会决定，取消刊物组名称，设立学会刊物的编辑委员会和责任编辑委员会。责任编辑委员会轮流主持编辑委员会工作。责任编辑委员会委员即为三位"执行会长"）在1984年第二届理事会第一次全体会议上，在谈到学会活动问题时，继续提出"本会拟同有关单位筹备创办一个专业性学术刊物《马克思主义哲学史研究》"的任务，并把此写入学会第二届理事会通过的新修改的章程中。"三会长"时期提出的这项任务，在庄福龄教授任会长的第四届理事会期间终于完成。学会同上海市社会科学院协商，决定共同主办《毛泽东邓小平理论研究》杂志。这份刊物虽不是由学会独立创办，刊名不是《马克思主义哲学史研究》，但它毕竟标志着学会终于有了自己的刊物。《马克思主义哲学史研究》年度文集出版后，学会将毛泽东哲学思想研究会作为《毛泽东邓小平理论研究》主办单位之一。

2. 编写中国马克思主义哲学史学会《通讯》

学会从1979年创立的第二年起就编发工作简报，1980年2月28日由当时的"会务组"编辑发布了学会第一期简报。到2007年第六届理事会届满，庄福龄教授改任第七届理事会名誉会长时，共编辑发布19期简报。编辑学会简报的意义不仅在于及时地向广大会员通报学会工作动态，而且能为了解学会历史提供重要资料。我的这篇关于庄福龄会长在马克思主义哲学史创立和发展中的贡献的追述，其资料大部分来自于学会简报。令我惊异的是，在我向学会秘书处借阅的十几份简报中居然见到其中唯一一份中国马克思主义哲学史学会主办的《通讯》。它创刊于1999年1月，是第五届理事会产生（1997年10月26日）两年后。我那时虽是学会的副秘书长，但对《通讯》的创立已经没有印象了。2007年8月换届后我接任第七届会长，已经不见它了，什么时候停刊亦无印象。据可靠材料记载，2006年学会创办了网站（www.cnmarx.org），还在刊有"中国马克思主义哲学史学会举行2007年年会并完成换届选举"消息的第十九期简报中登载了"中国马克思主义哲学史学会网站使用说明"。我分析，《通讯》的停刊可能会从网站的建立中得到解释。因为从刊载的内容和功能（①学会历史、现状、组织结构介绍；②学会会员在线注册，会员信息管理及查询；③发布和查看学会会议通知、纪要及其他信息；④会员自由转载、刊登学术文章及相关资料；⑤会员上传和下载各类文件、照片；⑥会议网上报名）看，网站远远超过了《通讯》。但是，同《简报》一样，《通讯》在学会建设方面发挥的作用是必要的。

3.制度建设

学会一直重视制度建设,并认为中国马克思主义哲学史学会是研究马克思主义哲学史的群众性学术团体,要使这一组织能够正常有效地履行承担的功能,完整、准确地研究与宣传马克思主义哲学发展的历史,更好地为建设中国特色社会主义现代化事业服务,有必要制定包括学会章程在内的一系列规章制度。制度管理是学会工作的一个亮点和基本经验。

在制度建设方面,学会特别重视章程的制定和修订,做到了每次换届都要检查现有章程是否有需要修改的内容,坚持章程的修订必须经会员大会讨论通过的制度。

学会从创立时起逐渐建立起一系列管理制度,如集体领导制度、财务管理和报告制度、会员登记制度、学会年会制度、定期的常务理事会和会长办公会议制度、会议报道制度等。历届学会领导都重视学会的制度建设,如庄福龄会长在第三届第一次常务理事会上和第四届第一次常务理事会议上,根据民政部发布的社会团体关于组织整顿制度建设方面的新要求反复强调"加强制度建设""完善各种规章制度"。学会总是根据新修订的章程坚持对原有制度的具体内容进行审查和作必要修改,根据需要增加新的制度,如关于研究分会管理制度、学会和研究分会的年度工作报告制度等。

4.探索和实践多种形式的社会服务

学会自觉承载服务社会的功能,社会服务是学会的一个传统。学会关于社会服务的形式基本上是学术上的,从学会建立时起,学术讲座、学习班、培训班是学会服务社会的基本形式。庄福龄会长亲自设计社会服务的形式,联系服务单位和参加社会服务实践。特别值得一提的是1995年10月,他联系中共北京市委研究室、首都经济社会发展研究所等单位,共同建立了一个以学习邓小平理论为中心内容的"双月理论座谈会"制度。

（四）组织建设

1982年是学会在组织建设方面向规范化方向发展的关键性的一年。这一年"为了坚决贯彻党中央领导同志关于整顿和加强各学会、研究机构的指示精神",学会对组织机构进行了以下调整：第一，取消学会干事会召集人名称，设立学会执行会长，执行会长三人，轮流主持学会工作。第二，取消学会会务组名称，设立学会秘书处和执行秘书长。执行秘书长三人，轮流主持秘书处工作。第三，取消学会刊物组名称，设立学会刊物的编辑委员会和责任编辑委员会。责任编辑委员会轮流主持编辑委员会工作。第四，学会为了密切与会员之间的联系，加强与促进马克思主义哲学史学术研究与教学工作，拟筹建若干学术研究组，如马克思恩格斯哲学思想研究组、列宁哲学思想研究组、毛泽东哲学思想研究组、西方马克思主义研究组，等等。

1985年是庄福龄会长担任轮值会长的一年，在他的主持下，第二届理事会第一次全体会议又一次作出"整顿学会组织"的决定，内容包括健全秘书处、发展会员、促进各地区加快成立马哲史研究会或研究组的步伐等，并发布了"关于整顿组织与发展会员的通知"。通知要求"学会理事要担负与完成在本单位或本地区整顿组织与发展会员的工作任务"，并指定了负责整顿组织与发展会员工作的各单位或各地区学会理事。1988年庄福龄会长在中国马克思主义哲学史学会第三届理事会第一次全体会议上所作的工作报告中，对第二届理事会完成的组织整顿工作做了总结。他指出："四年来，根据学科建设的需要，已经建立了马克思恩格斯早期哲学思想研究会，马克思恩格斯哲学思想研究会，列宁哲学思想研究会和毛泽东哲学思想研究会，特别是毛泽东哲学思想研究会的建立，初步解决了全国广大专业工作者长期以来的愿望，在国内外取得了积极的反响。此外，还根据会章，逐步健全了各项规章制度。"1993年2月，在学会第四届理事会第一次常务理事会上,庄福龄会长在谈到本年度的工作安排时,进一步提出"在组织上要整顿和发展并重,加强制度建设,通过机制上的自我更新,不断补充和扶植年轻力量,及时总结交流理事和常务理事在各地区各单位的活动和经验"的意见。

在提出学术会议专业化的同时,学会还提出组织建设专业化要求。它是庄福龄会长在学会第五届理事会上正式提出的。组织建设专业化有两个方面的具体要求:一是加强研究会的组织建设;二是"研究会的一切工作都是为学科建设服务的,要求力求学术活动同学科建设的重点、方向和重大课题相一致,推动学科不断前进、提高与深化,为学科建设作出应有的贡献"。为落实这一要求,学会在这一时期先后成立了邓小平理论研究会、马克思主义应用哲学研究会、当代国外马克思主义研究会、"三个代表"重要思想研究会(筹)。

四、老会长印象

我参加中国马克思主义哲学史学会的活动是在90年代初,赶上了"三会长"时期的尾巴。近距离观察庄福龄会长领导学会工作的风采也就20多年。在这20多年中,有些事情是作为"印象"深植于头脑中的。这里仅谈三个方面的最深印象。

1.善于谋事、做事、做成事

庄福龄会长在1993年第四届理事会第一次常务理事会上曾提出:"学会要发扬智力集团的优势,以它在学术上的权威性、代表性、广泛性开展各种活动,多方面地为社会服务,同时也取得社会的支持。"在这方面给我留下深刻印象的是,1995年庄会长为落实他关于学会做好社会服务的倡议,曾亲自与中共北京市委研究室主任联系,建立了一个双方单位的"双月理论座谈会"制度。这个活动坚持了较长时间，每一次活动庄会长都亲自参加，并为每次活动做充分准备。我一直随会长参加该项活动，会长对此项活动的重视和认真对待的态度使我很有感慨，也很受教育，因此留下深刻印象。

创办一份属于学会自己的学术刊物，是学会刚成立时就提出的任务，但因各方面的原因迟迟没有落实。到庄会长单独担任学会会长时，他决心要落实这项任务，因此投入了很大精力，最后与上海社会科学院商定，二家共同主办《毛泽东邓小平理论研究》。

在学会成立15周年纪念活动中，庄福龄会长在第四届常务理事会上提出了筹集学会基金的意见，但落实不力。在1997年第五届理事会第一次全体会议上，庄会长提出"必须加速筹集基金的进度，加大筹集的力度"，要求"既要坚持学会宗旨，不为'五斗米折腰'，又要视野开阔、方式灵活"。他亲自抓落实。在他主持的会长办公会上，提出向个人和集体会员收取会费、通过为企业提供智力支持获得经费支持、向每一地区的马哲史研究分会征集不少于五千元的赞助款等决议。以潘宝卿教授为会长的广西壮族自治区马克思主义哲学史研究分会是向学会提供赞助的第一家。

2003年8月30日，在学会常务理事会第二次会议上，庄福龄会长正式提出《马克思主义哲学史》（八卷本）的修订问题。在他的主持下，于学会成立30周年时完成了《马克思主义哲学史》（八卷本）的修订。

2011年1月27日，在北京鑫海锦江大酒店召开的学会常务理事会会议的发言中，已经担任学会名誉会长的庄福龄先生提出"学会应步入建设工作；发扬民主作风；拓宽眼光，寻找新的合作伙伴；编写学会历史"的重要意见。在寻找新的合作伙伴方面和与原来的合作伙伴共同探索新的合作方式（如与人民出版社）方面已经落实，并取得突出成效。但"编写学会历史"还仅仅是一种"谋事"。

2.重要事情总是亲力亲为

主动承担联系举办学会年会的单位和选择会议举办地址的任务是庄福龄会长"重要事情上总是亲力亲为"的最好事例。自学会成立以来,根据我的记忆,以下会议承办单位的联系都是庄福龄会长亲力亲为的。

1997年10月23—26日,在湖南省张家界市召开了主题为"十五大与马克思主义新发展"理论研讨会。这是庄福龄会长与湖南省马哲史研究分会的同志和湖南省委党校的同志多次联系落实的。

庄福龄会长主动给中共云南省委副书记写信,提出1999年的学会年会希望云南省委协助安排的意见。8月23—27日,主题为"面向新世纪马克思主义理论研讨会" 在昆明召开,会议由云南省委宣传部直接承办。

2004年12月14—17日,学会与教育部社会科学研究与思想政治工作司、中共海南省委宣传部在海口市联合主办的 "实施马克思主义理论研究和建设工程"学术研讨会,就是庄福龄会长直接给海南省委宣传部的相关同志写信联系的。

2005年7月5日,庄福龄会长致函教育部社会科学研究与思想政治工作司司长,提出拟邀请该司与中国马克思主义哲学史学会联合主办学会年会,西南交通大学、四川乐山师范学院承办学会年会。年会主题为"唯物史观的历史进程和当代创新、高校思想政治理论课程改革",于8月18日在西南交大峨眉校区湖山宾馆召开。邀请教育部社会科学研究和思想政治工作司参与会议的主办,目的就是为了得到其经费支持。这个经费是专门用于学会其他活动开支的。社会科学研究和思政司支持了我们几次,这完全是庄福龄会长积极争取的结果。

2007年庄福龄会长亲自与时任新疆维吾尔自治区主席助理联系,请其协助在新疆安排学会年会。2007年8月20—24日,主题为"中国特色社会主义与马克思主义哲学发展"的理论研讨会在乌鲁木齐召开。会议由中国马克思主义哲学史学会和教育部社科司、新疆农业大学联合主办，新疆农业大学承办。

以上是学会的年会安排。学会的各分会每年的学术研讨会都向学会的领导发出邀请。有的会议庄福龄会长能够出席，有的因有其他事由而不能出席。凡不能够出席的会议，先生都有答复。我手头就有2004年11月15日庄福龄会长就不能出席在中南财经政法大学召开的当代国外马克思主义学术研讨会而写给当代国外马克思主义研究会陈学明会长的亲笔信复印件。

学明同志

当代国外马克思主义研究会学术研讨会的全体同志

新一届当代国外马克思主义研究会在会长陈学明同志的筹划下，首次学术研讨会在中南财经政法大学人文学院的热心承办下召开了。当会议开幕之际，请允许我代表中国马克思主义哲学史学会并以我个人的名义，向所有为这次会议付出辛劳的同志和朋友，向与会的专家学者，向支持这次会议的有关单位、领导和来宾，表示衷心的感谢和敬意！

马克思主义哲学形成于西欧，同西方各国的哲学传统有密切的联系和多方面的传承关系，它的基本观点和基本方法又是在继承西方哲学基础上的变革与创新。研究马克思恩格斯的传承与创新，离不开对西方哲学的研究，需要对西方哲学作出必要的分析、对比、判断其正在发展的趋势与走向。而同时我们也必须看到，马克思主义哲学在中国传播、研究已有近九十年的历史，尤其是在马克思主义中国化的历史进程中取得了一个又一个的辉煌的理论成果，在认识世界和改造世界的实践中不断取得了历史性的胜利，不断开创了马克思主义理论的新境界、革命和建设事业的新局面。作为研究当代国外马克思主义的学者，对于历史上特别是作为马克思主义哲学来源的古典哲学，对于当代"西方马克思主义"的研究视角、研究方法与研究成果，对于中国化马克思主义的重大成果及其特点与发展规律，理应进行贯通的、交叉溶合的研究，真正成为学贯中西的理论家。对此，我们对于当代国外马克思主义研究会，对于由这一研究会召开的学术研讨会，对于参加研讨会的专家特别是年青专家，寄予厚望，希望大家为开辟哲学研究的新路，填补哲学研究的空白，做出新贡献！

我个人在这次研讨范围内还是一名初学的"新兵"，深以"年关"逼近、"欠债"累累，不能前来学习为憾，但愿能读到与会诸君的大作和专著，稍补浅薄与空疏。

预祝会议成功！

庄福龄（签字）
2004年11月15日

3. 强烈而坚定的学术共同体意识

庄福龄会长的一个突出学术品格是他强烈而坚定的学术共同体意识。这是他甘心把半生心血献给中国马克思主义哲学史学会的创建与发展的深厚思想与情感基础。这种意识起始于他在中国人民大学筹建马列主义发展史研究所和改革开放后在马列所的科学实践，但主要表现在改革开放以后在马列所、马克思主义学院工作时期和领导中国马克思主义哲学史学会的30年。他曾说："十一届三中全会后，国家强调要恢复高校教学合理秩序、编写各种教科书。而当时马克思主义哲学史教科书却是一片空白。这时，人民大学的领导找到我，希望我把哲学史教科书建设及学科建设的任务承担起来。"在这一时期，他带领马克思主义哲学史研究室的各位学者和校外专家，先后出版了《马克思主义哲学史纲要》（中国青年出版社1983年版）、《马克思主义哲学史教学资料选编》（上中下，与黄枬森共同主编，北京大学出版社1984年版）、《中国马克思主义哲学传播史》（中国人民大学出版社1988年版）、《马克思主义哲学史辞典》（与徐琳共同主编，北京出版社1992年版）。他还作为教育部主持编写的第一部马克思主义哲学史教材副主编单位的召集人，领导了《马克思主义哲学史稿》（人民出版社1981年版）的编写。90年代在他主编的《马克思主义史》（四卷本，人民出版社1996年版）的基础上，又主编了作为21世纪教材的《简明马克思主义史》（人民出版社1999年版），与黄枬森教授、林利教授共同主编《马克思主义哲学史》（八卷本，北京出版社1989—1996年版），参加了黄枬森教授主编的21世纪教材《马克思主义哲学史》（高等教育出版社1998年版）的编写。他还主持完成了《马克思主义哲学史》（八卷本）的修订。到了晚年，他仍然关心马克思主义理论学科建设，在病中召集《马克思主义史》（四卷本）的部分作者商讨"四卷本"的修订，从而形成编写《马克思主义发展史》（十卷本）的动议。先生作为全书首席总主编带领作者们于2014年开始了这项巨大工程，遗憾的是他同作者们一起工作了2年就因病离开了大家。在先生遗志的鼓舞下作者们终于在2023年完成了这部巨著的编写。"十年磨一剑"，实现了先生的遗愿。凡与先生一起工作过或有密切联系的学者都有一个共识，即先生善谋事，但总是谋集体的事多，谋自己的事少。他把主要时间和精力不是用在自己的学术成果的整理和著作撰写上，而是用于具有重大学术乃至历史意义的学科建设和集体科研项目上，他几乎把全部心血奉献给了中国人民大学马列主义发展史研究所、马克思主义学院和中国马克思主义哲学史学会等学术共同体的建设与发展。他是一位具有自觉的、强烈的和坚定的学术共同体意识并能够把其转变为成功实践的学问家。我在中国马克思主义哲学史学会、中国人民大学马克思主义学院联合举办的纪念庄福龄先生诞辰95周年理论研讨会上对他的学术共同体意识做了深情表达，我的这个表达在与会学者中产生了共鸣。

下篇

缅怀回忆
LOOK BACK ON

李君如

▶ 中共中央党校原副校长。

一位与时俱进的马克思主义哲学史家

李君如

庄福龄老师是我十分敬重的马克思主义哲学史家。20世纪80年代中期,我在上海社会科学院哲学研究所从事毛泽东哲学思想研究时就已经认识他,是他领导的中国马克思主义哲学史学会毛泽东哲学思想研究会理事,以及上海马克思主义哲学史学会副会长。后来,我又成为中国马克思主义哲学史学会常务理事并先后出任过全国邓小平理论研究会副会长、全国"三个代表"重要思想研究会会长、中国特色社会主义理论研究会会长。也许因为我们俩都是南方人,我和他交流很多,相谈甚欢。在我的印象中,他不仅早在马克思主义理论和马克思主义哲学上又深厚的学术造诣,而且是一个能够不断与时俱进、勇于创新的马克思主义大家。他要我筹建"三个代表"重要思想研究会,就是一个很好的例证。

党的十六大把"三个代表"重要思想同马克思列宁主义、毛泽东思想、邓小平理论一道确立为党的指导思想并载入党章,是马克思主义中国化发展史上一件大事。党的十六大闭幕不久,他就同我商量筹建全国"三个代表"重要思想研究会,作为中国马克思主义哲学史学会二级研究会。他为什么要提议成立这个研究会,在研究会成立大会上他的简短讲话中,表达得十分清楚,就是16个字:与时俱进、不断创新,大势所趋、理所必然。

这里,我们不妨把他在"三个代表"重要思想研究会成立会上的讲话抄录如下。

他说:"我首先代表中国马克思主义哲学史学会向今天到会的同志和朋友在百忙中参加研讨表示衷心的感谢,向大家对我们筹备建立'三个代表'重要思想研究会的支持和推动表示衷心的感谢;我们也要向对党政工作十分繁重而毅然接受邀请承担筹备工作和出任会长的李君如同志表示衷心的感谢,感谢他不辞辛劳,为繁荣和发展理论宣传与学术研究而作出的努力。"

他接着阐述了为什么要创建这个研究会,指出:"中国马克思主义哲学史学会早就设置了有关研究分会,如马克思恩格斯哲学思想研究会、列宁哲学思想研究会、毛泽东哲学思想研究会、邓小平理论研究会等。根据马克思主义发展史既一脉相承又与时俱进、不断创新的情况,根据十六大的精神与中央的布(部)署,在上述研究会的基础上设置'三个代表'重要思想研究会,既是马克思主义在新世纪发展的需要,也是推进马克思主义中国化,继续开创我国马克思主义发展新境界的需要。我们的学会适应这种需要,设置相应的机构,力求作出自己的贡献,是大势所趋,理所必然的。"①

他最后对研究会的工作提出了明确的要求,指出:"今天的会议是研讨'三个代表'重要思想良好的开端,也是筹划今后一段时期研究会开展研讨活动的新起点。我深信,随着研究会的正式建立,在李君如同志和理事会的领导下,在大家的支持下,一定会在'三个代表'重要思想的宣传、研究和普及上,为马克思主义的坚持和发展,为马克思主义基础理

---

① 在他的手稿中,"理所必然"这四个字起初是"理所当然"。把"当然"改为"必然",一字之改,足见庄福龄老师思考的深刻。

论建设与理论创新事业,为全面建设小康社会的宏伟目标,发挥应有的作用,不辜负时代的期望。再一次谢谢大家!"

有幸的是,在现场聆听这个讲话十多年后,我在"孔夫子旧书网"中发现了庄福龄老师这个讲话的手稿。读到这个手稿,耳边又响起他亲切的声音,当年的情景历历在目,感慨万千。他不仅深刻阐述了为什么要筹建"三个代表"重要思想研究会,而且对研究会的工作寄予深切的厚望,强调要在"'三个代表'重要思想的宣传、研究和普及"三个方面下功夫,"为马克思主义的坚持和发展,为马克思主义基础理论建设与理论创新事业,为全面建设小康社会的宏伟目标",即"三为"上,发挥研究会应有的作用。我们研究会成立后,通过每年"一次理事会""一个研讨会""一篇综述""一篇报道""一本论文集"这"五个一",把庄福龄老师"三个方面"和"三为"的谆谆嘱托,转化为研究会扎扎实实的工作。后来,在高校和党校陆陆续续成立马克思主义学院后,我们决定把高校和党校马院老师作为研究会工作的基础和骨干,每年活动在内容安排上尽可能融"宣传""研究"和"普及"于一体,融"三为"于一体,为马院老师提供有益的帮助。

党的十八大后,我们根据中国马克思主义哲学史学会的安排,在"三个代表"重要思想研究会基础上成立中国特色社会主义理论研究会,创办中国特色社会主义理论和实践高层论坛。我们尊重历史,在中国特色社会主义理论研究会成立后保留了"三个代表"重要思想研究会的名称。研究会的工作也在丰富和拓展,不仅每年开一次规模较大的研讨会,还根据需要每年举办多次精干的小型研讨会。

今年,我们的研究会已经成立20个年头。回想当年的决策以及我们走过的路,深感庄福龄老师作为一个著名的马克思主义哲学史家,他的与时俱进、勇于创新精神是值得我们永远牢记和学习的。

杨瑞森

▶ 教育部社会科学研究司原司长。

良师益友总关情

杨瑞森

今天，我国高校马哲界举办以"庄福龄与马克思主义哲学史学科奠基、拓展和深化"为主题的学术研讨会和纪念会，我认为很有必要。在《马克思主义发展史》（十卷本）正式出版之际，召开这样的研讨会和纪念会，更显重要和必要。我是庄老师的老学生、老校友、老同事和老朋友，与庄老师有着很深的师生情谊。1972年，人大停办，我从人民大学调去南开大学从事教学与研究工作；后来，又调去教育部工作，从事马克思主义理论教育工作的管理工作。这期间，工作虽有调动，工作内容也有变化，但我与庄老师之间的业务联系不但从未中断，而且工作联系愈益密切，思想感情也愈益深厚。

一、我的一篇译文引起庄老师高度关注和鼓励

1956年我考入人大哲学系。我听过庄老师讲授的专业课和专题报告，但直接的个人联系则不多。庄老师给我留下的较深刻印象是，他语言表达逻辑清晰、简练而深刻，注重理论联系实际。1961年毕业留校

后,我与庄老师同在一个教研室,但仍联系不多。1964年人大马列所成立,我与庄老师一起调入马列所工作,他是我的直接领导人,业务上的联系就多起来了。给我留下最深印象的是我的一篇译文引起他的关注、好评和鼓励。记得,当时我在《俄罗斯消息报》读到一篇由莫斯科大学哲学系青年副教授福尔彩娃撰发的一篇哲学论文。她认为,在马克思主义哲学界流行的一个传统论点,即认为"矛盾是事物发展的动力",在她看来,这个观点是不对的。她反驳说,在一个部门或单位中,难道矛盾越多、越严重,甚至达到分崩离析的地步,事物发展的动力就愈大、愈多、就愈更有意义吗?在她看来,不是矛盾本身是事物发展的动力,而是解决矛盾才是事物发展的动力。我觉得,福尔彩娃的这篇哲学论文很有点哲学味道,值得深入研究和思考。于是,我把这篇论文译成中文,并打印出来报送给庄老师。庄老师对我的这篇译文很重视,曾在马列所哲学教研室的一次会上公开宣读,并强调指出,这篇译文在理论内容上有一定思考和研究价值,我作为青年教师能关注苏联在社会主义矛盾问题上的理论信息的把握和研究,是值得肯定的。福尔彩娃的哲学观点,我在南开大学的哲学教学中曾多次提及,并发表过自己的相关看法。

二、庄老师引导我从事毛泽东哲学史的深入研究

1972年末,我调去南开大学哲学系工作,并任南开大学哲学系毛泽东哲学教研室主任和天津市毛泽东哲学研究会会长。我虽离开了人民大学,但同庄老师的工作关系和业务联系却更紧密了。我在南开大学工作期间,曾几次邀请庄老师为南开学子作哲学专题讲座。庄老师的广博学识和理论紧密结合实际的学风,给南开学子们留下深刻印象。庄老师

是江苏镇江市人，讲话时带有浓重的地方口音。他讲课时，我给他作助教，用粉笔在黑板上给他写板书，注明他所引用的经典原文。我在南开工作期间，庄老师引导我参加与江西省社科院合作的《毛泽东哲学思想史》三卷本的研究和撰稿，并任其中第一卷的主笔。我们在南昌、井冈山、长沙和北京作过深入的调查和研究，阅读过第一手史料，对增强我们科研能力起了十分重要的作用。应该说，我在南开大学工作期间，在毛泽东哲学思想教学与研究上已略有成绩。由我和北京大学哲学系张文儒同志、四川大学哲学系冉昌光同志共同主编的《毛泽东哲学思想概论》一书，已被教育部确定为高校文科专业统编教材。就在这时，庄老师对我未来的科研方向有过一次重要指点。在他看来，搞论的人应该在搞史上下些功夫，做到"史论结合"，使学问作得更扎实。他的这一论点或指点，既是他从事马克思主义理论教育历史经验的总结，也是对我人生发展道路的指点。这一指点，使我受益匪浅，在后来我从事《毛泽东哲学思想史》《马克思主义发展史》深入研究中都有所表现和体会。

三、作为学生应为恩师工作局面的拓展提供一些力所能及的帮助

1989年我调去教育部社科司工作，主管高校思想理论教育工作。在当时，庄老师已是全国高校马克思主义理论教学与研究领域的名师，他撰写的《毛泽东思想概论》已成为高校政治理论课的统编教材。我是庄老师的学生，作为学生应为恩师工作局面的拓展做一些力所能及的工作，这是应尽的义务和责任。我在教育部工作期间，为庄老师科研工作局面的拓展做了两件事情。一是为庄老师撰写的一部代表性名著《中国马克思主义哲

学传播史》写过一篇书评并公开发表。这篇书评是在我深入研究《毛泽东哲学思想概论》和《毛泽东哲学思想史》基础上撰写的，文章虽短，但有一定新意和深度，受到学界好评。二是为庄老师主编的《马克思主义史》（四卷本）提供一笔经费支持。经与当时社科司司长奚广庆同志认真研究，我们决定从社科司主管的科研经费中拨一笔钱表示支持。当时我们认为，由庄福龄教授主编的这套四卷本《马克思主义史》是我国高校思想理论教育战线的大事，具有重要理论意义和实践意义。教育部拨给的科研经费虽然数额不大，但却清楚表明教育部对这个重要科研项目的重视和支持。

四、庄老师带领我参与并完成了对《毛泽东哲学思想史》（单卷本）和《马克思主义发展史》（十卷本）的研究和出版

1995年，我主动辞去教育部社科司司长领导职务，把主要精力倾注在高校思想理论教育工作的科研与教学上。这样，我同庄老师的业务交往就更密切了。我在人民大学招收和培养的第一位博士研究生是魏胤亭同志，他报考的人大博士生导师原是庄老师，后由庄老师转到我的名下，成为我唯一的一位本硕博连读的优秀学生。魏胤亭的博士论文题目是《实事求是论纲》。庄老师对该论文的研究和成稿给予了很多指导与帮助，特别是关于马克思主义和中国传统哲学在理论内容上内在的和本质的联系与区别的研究。魏胤亭同志撰写的博士论文是一篇优秀的学位论文，毕业后曾以专著的形式出版，受到学界的一致好评。

我在人民大学工作期间，有两件事情与我的老年生活和业务发展

有重大关系，那就是庄老师带领我参与并完成了《毛泽东哲学思想史》合订本和《马克思主义发展史》（十卷本）的研究与出版。1990年《毛泽东哲学思想史》三卷本出版不久，为了更充分反映《关于建国以来党的若干历史问题的决议》的理论成果和总结毛泽东哲学思想史的发展规律，庄老师就产生了编写《毛泽东哲学思想史》合订本的强烈愿望，并同我多次商量过这件事情。对此，庄老师作出两项重要决定：一是将《毛泽东哲学思想史》合订本的撰编作为向建党90周年献礼项目来作，二是将我和江西省社科院哲学所所长余品华同志共同确定为本书主编。这样，本书就在2011年6月正式出版了，我为本书撰写了"正确评价毛泽东和毛泽东思想的历史地位"和"继承和发扬我们党创造性地学习和运用马克思主义哲学的优良传统"等篇章和结束语，并承担了本书统稿的任务。为了表示我对本书付出的辛劳，庄老师和他的夫人袁寿庄老师在书稿出版之后还一同到我在方庄的住所专程致谢。这种诚挚的师生情谊令我终生难忘。《毛泽东哲学思想史》（单卷本）于2011年在建党90周年之际正式出版，对我之后认识和总结百年奋斗历史经验和完成《马克思主义发展史》（十卷本）有重要意义。

正是在《毛泽东哲学思想史》（单卷本）出版之后不久，伴随着党的十八大召开，我国的社会主义现代化建设事业进入新时代，与此直接相关，我们就开始了对《马克思主义发展史》新篇章长达十年之久的深入研究，开始了对时代精神的探索和把握。应该说，《马克思主义发展史》（十卷本）的出版正是在庄老师的策划和指导下完成的；《马克思主义发展史》（十卷本）研究中几个难点问题的解决，是在庄老师的学术精神指引下实现的。《马克思主义发展史》（十卷本）所展现的许多理论亮点，正是对我们党学哲学用哲学优良传统和人大红色基因的继承和发展，是"人大精神"的体现和反映。我们看到，正是在十八大召开、中国的社会主义现代化建设刚刚进入新时代一年多时间内，以庄福龄教授为代表的人大马列教师就以特有的哲学视野，在习近平的有关论述和论著中敏锐地揭示出时代精神的哲学内涵和新意，并确立为中国人民大学马克思主义学院理应承担的一项重大科研任务，自觉地担负起我们的历史责任。我们也看到，在中央十九大召开并将习近平新时代中国特色社会主义思想界定为马克思主义中国化的最新理论成果之后，我们清醒地意识到这是对高校思想理论教育工作中关于政治性同学理性关系相统一历史经验的科学总结，是理论教育工作中急需进一步深入研究和解决的重大理论问题和实践问题。

《马克思主义发展史》（十卷本）编委会从人民大学办学所独具的马克思主义理论学科齐全、有一批知名的博导教授和长期坚持理论与实践相结合的优良校风学风等办学特点和优势出发，采取果断措施，从人大马院中遴选出几位全国知名学者撰写他们所熟悉的学科内容，对"最新成果"作出学科解读，从而取得了很好的教学效果。我们还看到，为了深化对习近平新时代中国特色社会主义思想的学习，我们从人民大学所具有的学科优势出发，对二十大精神着力从哲学上作出阐发和解读。比如，关于"两个确立"哲学依据的阐发，关于百年历史经验的哲学总结，关于习近平新时代中国特色社会主义思想所蕴含的世界观和方法论的科学总结和提炼，关于"两个结合"命题提出的哲学意义之揭示，等等。这样看来，我们在《马克思主义发展史》（十卷本）研究中所遇到的一些基本的理论问题和实践问题，所遇到的一些难点问题和所表现出来的理论亮点问题，都是在"人大精神"的指引、鼓舞和激励下解决的。正是在这一背景下，在《马克思主义发展史》(十卷本)正式出版之际,我国哲学界召开以"庄福龄与马克思主义哲学史学科的奠基、拓展和深化"为主题的纪念会和研讨会,其现实的理论意义更加突显,我们对学科前辈的崇敬之情更显深厚。

郇中建

▶ 人民出版社马列著作编辑室原主任。

学习庄福龄先生　怀念庄福龄先生

郇中建

与庄福龄先生的相识是在《马克思主义史》(四卷本)的编辑出版工作中。1992年,我接到梁树发教授和顾海良教授送交人民出版社由庄福龄先生主编的《马克思主义史》的编写提纲,由此得以相识庄先生。几十年来,得先生教诲,受益颇多。

在《马克思主义史》(四卷本)的编辑出版过程中,我感受和体会到先生对马克思主义的整体观。《马克思主义史》首先给我的感觉就是,这是一部把马克思主义作为一个整体来把握和阐述马克思主义的理论、发展的著述,从中,我们不仅学到马克思主义的哲学、政治经济学、科学社会主义等理论和历史,而且学到马克思主义各个部分的内在联系和发展深化的历史,使我们能从整体上和历史发展中学习和掌握马克思主义。这样的著述,在当时是不多的,此前,我也接触过一些以"马克思主义史"为名的选题,但细看下来,认为不如以"国际共运史"命名更为确切。先生在马克思主义史研究上的整体观给我以深刻的印象,也加深了我在马列著作和马克思主义理论研究著作的编辑出版工作方面的理论功底。

马克思主义不是抽象的教条,而是在实践中丰富发展的、与各国社会实际结合在一起的活生生的理论。《马克思主义史》将马克思主义理论与不同时期、不同国家的历史与实践结合起来，阐述马克思主义发展的历史与成果，从马克思主义创立到社会主义的理论和实践，从苏联解体、东欧剧变到中国特色社会主义的发展，从理论上再现社会主义发展的历史和取得的成就。以历史的、发展的方法叙述马克思主义发展史，这是先生给我的又一教诲。

《马克思主义史》的阐述中有大量的经典论述和历史文献引证，这需要严谨的治学态度和扎实的学术功底。先生和人大马列所的作者为此付出了艰辛的劳动，书中对论述和文献的引用和注释准确、规范。多年来始终如一，这与先生的治学和为人是分不开的。

《马克思主义史》（四卷本）出版后，得到学界和读者的好评，先生又以高等院校学生为对象，编写了《简明马克思主义史》，在出版当年，即被作为高等院校教材。

先生并未就此止步，在此后的二十年中，先生始终关注着马克思主义理论和实践的发展，特别是中国特色社会主义实践的发展和理论的深化。在与先生的交往中，先生多次谈到丰富和修订《马克思主义史》的设想和规划，同我和梁树发教授、张新教授等多次深谈。2012年，先生提出十卷本《马克思主义发展史》的设想并数次讨论编写提纲，明确提出要如实反映马克思主义在新时代的实践、理论和发展，特别是习近平新时代中国特色社会主义思想。这显示了先生生命不息、探索不止的精神和面向实践、与实践相结合、使理论随实践的发展而发展的理论家风貌。今天，在人大马克思主义学院诸位学者和人民出版社马列一部编辑的合作努力下，凝聚着先生心血的《马克思主义发展史》（十卷本）终于面世，这是马克思主义理论与历史研究的重大成果，也是对先生在天之灵的告慰。

回想与先生交往的数十年，除了先生的教诲，先生的长者风范也给我留下了深刻印象。作为一名编辑，直言不讳成了我的职业习惯，有时难免会与先生有争执，但先生从未因我的直言而责怪过，而是坦诚相待。能与先生相识，受教颇多，实为此生大幸。

胡振平

▶ 上海市社会科学院研究员。

我敬重的老师

胡振平

庄福龄先生是我十分敬重的老师。1962年我进中国人民大学哲学系读本科的时候就听说了他,虽然他没有给我们上过课,也没有一起搞社教……但在系里庄老师的名声很响!

真正与庄先生有所交往还是90年代初我参加了中国马克思主义哲学史研究会的活动之后。那时我已历经十多年辗转回到上海,回到哲学专业,在上海社会科学院工作。庄先生身材高大,一头银发,是大学者,是马哲史学会会长,又长我一辈,但为人十分谦和,平易近人。他的学生很多,学生们也都非常尊敬他。也许是因为我是人大学子,且我是上海人,原来住的地方离他早年工作过的上海财经学院靠得较近,或者更因为意气相投,我和庄先生在一起交谈时并不拘谨,相反感到很亲切。记得2004年底那次到海南岛开会,我通过系友周文彰找到了在海南的几十年未见的大学同学黄锋,还特地将黄锋带到庄先生的房间,去会会人大的老师。那次到了天涯海角,庄先生还拉着我还有他的学生张琳一起拍了照。

2008年2月马哲史学会在广东肇庆开年会,恰逢先生八十大寿,会议间隙的一个晚上,学生们为他祝寿,有的学生特地从北京等地乃至国外赶来。我也被邀请参加了。寿宴规模不大,有学生送上了横联,有学生为老师祝寿、祝福、唱歌……师生一起非常热闹,足见先生在学生们心中的分量很重,威望很高!

当年7月,毛泽东哲学思想研究会在西宁开会,这是马哲史学会下的二级学会,庄先生和他夫人袁老师也应邀参加了。研讨会开得很成功,会后,我们去了原子城,并跨过日月山到了青海湖,受了不少教育,开了不少眼界。在要离开青海湖的时候,庄先生拉了我同他们夫妇俩拍了一张珍贵的合影!

可能因年龄和换届的原因,之后我在马哲史学会的活动中再也没见到庄福龄先生,京沪两地又相隔较远,我只是偶尔听到些关于庄先生的消息。而我最后一次见到庄先生,则是在2010年3月25日中宣部召开的关于纪念艾思奇诞辰一百周年的座谈会上。会议在京西宾馆召开,上海去了市委宣传部、文汇报以及社科院的代表共三个人,下午进会场后见庄先生也来参加纪念会了,我非常高兴,马上上前问好,打招呼,简单聊了两句。由于我们上海来的参会者当天就要回上海,来去匆匆,未能与先生细谈。

时间过得好快!2016年先生去世,至今已经8年了。先生虽已逝去,但他留下的精神财富永存!庄福龄先生的高大形象始终刻在我的心里!

李忠尚

▶ 中国国际广播电台原副总编辑。

马克思主义哲学史与庄福龄

李忠尚

我们谈到马克思主义哲学，必然首先想到中国人民大学；说到马克思主义哲学史，必然要想到马克思列宁主义发展史研究所，也必然想到1979年的挂牌导师刘佩弦、庄福龄、许征帆等教授。庄福龄教授在20多年的时间里担任全国马哲史学会的会长，为中国的马哲史研究做出了带头人的贡献。我是1979年人大复校以后考入人大马列所的第一批硕士研究生，马克思主义哲学史我专攻马克思恩格斯段，王东专攻列宁斯大林段；汪水波专攻政治经济学史，蓝蔚青专攻科学社会主义史。在入学师生见面会上，庄福龄教授身着一身灰色中山装，整洁庄重，举止文雅，带有江苏口音的学者讲话给我们留下了深刻的印象。

人大研究生培养计划规定第一学年是基础课教育，即各门课程由校内各相关系所的老师负责讲授，研究生导师在第二学年才教专业课。

只是第二年即1980年我被人大和教育部派往德国马克思的母校留学，并于1984年获得波恩大学哲学博士学位，成为"新中国第一名哲学博士"。

再次见到庄福龄教授已是四年多之后。1984年我回国后入职人大马列所，并担任人大马列所当代马克思主义研究室首任主任。1985年马哲史年会上，庄会长亲自安排我大会发言，之后又在云南等地做讲座，鼓励我作国外马克思主义研究的先锋。这些对于初出茅庐的年轻学者，是难能可贵的，因为这体现了老一辈学者对后辈的关心和扶持。如今我也已是七十老者，也指导博士生、博士后，感同身受，想起来仍心怀感激。

对庄福龄教授，包括刘佩弦、许征帆等教授的遗志和嘱咐——作国外马克思主义研究的先锋，我今天可以说：我不辱使命，并以本人主要著作奉献先师们：李忠尚35年来潜心研究，辛勤耕耘，关于国外马克思主义研究的三卷已陆续公开出版发行，即卷一《"新马克思主义"论》，中国人民大学出版社2011年出版，基于《新马克思主义析要》中国人民大学出版社1987年原创版，经多年持续深化研究专修增撰升华而成。卷二《第三条道路——"新马克思主义"与中国崛起之真谛》，人民出版社2010年出版，基于《第三条道路？——马尔库塞与哈贝马斯的社会批判理论研究》1994年学苑出版社原创版，经多年持续深化研究专修增撰升华而成。卷三《"奥地利马克思主义"研究》，中国经济出版社2023年出版，基于1980年后期国家社会科学基金同名项目原创成果，经多年持续深化研究修撰升华而成。

庄福龄教授千古，理论之树常青！

庄福庆

▶ 北京育英中学高级教师、海淀区教育科学研究所离休干部。
庄福龄教授弟弟

怀念大哥、大嫂

庄福庆

大哥走了，永远地走了！

对于他的走，虽然早有精神准备，但是，一旦离去，又觉得他过于行色匆匆，怎么连个招呼也来不及打？在遗体告别仪式上，见到他消瘦的遗容，止不住想起1948年的一个黎明前夕。他来到我在上海当学徒的地方，急促地告诉我："国民党特务正在抓我，千万不要再到学院去找我了。有机会我会来看你的。"那时，他也是这样消瘦，走得这样匆忙，不过，他还是来跟我打了个招呼呀！我明白这两次分手是不可同日而语的。那次是在旧社会，为反动派所迫害，这次是自然规律，为病魔所酿成；那次是生离，这次是永别。我仿佛又突然意识到从今以后再也见不着他了。一股悲恸在胸中奔腾，满腔热泪夺眶而出，几乎痛哭失声！我不得不让女儿扶我走出灵堂，免得干扰仪式进行。

从此，大哥的许多往事一幕幕在脑际萦回。八十多年了，很想留下点文字，以寄托我对大哥的深切怀念和哀思，却总也理不出头绪来。我对他一生所从事的主要工作，即马克思主义哲学、马克思主义哲学发展史和马克思主义史的教育与研究，实在难以置喙，也就只能从他同我、同我们弟兄和同我家主要亲朋的一些交往,以及我对有关他的一些工作情况的所见所闻作点追忆了。

一、大哥是我们弟兄最为重要的领路人

我们兄弟共五人,我行二,下面有三个弟弟,年龄相差都是三岁左右。原来还有两个妹妹,不幸全在旧社会夭折了。在我们兄弟五人中,大哥虽然少言寡语,不与我们其他四人说笑打闹,显得老成持重,特立独行,但他却是我们四弟兄最为重要的领路人。他仿佛用自己的一生对我们说:"乘骐骥以驰骋兮,来吾道夫先路!"顺便说一句,这句话也正是我在儿童时代听他背诵古文时首次听到并记住的。

首先,大哥用自己的行动引领我们学习成长。大哥自幼勤奋好学,努力向上。从我记事时起,他就被所有亲戚公认为同辈孩子中将最有出息,能成大器的。他入学以后,无论在哪个学段或是哪门学科,他的成绩都十分优秀,深受老师们器重。这一点在乡里乡亲之间也是出了名的。

记得我刚上小学的时候,离我家不远的一条巷子里有一位私塾先生,他知道大哥和我都上洋学堂,就主动找上门来,表示很喜爱大哥,愿意在暑假期间免费教大哥学习古文,还表示我也可以跟着去学习一点。那是在日寇发动卢沟桥事变前,我家还没有破产。自打跟这位先生学习古文之后,每天清早,我都听到大哥在他住的那间小屋子里高声吟诵古文。一篇文章往往是从头开始读下去,背下去,直到能通篇背熟。其中有一篇特别长,因而反复的次数也就多。天长日久,我跟着学舌,把那开头的几句也能背下来了:"帝高阳之苗裔兮,朕皇考曰伯庸。摄提贞于孟陬兮,惟庚寅吾以降。皇览揆余初度兮,肇锡余以嘉名:名余曰正则兮,字余曰灵均。"当时我什么也不懂,只是觉得好玩儿,又跟着背会一些自己觉得好

玩的句子。直到很多年之后，才知道那是古代大诗人屈原写的《离骚》；到进入中老年才逐渐意识到，大哥的不忘初心、洁身自好、惜时奋进、知恩图报、爱国爱民、志存高远等优秀品质，都在童年就于中国优秀传统文化的潜移默化之中慢慢养成了。后来，他念高中，上大学，读研究生，一路奋进，始终名列前茅，从一个贫苦人家的孩子成长为国内著名高校的资深教授，马克思主义哲学史和马克思主义发展史的研究专家与学术带头人。应当说，他当之无愧地为我们弟兄自幼学习成长带了一个响当当的好头，启示我们走上一条成长发展的最佳道路。

我是高中没有毕业，三弟仅仅上过初中，后来我们都参加了中国人民解放军。我是通过学习提高当上了文化教员，在部队机关学校教授不同学段的语文，都还算相当称职。三弟成长为部队的政工干部，转战于国内外军事斗争前线。我则转业地方，从事基础教育的科学研究工作。四弟毕业于清华大学，还曾以访问学者身份赴美国哥伦比亚大学参与课题研究，后来从政，成长为国家的一名高级干部。五弟毕业于解放军军事工程学院，从事军事工程研究，转业地方后仍进行工程研究工作，成为一名高级工程师。我们这一帮穷苦人家的孩子能有这样的前程，大哥的领路起了关键作用。

大哥率领我们弟兄义无反顾地投身革命。他是在1947年从江苏省立镇江中学高中毕业，以优异成绩考入马寅初任校长的上海商学院会计系免费苦读的。那年，父亲久病不治，撒手人寰，我十五岁不得不离家到上海当学徒。在上海，大哥是我唯一的亲人，只要有一点儿机会，我便赶到商学院去找他，哪怕是只看上一眼也好。他很忙，要学习，还要在夜校兼课，挣些生活费，并尽量给家里一点儿补贴。他常常把我安置在一间教室里，那里有一个"青蛙合唱团"，唱《毕业歌》《大路歌》《黄河大合唱》，后来还唱《解放区的天》《我们的队伍来了》《你是灯塔》，等等。

渐渐地，我发现他参加了上海进步学生反饥饿、反迫害和反内战的斗争，很多同学都来找他说些什么。我猜想他一定是共产党。我既为他感到振奋，又为他担心。那时候，国民党反动派的"飞行堡垒"没日没夜地在马路上横冲直撞，中统和军统特务四处抓人，龙华刑场枪声不断，不知道有多少热血青年献出了宝贵生命！不出一年光景，果然发生了本文开头提到的那次匆匆告别。后来，我曾问他是怎样从特务眼皮底下逃出来的。他说："那天晚上武装特务包围了学院，一位护校同学赶紧跑来通知我，要我立即离开学校。我刚走出房门，就见到特务们打着手电正向宿舍楼跑来。我估计从楼梯下去已经来不及了，便借着夜色跨过走廊栏杆，抱住廊柱，滑下地面。幸好附近有一位教授的住房，他太太刚生小孩，我别无办法，敲开了她家门，说明情况。他让我迅速躲在他太太床后，直到第二天天快亮，那位教授打听清楚特务完全撤走了，才让我离去……"。

　　大哥小时候同我不一样，他文静持重，不爱蹦蹦跳跳的，颇有些书呆子气，不像我爬树上房，淘得没有边儿。我简直想象不出，他避过凶残的特务竟能那样沉着，勇敢，机敏，快捷！日后我才明白，他是为了革命早已把生死置之度外了。我在上海学徒的那段时间里，曾多次向他表示，再也不愿继续学徒，要另谋生路。他劝我先不要着急，告诉我上海很快就会解放，还送给我一本《新民主主义论》，要我认真学习，千万别让旁人看见。上海刚解放没几天，大哥建议我报考华东军政大学，他认为既然有这样的好机会，还是先多学一点革命知识和本领为好；后来，他为我借来《范氏大代数》《三S立体几何》等高中课本，让我好好复习，准备参加考试。我经《解放日报》发榜被录取后，又是他帮我扛着小铺盖卷儿，顶着袭击上海的台风，蹚着路上漫过膝盖的雨水，送我到大同大学报到参军。他是我参加革命不折不扣的第一位领路人。三弟当时在重庆学徒，重庆解放后，他也立即参加了解放军。四弟和五弟受我们前三人特别是大哥的影响，从小便向往革命，后来也十分荣幸地被推荐到留苏预备班和解放军军事工程学院学习。紧随着大哥、我和三弟，四弟和五弟也先后加入了中国共产党，我们五兄弟都成了光荣的共产主义战士。现在，四弟和大哥相继去世，余下的三弟兄虽已进入耄耋之年，但我们投身革命的初衷是从不动摇的。

大哥还是我们服务于人民的领路者。他一生遵照党的教导，不求名，不求利，不计较个人得失，不贪图生活享受，只是兢兢业业、任劳任怨、夜以继日、孜孜不倦地工作，学习，再工作，再学习，以他所从事的研究取得新的成果和他所教学生有了新的进步为快慰，为幸福。因为他认定这是人民交给他的任务，他正是以此来为人民服务的。他从上海商学院调到北京的中国人民大学，工资不升反降，生活条件也增加了诸多不适，但他全然不顾，完全服从党组织的决定。"文革"中，他在上海参加地下工作的革命经历被反诬成"国民党双料特务"，他无所畏惧，坚信党能还他一个清白。他曾多次有机会调往一些更有发展前途的单位，但他不为个人着想，还是服从人民事业的需要。

作为由他引上革命道路而今已离休二十多年的我，有一次曾问起他是否也应办理离休，他十分坦然而且淡然地表示，这是组织考虑的问题。他一心扑在事业上，只求为人民多做奉献，舍此，别无所求。在我们弟兄四人面前，他从来不曾为自己评功摆好，绝不夸夸其谈，更不会有任何怨言。他总是自自然然地用自己的一言一语、一举一动启示着我们怎样全心全意地为人民服务，诚如"春风潜入夜，润物细无声"。所谓"桃李不言，下自成蹊"吧，我们弟兄虽然经历各有不同，水平各有高低，能力各有大小，但为人民服务是始终不曾动摇过的。如今，除了四弟前年去世，党组织已有定评，我们其他三人也早经离退，进入耄耋之年，差可告慰于大哥的是，对党和人民我们"行不由径"，从不走邪门歪道，而对党和人民所交给的工作则从不敢掉以轻心。如果说面对大哥应当有所羞愧的，那

就是我,因为他曾经对我寄予殷切厚望,而我自知远未达到他的要求,很少能够助他一臂之力,还给他添加过不少麻烦!

二、大哥是我们庄家历经考验的顶梁柱

我们庄家在20世纪30年代的十年间,屡遭变故,由一个不愁温饱的小康人家,沦落到饥寒交迫,朝不虑夕,几乎人亡家破的境地。

听祖母和母亲闲聊,我们的曾祖父和祖父都是独苗,大约由安徽逃荒流落到镇江的。他们起初靠着挑一担锅碗瓢盆沿街叫卖维持生活;随后祖父直接到江西景德镇贩运粗瓷回镇江出售,并且规模一天天扩大,日子也一天天好起来,终于在堰头街开了一爿碗铺。出生在镇江郊区谏壁镇一户贫苦农民家的祖母,与祖父结婚后,曾经生过九个儿女,最后只落下我们的父亲和一位姑母。父亲童年只上过几年私塾,祖父母舍不得让他去上洋学堂,担心他一不小心磕着碰着,又有个三长两短,但他不知怎么竟学会了算账记账,能打一手好算盘,还会写各种契约文书,这在堰头街上是颇有名气的。他与母亲十八岁结婚。母亲是镇江南门城内一所颇具规模的染织作坊家的三姑娘,在八个兄弟姐妹当中算得上是最聪明能干,又与上上下下相处得最为融洽的一个。她跟父亲同岁,生日只相差一天,父亲是农历八月十四,母亲是八月十五中秋节。他们两人的婚姻是由祖父和外祖父指腹为媒的。结婚一年多以后,大哥出世。经过三代单传,我们庄家又有了一位传宗接代的大小子,那可真是全家最感幸福的时期。

其实,那时在帝国主义列强的侵略下,我国民族工商业正迅速凋敝,祖父和外祖父该是感受很深的。特别是日本帝国主义对我国虎视眈眈,不久便发动了"九一八事变",开始大举入侵我国。同全国人民一样,灾难正降临到我们庄家头上。1935年,祖父病逝后,父亲梦想振兴家业,趁着

镇江堰头街扩建为大西路之际，把原有的住房改建成两层双开面连家店用房，计划扩大那爿碗店。可惜，一年多之后，新房刚刚建成，碗店重新开张，不久，日寇灭绝人性的"南京大屠杀"就发生了。镇江离南京很近，全城百姓几乎逃光了。等我们全家逃难回来，店铺里的所有瓷器被砸得粉碎，屋里也被抢劫一空，幸亏那房留存了下来，还可以靠出租一部分同时做点小买卖维持全家生活。

从逃难到返回，没几年我们家又添了两个弟弟和一个妹妹，全家祖孙三代共有九人。父亲为了养活全家老小，经受了种种苦难，终于一病不起。他缺医少药，加上愁事连连，病又拖了好几年，还不满三十九周岁，便抛下了祖母、母亲、我们兄弟五人和一个年纪最小的妹妹，在极度痛苦之中离开了人世。没过几天，那小妹妹也因患麻疹转肺炎无钱医治，紧随父亲而去。这时，大哥刚刚十八岁。在那大难临头并决定我们庄家前途命运的关键时刻，是他同母亲经过反复商量，并征得祖母认可，排除了亲朋好友的各种建议，决定卖掉房产，丧事从简，他坚持去大学半工半读，谋求新的出路，我和三弟暂且学徒谋生，除去留下一点供祖母、母亲和三个年幼弟妹维持活命的费用之外，用余下的钱尽可能买一处旧门面房，用来居住并出租，作为日后家用的一点点保障。事后看来，这个决定确实是最佳方案，否则就只有家破人亡了。

多年来，母亲一直是我们庄家的顶梁柱，正如大哥曾经说过的，她老人家含辛茹苦，把我们这个家支撑下来，非大贤大德是难以做到的。且不说她自打进入庄家大门，孝敬公婆，关怀儿女，对父亲赤诚相爱，体贴照料无微不至，以及她勤俭持家，刻苦耐劳，把一个并不宽裕后来则十分困难的家庭操持得里里外外井然有序，单说每年夏季，天天那几大盆全家换下来的衣服，她都要洗得干干净净，晾干后再折叠得方方正正，破了的还要缝补得齐齐整整，即使是一双补了又补的袜子，也要重新补好，用她的话说,"总不能前卖生姜后卖蛋吧"。特别是在父亲病倒之后的那许多年,她对外要料理父亲放下的小买卖,对内要操持一点也不会减少反而只会增多的日常家务,我长大后曾极度惊诧:她那弱小的身躯和瘦削的双肩,是如何能够承受住这样的重负而担当起庄家顶梁柱的?父亲去世这一重大变故,使大哥继承了母亲的优秀品质,他不声不响地挺身而出,以他自己的方式接替母亲当上了庄家的顶梁柱。

在当穷学生自己一日三餐也难以为继的那几年,他时刻牵挂着家里祖母、母亲和两个小弟弟的生活。他几乎每个月都要千方百计积攒下一点零钱,寄回去接济家用。记得1948年春节前夕,他回镇江探望苦难中的亲人,为了带上一点年货,凑上我学徒刚得到的年底零用钱也只够买几块笋干。我是吃饭不用发愁的,而他还不知道回学校后怎么才能再挣点儿吃的。最困难的是他躲避国民党反动派抓捕的那段岁月,也不知他是怎样熬过来的。解放后,由于党的关怀,他有了一份半工半读的固定收入,尽管还很艰难,终究是真正翻身了。此后,在部队实行供给制期间,我和三弟虽然都已当兵,但依然不能接济家庭,全家老少都一直由大哥供养。我们家在镇江的亲眷较多,他们在过去都或多或少地给过我家帮助,解放后生活困难较大的至亲有姑母和姑父,外祖母和大姨母,他们都需要给予帮助。在部队实行薪金制以后,我曾分担过一点儿开支。不几年,我有了孩子,经济开始紧张,大哥便揽去一切负担。作为庄家的顶梁柱,他不但支撑着庄家自身,还支撑着紧挨着我们的几家亲戚。负担最多的时候,大哥要供养祖母、母亲和两个小弟弟,包括两个弟弟从小学到大学的开支;还要每月给外祖母、大姨母和姑母、姑父寄去生活费,直到她们先后去世。他还要抚养自己的两个孩子。其间,大哥还出资请从未出嫁的大姨母到北京来旅游,让她老人家非常高兴地参观了故宫和一些皇家园林,使她觉得"这一生没有白过,游了北京,死也能闭眼了"。当然,必须说明的是,同大哥共同付出的还有大嫂。

我们弟兄常说："大哥在，我们是'大树底下好乘凉'！"大哥除了在经济上支撑着我们整个庄家和庄家的多位至亲，在遇到各类重大事件或某些变故的关键时刻，也都是他直接出头或帮着母亲办理，并且总能处置得妥妥当当。1950年祖母去世，他从上海返回镇江，帮母亲办完全部丧事。我和三弟当时都在外地当兵，未能返回家乡。1956年，四弟高中毕业到北京进入留苏预备班学习，大哥同母亲商定，让母亲带着五弟一同到北京生活。这项决定无疑也是正确的。母亲从此一直生活在大哥身边，直到去世，这使她老人家有了可靠的终身寄托；五弟也能够更好地成长；也使大哥大嫂减去了许多后顾之忧，他们的孩子也得到了最可信赖的照料。凑巧的是我不久也被部队调到北京工作，四弟转学清华并且毕业分配又留在北京，后来五弟也从部队回到北京从事地方工作。除了三弟一直在军委直属部队经常流动、之后到地方又定居上海之外，我们兄弟全都汇聚北京。母亲在大哥那里，大哥那里自然更成了我们所有兄弟毫无疑义的家，也就是我们的庄家。庄家发生一切大大小小事项，都会在那里商议，由大哥最终做主。母亲去世后的全部丧事，都是由大哥妥善安排我们弟兄分头办理的。后来由于镇江城市建设发展，我家祖坟需要搬迁，也是由大哥出主意，经四弟和他的孩子小伟前往镇江，在一处普通公墓，毫不张扬地设置了几块普通墓碑，为我们庄家留下一小块慎终追远的去处。

大哥作为我们庄家的顶梁柱，支撑住了在旧社会即将分崩离析的庄家，并带领我们弟兄一个个走上了革命道路，使整个庄家逐渐发展起来，直到今天成了一个祖孙三代共有三十多口人的大家庭，而且其中成年人口大都具有大学以上学历。这当然首先要归功于党的领导，归功于社会主义制度。但作为庄家顶梁柱的大哥，绝对是功不可没的。

三、大哥是庄家子孙为人做事可亲可敬的楷模

大哥的一生,是清清白白、堂堂正正地为人,勤勤恳恳、稳稳当当地做事的一生。我常想,要达到大哥在事业上的成就那太不容易了;我们庄家要再出一位像他那样著书立说、桃李满园的知名学者和导师,恐怕还要在多年之后。但是,他为人做事的风范却是我们应当和能够学习的,我们有责任认真继承和发扬。

他一生不抽烟,不喝酒,不玩牌,不跳舞,不苟言笑,不游手好闲,不作任何无聊的活动,可以说他没有任何一点不良嗜好。除了工作和干一些力所能及的家务劳动,他最喜爱的大约就是读书和买书了,因此从小他就得到过"书呆子"的绰号。"文革"以前,他屋里放满的书架上堆着各种各样的书籍,既有几乎所有马列主义经典,也有我国古代经史子集,还有各类世界名著以及当代重要著作。可惜在那"武斗""抄家"不断的年月,几乎所有书籍都散失殆尽了。现在满屋的书,都是"文革"后重新积累的。那样多的书,他都按自己的需要有序地码放在一定位置,他要找哪本书,都能随手找到。许多书当中还夹有一些标签,或在卡片箱中存有相关卡片。这说明那些书并非摆在屋里做样子的。

他订阅的报纸杂志也很多,据我所能记忆的,有:《人民日报》《光明日报》《参考消息》《北京晚报》等报纸;有党中央理论刊物从《红旗》《求是》,北京市委的《前线》,《新华月刊》和《新华文摘》《哲学研究》以及国内一些著名高校的文科理论刊物,等等。对于这许多报刊,他总能安排好时间,分清楚主次,采取不同方法,不慌不忙地看过,日后要查找某些内容,大都能迅速找到。除了读书看报,逛书店、遛书摊是他休闲的主要活动。他更是中国书店的常客，如果遇到他喜爱的旧书，不论是精装、简装或者线装，他都要尽可能买下来。他给我们庄家带来了一派书香，只要走进大哥家门，这派书香就会扑面而来。我常想：从今往后，哪怕我们庄家子孙仅仅接续了这一脉浓烈的书香，也是极为可贵的了。

如果说大哥还有什么特殊爱好，那该是逛商场了。也许这是由于他在上海读商学院的缘故，所谓"在商言商"吧。在上海，离校较近的四川北路和南京东路，在北京离家较近的东四、东单、当代商城和双安商场，以及后来的金源购物中心，都曾是他经常走动的地方。他逛商场往往什么也不买，问他看什么，他说什么都看了，再细问，他又像什么都不曾看。似乎那些五花八门、琳琅满目的商品和熙熙攘攘、川流不息的人群，反而可以帮助他沉下心来思考一些问题，甚至在他脑中引发出一些灵感的火花。至于那些歌厅、舞场和各类游乐场所，则与他无缘，他往往连一眼也不看就纵身而过。

说到这种特殊爱好对他的影响，比较明显的就有：第一，他常常受到一些优待。比如什么商品在打折，他往往比我们都清楚。再如有些大商场奉他为贵宾，像当代商城开业不久就赠他一张贵宾卡，希望他经常光临。第二，他颇能买到一些价廉物美甚至是旁人难以买到的东西。比如有一段时期大米限量供应，他能用普通粮票到友谊宾馆餐厅买到大米饭。我们都很奇怪，问他是怎么回事。他说："有一次去逛双榆树商场，顺便转转友谊宾馆餐厅发现的。"又问他是不是认识那里的师傅。他瞪着眼回答："为什么要认识？给粮票给钱就行。"不过，他并不常去多占便宜，每天一顿大米饭，粮票是能够保证的。只有在我们弟兄都回去了，他才端起一口钢精锅，不紧不慢地去友谊宾馆买大米饭，其他食品一概不买。母亲在世的时候说过："他是呆人有呆福。"第三，他总能买到经久耐用又不会过时的用品。比如衣服，他买得并不多，但似乎他的每一件无论式样或是颜色都比较入时，穿在他身上总是给人以落落大方的感觉，非常适合他的工作以及他所在的场合。我私下里以为，他是研究马克思主义发展史的，他又了解社会时尚，并且总以发展的眼光看事物，也许正因为如此，才会在不知不觉中形成了他独特的审美眼光吧。

大哥严于律己，宽以待人。他对朋友奉行君子之交，诚诚恳恳，坦坦荡荡，从不拉拉扯扯，吹吹拍拍；对亲人也不忘同志之情，绝不徇私护短，假公济私。他在相对年轻的时期就承担起一定的领导职务，他的地位、职称和工资往往高过不少年龄和资历都超过他的同志，但他从不沾沾自喜，自以为是，更不会盛气凌人，即使在晚辈们面前他也温良恭俭让，给人以真诚而亲切的感受。他曾得到许多高级领导的器重和关爱，但他绝不借以炫耀自己，更谈不上趋炎附势，追名逐利。他总是以严肃郑重的态度对人对事，对自己不赞成甚至反对的意见也只是严正指出，不轻易加以指责。他像热水瓶，而不像暖水袋，满腔热忱往往含而不露。他对四弟去世因病重未能参加遗体告别常耿耿于怀。有一次，他出院不久，自我感觉还是不太好，我去探望他，他喃喃地对我念叨："想去看看……我很怀念他的……"这样直白而郑重的用语，我是第一次从他口中听到，因而也就更加感受到他那满腹深情。在他去世前不久，我的女儿小兰陪我去探望他，他在处于清醒状态的那一刻，突然小声对小兰说："你都退休啦！"这样深情关怀的话语，其实是他常常深藏在胸中的，只是他不轻易表达出来。

大哥工作的某些表现，我是曾亲眼见过或亲耳听说过的。早在50年代，部队实行休假制度，那时母亲已住在他那里，我从南京到北京住在他家中休假长达近一个月时间。那时，他在研究生班教课，任班主任、支部书记，还在中央社会主义学院兼课，工作是很忙的。听大嫂说，他讲课很受欢迎，常常座无虚席，连走廊里也站满了人，以至不得不放开嗓门儿来讲。又说，他不论是讲新课还是讲已教过多次的课，都要重新准备，不断修改、充实，力求常讲常新。他们当时都是在家办公的，我总是看到他勤勤恳恳、不慌不忙、有条不紊、稳稳当当地在工作，从来不曾看到他有过急急忙忙、慌慌张张、迫不及待、手忙脚乱的样子。他直到晚年，早已发现患有癌症，身体状况大不如前，依然带有十余位博士研究生，并且还承担着一些理论专著的主编任务。我们弟兄都担心他的身体能否承受，大嫂告诉我们，他好在还是那样不紧不慢的一个劲儿，你们放心吧。

从年轻到年老，他对于马克思主义哲学及其发展，对于马克思主义的发展，对于马克思主义的中国化，一直孜孜不倦地探求，既不妄自尊大，也不妄自菲薄，尽着一个高等学校马克思主义理论教育工作者所能尽的一切责任，直到献出自己的全部生命。在他临终之前的一段时间里，有一次他的长子志东给我来电话，说他想同我聊聊。我赶紧拿起电话，却一句话也没有听清。急忙问志东，他说了些什么。志东告诉我，他说他去开会了，其实他并没有出去开会。我知道，他是心心念念地牵挂着十卷本的马克思主义发展史，牵挂着马克思主义中国化哩！又有一次，我去北医三院探望他，他一会儿清醒，一会儿迷糊，曾经几次示意身边的护理员，表示听到了电话铃响。其实电话铃并没有响，还是他在牵肠挂肚地想着他未竟的事业啊！在首都医大康复中心，我和我的孩子小松去看望他，这是我在他生前的最后一次见他，他睡着了，我们没有敢叫醒他，怕他又因放不下党和人民交给他的事业而操心，只好默默地在他身边守望着……。"鞠躬尽瘁，死而后已！""亦余心之所善兮，虽九死其犹未悔！"大哥不是正在实践着这些名言吗？

大哥为人做事的一生，似乎也是在实践着马克思主义中国化的进程。他以马克思主义为指导继承并践行着中国优秀传统文化。我们中华民族自古以来就讲究"点水之恩，以涌泉相报"，大哥晚年曾多次表示过"没有辜负人们的期望"。确实如此，他是把别人对他的厚望看作是对他的信任、鼓励和支持的，是对他的一种恩情。他知恩感恩，感恩图报，报恩以德。无论是对于家人、亲朋和师生，对于领导和同仁，以及对于一切

与他有过交往并曾对他寄予厚望的人,特别是对于党和人民,他都力求以德相报,直至生命终结。我们中华民族还倡导"修身,齐家,治国,平天下",大哥走着一条崭新的"修齐治平"的道路。他作为一名共产党员,一名人民教师,始终把严以修身作为毕生重任,一刻也不放松自身的革命。他努力率领我们庄家在党领导下不断前进,齐心协力为我国社会主义革命和建设事业作出应有的贡献。他为之献身的事业正是为了国家兴盛和世界大同,为了实现共产主义崇高理想。这不正是马克思主义指导下的"修身,齐家,治国,平天下"吗?对于我们庄家的子孙,他不愧是"高山仰止,景行行止",我们面对着他,都怀有"高山景行,私所仰慕"的深情,都抱着"虽不能尔,心向往之"的强烈愿望!

大哥走了,永远地走了,2016年11月30日中午12时在北京康复医院因肺部感染逝世。但他留下的宝贵遗存有很多很多,我们将进一步发掘它,了解它,珍惜它,发扬它。大哥泉台有知,请放心安息吧!

(2016年12月2日至2017年2月12日始成初稿。明日即农历正月十七,是大哥八十八周岁诞辰,也是我八十五周岁生日,以此作为对大哥的祭奠,也作为对自己的鞭策。2017年2月15至19日修改。)

四、悼念大嫂

告别大嫂的那天,大哥坐在轮椅上,带头在大嫂遗体周围默默地绕了一圈,似乎十分镇静;但是,从此以后,大哥的身体明显地一天不如一天,相隔不到一年,也随着大嫂而去了!我原想写一篇悼念大嫂的祭文,拖到现在,实在不该也绝不能再拖下去了;其实我本来就不愿拖下来的,也不是因为牵挂着大哥的病,只是心底里似乎觉得:大哥在,大嫂就一定还在。

三弟曾经多次引用过:"长兄为父,长嫂为母。"不过我绝不会同意三弟所说的这句话，因为她大我还不足三岁。大哥比我大三岁整，一天不多，也一天不少；而大嫂比大哥要小一两个月。不过，我却深深体会到大嫂像亲大姐一样关心着我，关心着我们弟兄四人；对于我的小弟弟们来说，又真是具有母亲般的关爱。大嫂把对于大哥的全心全意的爱也移植到了我们四弟兄身上，完全就像一位嫡亲的大姐。

大嫂认识我也许比我认识她要早。我在上海学徒的时候常去商学院找大哥，那时大嫂和大哥是同班同学，而且也是参加进步学生运动的积极分子。她肯定会见到过我，只是大哥和她都不愿让我知道他们的关系，才没有同我直面接触。我的证据就是解放后他们结婚都没有给我们打个招呼；20世纪50年代中期，我第一次见到她，她对我毫无陌生的感觉，也全不像是第一次见面。

说起第一次见到她真是很惭愧。那是1956年，她与大哥的孩子东东刚刚出世不久。我是在南京的一所解放军院校工作，得到领导关怀让我到北京家中休养一个月。当时我得了肺结核，并且正处于活动期，虽然医院的诊断是"不排菌"，但大哥大嫂那里住房也并不宽裕，何况还有一个刚刚出世不久的我嫡亲的大侄儿，我们庄家的长孙。如果我真能为他们着想，我本不应该在那个时候去北京。但是，我当时丝毫也没有想到这一点，似乎心里只有将要见到母亲、大哥大嫂、四弟五弟和小东东的喜悦了。等我到了那里，才发现他们为我暂借到一个单人住的房间，在另一排平房内。要不，就简直没法住。他们自己所住的是一排平房中的面对面的两个房间，一间是大哥大嫂的住房兼办公室，另一间是母亲和五弟的住房，并且兼作全家的活动室和餐厅。厨房则在这排平房当中甬道尽头的一间水房隔壁，由几家住户合用。那时，地处海淀的中国人民大学校址内除了一座不太高的校部办公楼，几乎全是这样一排排平房。

在这一个月时间里，我从母亲的闲谈中，慢慢了解到大嫂是南京人，兄弟姐妹很多，排行老六，先母已经去世，当时在台湾的是生母。她的父亲是国民党的一位高级官员，解放前随同蒋介石逃往台湾了。她为了追求进步，早已声明同父亲脱离父女关系，没有一切往来。她还是一名短跑运动健将，在商学院和人民大学都曾经是同学中名列前茅的运动奖状获得者。她早于大哥被保送到人民大学读研究生，只是后来大哥提前毕业留校工作。我猜想大嫂青年时代是比大哥更加活跃的。母亲总是夸奖她对大哥好，说大哥"呆人有呆福"。

那时，全家对我的照顾真可谓无微不至了。他们为我单独订了一份牛奶，这是只有我那大侄儿才能享受到的。每天早晨还单独蒸一份鸡蛋，吃饭也是单做的。我想这肯定是大嫂向母亲做了交代。大哥不会对这类事想得如此仔细，母亲则不好意思单独为我做，而不为每天工作夜以继日的大哥和大嫂做。最让我深感厚意的是，刚到北京没有几天，母亲便拿来一块崭新的瑞士名牌十七钻全钢手表，说是大哥大嫂为我买的，要我别推辞，就收下吧。我问母亲这是怎么回事，才知道原来他们曾听母亲说在搬来北京前的那两天，我到镇江去帮着料理，就在那时把原有的一块瑞士手表卖了，为母亲和五弟的来京花了一些钱。其实，我根本就没有花多少钱，大哥大嫂是早就为母亲准备好了的。我到镇江一下子惹来几位亲戚，又因为那次是母亲把家彻底搬到北京，难免有些零碎开销。最根本的还是我自己不会筹划，由于过了一段供给制生活，有几个零钱一次就花光，总也不计算计算，而且我对原来的那块表不是很满意，买来没几天就停过好几次。我知道说什么也没有用了，就把大哥大嫂特别是大嫂的关爱铭记在心吧。

大嫂对我的姐弟真情在一次当面"责怪"中给了我更深切的感受。就在那一个月中，我曾为他们拍过几张照片，用的是我从南京向一位同志借来的相机。这是一部十分简单的相机，无需调整光圈、时间和速度，只要从取景框中找准拍摄对象，一按快门就行。我的拍照技术极差，印象深的有两张。第一张是我那大侄儿在浴盆里洗澡的照片。奶奶用手掌和小臂托着小孙孙的头,他赤裸着全身,四肢张开着,像一只活脱脱的小青蛙,我也没有注意等他高兴的时候再按下快门。当时我就想,他长大了一定要"痛骂"我这二叔叔的。第二张就是引起大嫂"责怪"我的那张。当时,母亲抱着我的大侄儿站在院子中间,大嫂披着一件家常列宁装,手里拿着一个玻璃奶瓶站在一旁,他一边从母亲身边闪开,一边对我说:"别把我照进去。"我答应着,同时看着取景框中的母亲和侄儿,觉得还是排一张全身的为好,接着就按下了快门。等到这张照片冲洗出来,大嫂却留在了照片当中,站得离母亲不远也不近,一个颇尴尬的位置,似乎是在傻看着抱着孩子的母亲。大嫂见到这张照片,立即"责怪"我:"老二最坏了,偏偏要把我照进去!"她是在怪我调皮,故意要她出洋相。其实,我确实不是故意的,也许因为眼睛没有贴近取景框,以至相机镜头偏向到一侧了,这一偏竟恰好让大嫂进入镜头,并且让照片两侧的空余大体相当。我心里确实很抱歉,但觉得怕是难以解释清楚了,又感到大嫂分明是以一位亲姐姐的口吻在骂一个"使坏"的弟弟,他要是稍有见外,就不会这样"责怪"我了,我只有报之以傻笑,什么话也说不出来。我曾认真地想过:我应该怎样称呼她呢?叫大姐姐才更合适,她的确像亲姐姐一样对待我和我的兄弟们,但不知怎么一开口就按通常的习惯叫她大嫂,这显得太一般了。但是,既然叫出了第一声,以后好像又很难改口了。

大嫂一直要求进步,从解放前到解放后的三十多年中,她始终没有放弃过争取入党。只是因为她家庭出身的某些关系吧,她的组织问题又始终未能解决。直到改革开放之后,她才最终如愿成为一名光荣的中国共产党党员。她的事业也是卓有成效的。她是我国解放后最早学习苏联统计学的研究生之一,也是最早留在人民大学担任统计学教师的毕业生之一。它曾担任过统计系综合统计教研室主任,出版过有关专著并曾获奖。我私下里觉得，如果她不是把很大精力用在协助大哥完成马克思主义发展史等学术研究任务上，肯定会在自己所从事的专业方面取得更大成就。

大哥的学术研究成果这里不加赘述，但必须实事求是地说明：大哥小时候曾经写有一手十分工整的小楷，后来也许是为了追求书写速度吧，他的字渐渐变得越来越草，往往省去许多笔画，结果使越来越多的人难以辨认，我就是其中之一。而大嫂对他的字却十分熟悉，不用猜，一认一个准，保证万无一失。后来，大哥凡是要供别人看的文字，几乎都得请大嫂誊写一遍。一来二去，大嫂成了大哥专职的"誊文公"，直说吧，就是誊写秘书了，而且大嫂的这项工作，是旁人代替不了的。久而久之，大嫂不仅更加熟悉了大哥的字体，还进一步熟悉了大哥的文字用语，乃至专业内容，于是，又成了大哥的文字秘书和学术秘书，在一些文字推敲上，经常帮大哥出主意。从电脑开始普及，大嫂很快就学会了使用电脑。此后，大哥的所有文稿，包括那些多卷本专著，无一不是大嫂一个字、一个字用电脑敲出来的。大嫂一共敲了多少下？花了多少时间和精力？付出了多少爱？这些能用数字统计出来吗？她是研究统计的，统计离不开数据，怎样用数据来统计爱呢？有这样一门科学吗？难道不应该建立这样一门新的科学吗？想到这些，我就联想到那首十分流行的歌曲《十五的月亮》，其中一句"军功章啊，有我的一半，也有你的一半"，太适合大哥用来唱给大嫂听了。

大嫂对于大哥的关怀和爱护可谓无微不至。举几个例子吧：母亲得病以后，家里的饭菜一般都由大嫂亲自来做，因为她做的口味和母亲做的差不多，适合母亲和大哥的习惯。在家务事上，大哥主要是会洗碗，或者去采购一些熟食，其他方面大嫂是一概不要大哥操心的，直到她们都进入耄耋之年，才请了做饭的保姆。他们家里的电话，几乎是完全由大嫂守护着，因为他们都在家办公，大嫂总是让大哥少受干扰。一直到晚年，他们俩都病得不轻了，我们打电话过去，还都是由大嫂先接，然后再看情况决定还要不要让大哥再接。大哥的头发是由大嫂亲自来精心修剪和定型的，因为大哥在外边讲学或开会的活动比较多，所以大嫂的这项任务也就不轻松，几乎大哥每次外出，大嫂都要操持一番。在他们生命的最后几年，其实大嫂病得比大哥还严重，她为了控制肾病，自己学会了每天进行腹膜透析，她的肾衰已相当危险，在不得不坚持每天透析之前的一段日子里，经过医生同意，她还好几次陪同大哥去外地开会，为了照料大哥的生活竭尽全力。大嫂又成了大哥的生活秘书乃至全职秘书。

  大嫂把对大哥的爱扩展到大哥亲弟兄等相关人的身上。就我的体验来说，她对我的妻子鸿秀也表现出了格外的关心。比如她曾把自己唯一一件华达呢西服上衣送给了鸿秀，尽管那不是一件新买来的衣服，但据我所知，她所有衣着都是很普通、很朴素的，我还没有发现过她有比这一件更好的衣服；再如，母亲去世前的一段日子，鸿秀去母亲身边照料她老人家，大嫂曾几次对我说："鸿秀每次回家再来这里，妈妈就笑了……鸿秀太辛苦了……"她对于鸿秀的感激和关爱之情溢于言表。又如，我的岳母晚年来我这里生活，大嫂知道了，特意来我住地看望，还带来了礼品，并且很有礼貌地同我岳母亲切交谈，使我岳母倍感温暖。她对我的孩子也是同样亲切和关怀。她曾把自己的第一部著作送给小兰，因为小兰恰好是学习统计的；小松研究生毕业后到广州工作，她曾多次问起广州那里的情况。也许这可以被看作是很普通的人之常情，那么，解放前她自己十分拮据却给大哥以精神上和经济上最大的帮助呢？要说那没有确凿的证据，那么解放后许多年她对母亲、对我们两位年幼弟弟的供养，特别是长期不间断地为我们弟兄的外祖母、大姨母和姑母姑父寄去每个月的生活费呢？谁家媳妇能这样关怀自己夫家的近亲远亲？何况她从来不曾向我们弟兄提及这些事，更不要说是询问那些近亲远亲的比我们还要关系密切的人们了。不能说世界上再也没有这样的人，但这样的人确实是凤毛麟角，极为可贵的！

我觉得自己很对不住大嫂的是对她的关心太不够了。我一直不知道她生日的确切日期,最初是没有留心,以为她过重大生日的时候会告诉我的,后来是觉得惭愧,不好意思再问出口了。从心底讲,大哥每次重大生日我去表示祝贺,都是把大嫂也放在一块儿来表示的。如他们过七十大寿,我为表达自己的崇敬之情,曾向他们奉上一首七律:

七十古稀今不稀,从心所欲正相宜。
融通马列承司马,统燮资财壮国资;
乐水文翻秋水趣,爱山德布众山曦。
山山水水无穷尽,岁岁年年双鹤姿。

诗很拙劣,其中第二联上句是表示对大哥研究马克思主义史成就的赞美,下句则是表示对大嫂从事经济统计成果的颂扬。其实我对大嫂统计专业可谓一无所知,只好凭想象凑成了这一联对仗的两句。至于第三联,则是引"仁者乐山,智者乐水"的典故,用以表示对他们道德文章的衷心钦佩。重点在于最后两句,衷心希望他们健康长寿,共享天年。但是,话说回来,我还是没能在她生日那天去向她祝贺。作为大哥最年长的弟弟,在如何更好地对待大嫂方面,我应当为比我年幼的弟弟们做表率的,而事实上他们可能比我要做得更好。还以祝贺生日来说,在我过八十岁生日的那天,大嫂和大哥的身体都已经相当衰弱了,但大哥还是让他们的长媳小高开车特意亲自来我住处表示祝贺,并送来珍贵的礼物,尤其让我深感不安的是大哥郑重地对我说:"寿庄她实在爬不上你们这里的四楼了。她要我告诉你,她是很想来的。"我的住房没有电梯,她怎么可能爬上来呢?我知道她早就走动很困难了,平日在家,天气好也只能坐在轮椅上让人推着从电梯上下楼,在院儿里转转。她的好意我真是承受不起呀!还有,大嫂好像有一位姐姐也在北京,我从来也没有关心过她娘家亲人的情况;这与大嫂把庄家的每一个人都视作亲人,真是相差太大了!大嫂自幼离开母亲,后来又同她的父亲和兄弟姐妹们长期分离,她能不想念她的那许多亲人吗?而我却没能在这方面给她哪怕是稍微多一点的体谅,这不是太不应当了吗?

大嫂的生命进入弥留阶段还拖了相当长的一段时间。我几次去探望她,她都忽而清醒,忽而昏迷。我的感觉是她总在微笑着。她为什么总在微笑呢?关于她工作方面的情况我实在知之甚少,不好胡猜,只能从家里的有关情况去猜测。她是在为自己庆幸吗?因为她觉得自己找到了一位值得托付终身的人,并且为他奉献出了全部的爱,做到了没有丝毫保留。她是为自己的两个孩子而自豪吗?因为他们都学有所成,能在各自的工作岗位上勤奋劳动着。她是觉得我们弟兄们都还生活得不错吗?特别是都能亲密无间地团结在大哥的周围?她是不想让来看望她的人伤心吗?她是要让自己的微笑减轻来看她的亲人们特别是让大哥觉得她自己并没有处在病魔的残酷折磨之中,从而减轻内心的痛苦吗?那她为什么又在弥留状态拖得如此之久呢?她是依然舍不得离开大哥而自己先去吗?还是觉得大哥实在离不开她,而她也确实还有许许多多要为大哥办理的事情,这些事情正等着她去一件件处理呢?

我最突出的感受是,除了党和人民交给她的那份工作以外,大嫂把毕生的主要心血和力量都奉献给大哥以及与大哥相关的一切了。

敬爱的大嫂,你是该微笑的,大哥也到了你先他一步进入的世界了。你们可以丢掉一切人世间的纷扰,怀着毕生的憧憬,更加幸福地生活在一起了!

2016年3月1日晨5时,大嫂因肾衰竭等多种疾病医治无效,在北医三院中央党校分院逝世,差10天87岁。9个月后,大哥去世。

2017年2月20日至3月3日写成,4日修改

庄志东

▶ 北京市生态环保局原副局长（正局级）。
庄福龄教授长子

追忆我的父亲

庄志东

在庄福龄先生诞辰95周年之际,中央编译出版社将出版纪念文集,追思、悼念老人,追忆他一生在马克思主义哲学研究、在教学道路上的足迹,作为子女我们深感自豪和欣慰。首先,我要衷心感谢中央编译出版社、人民大学马列学院,感谢北京大学聂锦芳教授以及众多的专家、学者和老师、学生们。

由于所学专业不同,追思父亲在学术上的成就,当以各位专家、学者和老师为主。在此我仅就一两件家事追忆父亲的做人育子之道,以寄托家人的哀思。

父亲一生为人正直、学风严谨,尽管在演讲、授课时滔滔不绝,但在家中、在教育子女方面却是属于那种话语不多、一言中的,既威严又和蔼的家长。为此,我从小就在为人处事方面深受父亲的熏陶,养成清正自省、绝不阿谀奉承的性格。

另一方面,父亲是研究马克思主义哲学的,在工作中如此,生活中也无不渗透着对事物一分为二、辩证法的哲学思想。这一点使我感受最深、受益匪浅。我也在工作中慢慢养成和学会辩证地看待和分析问题,特别是

遇到困难受到挫折时，能够学会运用哲学思想一分为二的观点辩证地、实事求是地看待分析问题，不钻牛角尖。能够从失败中、困难中看到积极的一面，不悲观、不失望，一切向前看；从成绩中、成功中发现不足和总结经验，不骄傲、不自满。我认为这是作为哲学家的父亲给我的最大人生财富，使自己在几十年的生活中、环保事业中正确面对和解决各种各样的问题。

父亲在"走后门靠关系"成风的年代，始终保持着做人的原则，率先垂范。教育我们凡事须靠自己的努力与奋斗，人生没有捷径之路。记得我在市府机关工作时，凭借自己踏实工作与付出，逐步任副处长、处长，那时，父亲的许多同事、学生已经在中央党校、市委、省委组织部、宣传部等部门当领导，有些已是副部长、副省长，而父亲又是北京市委首届决策顾问，并是当时市委书记儿子的博士生导师。别人也这样劝我，与其埋头苦干不如找人活动一下。看到别人三两年提一级或两级，自己副处正处也干了十来年了，也曾有过这样的想法，请父亲托个人情，说个话，能再上一步。但每次父亲都是一笑了之而作罢，从未办过这类事情。慢慢的我也明白了，路是自己走的，成长进步要靠自己的努力这个道理。最终，在父亲的思想影响下，凭借自己的努力走上了副局、正局的领导岗位直至退休。今天我追思父亲就是要学习父亲的人品，传承老人家的人格魅力。

作为子女和父亲的感情是无法用语言表达清楚的，在学术上也不可能尽力，为了更深刻地表达赤子之心，我们商量决定并已将父亲为之研究、奋斗一生的所有书刊、手稿等正式捐献给人民大学，以了却父亲的心愿，也使得这些书稿能够让人民大学文史档案更加丰富，能为哲学界后人有所参考，发挥一定的作用！

敬爱的父亲，您的事业后继有人、您的子女和亲人一切安好，愿您在天堂安息吧！

庄志强

▶ 丰田纺织(中国)有限公司董事、常务副总经理。
庄福龄教授次子

怀念父亲

庄志强

2016年的11月30日父亲永远地离开了我们。从那时算起转瞬八年过去了。这一年来参加了两个有关父亲的纪念活动。一个是回到人大，那个父亲几乎生活工作了一生的地方，参加父亲的同事、弟子们为父亲举办的追思及学术研讨会。另一个是在上海财经大学，横跨上海的解放，父亲在那里读完了自己的大学，参加学校为知名校友举办的遗物捐赠仪式。每一个都令我感慨万千，并让我重新认识、思考自己的父亲。

回想起我和父亲在一起生活的时间并不是太多。幼时的记忆只是留在了为数不多的照片上。在人大校园里的"墅园""林园"，在北京的北海公园、颐和园。

1969年刚刚上小学的我，就随父母一起去了江西"五七干校"。我和哥哥还有奶奶生活在余江县城锦江镇，而父母却在更为乡下的刘家干校，对于一个从未离开过北京的孩子来讲，县城里的小学、洪水季穿过余江县城的"信江"水位不断上升及至我们居住的房屋之内等，都给我的童年留下了特别的记忆和难以忘怀的经历。而对于父亲和母亲们集体生活的干校，给我留下的唯一记忆就是一个被称为"水晶宫"的大采石场。在那里我看到父亲和人大的老师们一起劳作，敲打着一块块长方形的红色石头。父亲的宿舍就在一个巨大的已开采过的废弃采石场的地坑之中，至今我都觉得那是我见过的最大的集体宿舍。当时感到特别的新鲜和有趣，但想来那一定是父亲的一段痛苦记忆，在自己的当打之年不得不去干这些和自己的研究工作毫无关系的事情。而在我童年的记忆中，即使在那样的环境中父亲同样也是乐观和开朗的。

父母回到北京之后我们在城里的"铁一号"（铁狮子胡同一号）短暂居住过一段时间。大约是在1973年我小学四年级的时候我们一家又回到了久别的人大西郊校园，从那之后一直到1980年上大学之前，我们一直住在人大的林园7楼，那一段时间也算是我和父亲朝夕相处的一段难得的时光。

在1977年人大复校之前，父亲在北大有过一段不算太长的工作经历。由于当时的社会政治环境，在我的记忆中，北大并没有很多的学术研究和教学活动，父亲只是和同事及学生们一起编著了一本《荀子新注》。但即便在那样的时候，从古籍资料的收集、查询、考证到带领当时的工农兵学员一起讨论，整个的编写过程是非常地严谨和认真的。这给我留下了很深的印象，原来做学问是这样一件严谨有序的事情。直到后来我才感觉到这正是父亲坚持一生的为学之道。

应该是在1978年之后，也是我进入高中开始备考大学的时候，感觉父亲的工作开始忙了起来，每天都会有很多叔叔来到家中和父亲认真讨论工作的事情，探讨成立马哲史学会的各种琐事。这完全不同于以往在家中与朋友们的闲聊。父亲当时的那种兴奋、紧迫和充满朝气的表情至今都会在我的脑海中浮现。经过十年的荒废，在自己年界50之际又重燃希望之火，又重新迎来了做事的机会，虽然我不知道父亲那个时候是不是意识到了这些，但之后40年余年的学术生涯证明，正是从那时起，父亲全身心地投入到中断已久的教学研究生活中，真正迎来了自己的学术之春。

在其后的岁月中，父亲不仅自己勤于钻研、著书立说，而且花费大量的时间和精力培养了一大批有为的学生，在马哲领域里成为学界泰斗，更是为"中国马哲史学会"的创立和发展倾注了毕生的心血，为这一新学科的建立与逐渐发展壮大做出了巨大的贡献。在我看来，父亲的一生都在从事他喜欢的专业与学术研究，尽管他的同事、学生们为官从政者甚多，但父亲始终坚定自己的意愿和方向，专注于马克思主义哲学学术上的研究。"学者、老师"应当是对他最好最准确的描述。"倾毕生精力觅真谛开马哲史研究先河为学至真至深至精，注一世心血携后人育满园桃李竞芬芳为师至敬至亲至诚"，这是在父亲去世后的送别仪式上，学生、同事们赠书的一幅挽辞，我想这是对父亲一生最好、最真实的写照，也是对他一生最高的评价。

父亲在生活上是个非常随和的人，在我的记忆当中几乎没有几次对我们生气动怒的事情，从小我们在家里就可以和父亲平等相待，聊我们之间彼此都感兴趣的事情，甚至于轻松随意地开一些玩笑。记得在高中的最后阶段，由于学业压力过大，我曾经出现过在一些科目上停滞不前甚至于想放弃的想法，是和父亲的交流，在父亲给予我实实在在的指导与鼓励之下，使我重拾信心，终于考上了自己心仪的学校。在父亲的晚年，他依然保持着对新事物的敏感，像年轻人一样接受和包容新的东西。每次我从国外、从上海回到北京的家里，他都会问这问那特别关注我的工作，以及我所从事的汽车行业的动向。纵有一些争持与不同的观点，也都相谈甚欢。

中国有句老话,父母在不远游。而我大学毕业之后没过多久就去了国外,并一直没再生活在父母身边,说来也算是个不孝之子。但期间也有几次和父母短暂的"长住"的经历。一个是2002年我到上海工作之后,父母曾数次来上海度假,时间大多是暑期,我们全家和父母在一起度过了几段非常轻松愉快的幸福时光。另一个大约是在1997年我在日本工作期间,父母来探亲。在异国他乡体验了一段不同的生活。除了风光秀丽的富士山,古都京都奈良,以及当时对国人还是异常震撼的新干线等现代化的场景之外,父亲还特别关注曾经对中国的马克思主义传播起到重要影响的日本的马克思主义研究的现状。期间也数次和我谈及与日本相关学者之间进行交流的意愿。最终因为我的不作为,也是想让父亲能够放下工作静下心来好好休息,而未能实现,我想父亲也因此留下了此次日本之行的些许遗憾。

去年年底在人大逸夫会议中心召开的那场"庄福龄与马克思主义哲学史学科的奠基,拓展和深化学术研讨会",令我记忆犹新。那次看到那么多父亲昔日的同事、弟子从全国各地赶来参会,对父亲的学术思想、治学之道以及为人,发表了十分真实动情的追思追忆。这令我特别感动,父亲虽然过世已久,但他并没有被人们遗忘,还有这么多的人在记忆着他的点点滴滴,不仅因为他的著述思想,也因为他的为人。

在我的心里,父亲,无论是在职业生涯作为学者的他,还是在日常生活之中作为父亲的他,同样是伟大的。感谢大家对父亲的纪念,也为自己有这样的父亲而感到骄傲。

今年又时值父亲的95周年诞辰,前一段北大的聂锦芳教授告诉我,正在准备为父亲出版一本他的论文集,以及一本纪念文集。我想这是对父亲最好的纪念。父亲在九泉之下也一定会感到欣慰。感谢聂兄与父亲生前的诸多同事、学生们所做的努力、细心准备与付出。

很久没有写东西了,思绪有些乱没有头绪,但仅想以此文怀念父亲。

冯景源

▶ 中国人民大学马克思主义学院教授。

纪念马哲史学科带头人庄福龄教授

冯景源

一、我与我的学术引路人庄福龄教授的交往

我说的学术引路人，这要从我的学术研究说起。我大学是学财经的，为什么搞哲学呢？是因为我大学提前毕业调到人民大学马克思主义基础研究班。1956年人民大学组建哲学系和经济系，学校允许我们选择专业，我爱好哲学，选择了哲学，于是，就这样成了哲学系研究班的学员。从此我的专业就改变了，从部门经济改变成了哲学。就从这个时候起我和庄福龄教授开始有了往来。这种交往现在我用学术引路人来表示有三个意思。

第一个意思，他是我们研究班的班主任。我们的授课老师是萧前教授。萧老师只管授课，庄老师管我们的政治生活。我们研究班大部分是调干生，所以成立了工会，我是工会主席。这就和庄老师的往来多了一层。我还有一个绰号叫"老黑"即黑格尔，这是从部分同学中叫起来的。是因为我的学习方法，有时太重视辩证法。1958年"大跃进"兴起来了，哲学研究班派出两个组普及马克思主义哲学。我和张櫺、张学惠三个人组成一

组。这三个人都是有点学究式的人物,我猜想这可能和我的绰号有关系。

第二个意思是我从科技大学调回人大马列所是庄老师点头答应的。哲学研究班毕业时,我分配到中国科技大学马克思主义教研室。不久做了哲学组的组长。"文革"期间人民大学从解散到复校的长时间内,中国科技大学从北京下迁到安徽合肥。可是我的户口仍在北京。1978年人民大学复校,我爱人和两个孩子都回到了北京。我有了一个调回北京的问题。在这个过程中,身为中国人民大学马列主义发展史研究所哲学研究室的负责人的庄福龄教授同意要我。这样我就回到了人民大学马列所。我的学术活动从此改变了方向:从马克思主义哲学原理转到了马克思主义哲学经典著作的研究方面。

第三个意思是我重视马克思《资本论》哲学的研究,这也和庄福龄教授有关。我调到人民大学马列所的时候,庄福龄教授是马列所哲学研究室的主任。人民大学复校后不久,马哲史的教学与研究在各个高校开始兴起。庄福龄教授成为这次学术兴起的学术带头人,不久成立了全国的马哲史学会,庄福龄教授成为学会的会长,因为主要抓学会的工作,哲学室的工作就交给了我。我要说的是我的研究方向从这个时候又有了新的变化。

庄福龄教授作为马哲史学会的负责人又承担了一个任务:组织编写马哲史的教材。我所知道的这是教育部提出的任务,责成中山大学哲学系、中国人民大学马列主义发展史研究所作为正副主编。庄福龄教授是马哲史学会的会长,自然是这本教材编写的领导者。在这本教材的编写过程中,庄福龄教授找我谈话,问我参加哪一部分的写作?因为他曾是我的研究生班的班主任,知道我在大学是学部门经济的,建议我写经济学的内容。负责撰写这本教材的经济学内容,主要的是《资本论》的哲学问题。我在大学的学年论文,写过货币流通与信用的问题,参考书就是《资本论》。可能庄老师是有目的而来的。因为他的建议,我就接受了这个任务,承担了

《资本论》哲学的写作。《马克思主义哲学史稿》（马哲史教科书）1981年10月出版，正赶上马哲史教学用书的时期。可能《资本论》哲学问题是大家感到新鲜又有值得研究的专题。北京大学哲学系黄枬森教授办了个青年教师进修班，请我去讲了《资本论》的哲学问题。1982年，我买了一本马克思的《1844年经济学哲学手稿》（以下简称《手稿》）。《手稿》涉及一个新的概念——异化劳动。异化劳动概念的理解，当时涉及两个领域：经济学和哲学。这两个领域都和马哲史教科书《资本论》的哲学有关系。《手稿》的出版引起了我极大的注意，我买了一本阅读。当时的"西马"借着马克思早期异化劳动的研究，把马克思分作早期的马克思和晚期《资本论》的马克思，编造"蜕变论"：说《资本论》的哲学思想是早年"异化劳动"的蜕化。还进一步鼓吹马克思和恩格斯理论的对立：说马克思是异化论者，恩格斯是唯物辩证论者。这就是当时的两种"对立论"：马克思理论自身的蜕化论和马克思恩格斯理论之间的对立论。

我的马哲史教科书中《资本论》哲学的内容受到了极大的伤害。怎么办？没有别的办法，只能进行学术研究。经过几年的研究，我的《马克思异化理论研究》一书，于1987年由中国人民大学出版社出版。

另一本由我主编的《新视野〈资本论〉哲学新探》一书也是由马哲史教科书的《资本论》哲学的写作引发的。参加这本书写作的还有人民大学教授顾海良、北京大学教授丰子义。当时，他们两位还是年轻人。现在，一位是经济学的专家，一位是哲学人学的专家。我主要是负责《资本论》哲学方法论的方面，目的是普及《资本论》全方位的研究。这本书1990年由中国人民大学出版社出版。

我以上的这些学术活动，都是在庄老师作为马哲史学科带头人领导下进行的。

二、马哲史学科的历史发展应该怎样评价？

在开始写庄福龄教授马哲史学科带头人的时候，我的学生和好友《中国人民大学学报》编审林坚教授给我传来了一个微信：张一兵教授《回到马克思》第4版附件一。一看令我吃惊：该文凸显了他是马哲史研究中的一个闯将。文中提出一个"祛魅"论。"魅"是什么呢？指的就是主流学派——哲学原理，苏联式的马克思主义哲学原理教科书。回到马克思是策略，"祛魅"才是真正的目的。在"祛魅"的理论中有两个主要的概念，我们需要把它搞清楚：一个是"主流学派"，一个是"非历史"性。

主流学派也可以理解为正统马克思主义。它的提法从历史学上来看，已是第四次出现了。我们这里说的主流学派，是特指——马克思主义的解读。它的第一次出现，是恩格斯逝世后第二国际自称的马克思主义。第二次出现，是苏联十月革命成功之后不承认第二国际是正统的马克思主义，将他们自身才看作是正统的马克思主义。这样的马克思主义和第二国际的马克思主义的区别是：一个是没有取得政权，一个是取得政权之后的；后者的马克思主义，是带有强制性的、领导意志的。在我们中国马克思主义发展和演变过程中，联共党史四章二节被认为是马克思主义；再后来苏联专家式的哲学原理教科书支撑的马克思主义，才被认为是正统的马克思主义。到了《回到马克思》这里，已经是第四次提出了。这个时候的主流学派，已经意义完全不同了：以往的马克思主义加上正统都是被正面理解的。到了张一兵这里已经成为被否定的对象，是"祛魅"的对象。

这个变化的环节在哪里呢？在认识论中。认识论中有一个主体的环节。以上的正统马克思主义不是经典中的原生态，是认识主体，是"非历史"的。"非历史"的论点是怎么产生的，原来张一兵教授是和孙伯鍨教授一起搞马哲史的。孙教授主编有马哲史教材上下卷。张教授主要是研究马克思主义经典著作的。侧重面不同。张教授在研究经典著作时，发现经典著作中的哲学和哲学原理教科书中的哲学是不一致的。这种不一致的哲学却成为马克思主义解读中的主流学派。这是一个矛盾。怎么解决呢？只有回到马克思的经典著作中才是可能的。张教授的研究，侧重的是马克思哲学形成的方法与哲学原理中哲学形成方法是不同的。研究这些不同的方法，是回到马克思的主要特点。因此回到马克思是以方法论为特征。"祛魅"论可以称为剥去假冒（魅）的方法论。这个方法论的主要论点就是"非历史"。下面我们还要专门讨论马克思的历史和逻辑统一的方法。

我对"祛魅"论十分敏感，是因为我是搞马哲史研究和教学的。我在工作中觉得最棘手的问题，就是这个"祛魅"，这可能是我的学术胆识不够，也或是学识不够。总之我们缺少这一方面的研究。

《回到马克思》一书从1999年发行到2023年，20多年的时间发行了4版。可见被学术界的重视。今天我读到了这本书附录的一部分。"祛魅"论让我受到心灵的震撼。为了证实这篇附录的真伪，我当即签单网购了这本书，书到了之后一查是真的。

三、"一旗双剑"的由来

这篇文章不是我个人的意见，特别是这一节。这一节的"一旗双剑"是在与各位学者讨论中得出的，主要是对学科贡献的层次不同。

庄福龄教授的贡献主要是在学科建设上，双剑的贡献主要是在学科的发展上。马哲史学科的建立其核心是求得马克思的哲学，进一步是马克思主义的本真又称原生态的理解。探求这个本真有两个方面的任务：一方面是在哲学上，进一步在马克思主义上求得"本真"（原生态）的解读；另一方面是在探究"本真"的时候有一个科学方法的问题。这就是说，马哲史学科的建立是树立起来的一面旗帜。庄福龄老师很了不起，顺应时代，在这个活动中起到带头的作用。马哲史的研究是从哲学原理中用学科的形式分离出来，用教材的形式进行教学和研究，并组织学会的形式推广，学会每隔几年就组织年会收集学者的论文，出版学术论文集。庄福龄教授是学科带头人，作为旗帜，是理所当然的，是当之无愧的。

这面旗帜需要有两个方面的主将：理论的和方法论的。这两个方面就如同是两把利剑。可是由于历史条件的原因，这两个方面的发展是不平衡的。理论的研究比较早而且强，方法论的研究比较晚而且弱。可是目的是一样的，都是为了求本真。从历史发展上来看，理论方面研究的人比较多而且靠前，出了不少有建树的人。他们在马哲史学科的建设和发展上做出了不可磨灭的贡献。

为什么要凸显方法论呢？这主要是从马克思经典著作解读需要出发的。马克思主义经典著作的解读是从两个方面进行的：一方面是经典的理论，另一方面是方法论。

在以往马哲史的研究中，经典著作研究出了不少的干将，它的不足正是方法论的"祛魅"论。

"祛魅"论如同有的学者所说的，它像一把利剑，直刺哲学原理的心脏。不管你是哲学教科书，还是联共党史的四章二节，统统都是"非历史的"。在马克思那里，只有历史的逻辑的统一的理论，没有非历史的理论。这是马克思方法论的非常重要的内容。这里只强调历史的意义。非历史就是没有根据,是假科学。

现在我们从马哲史学科的发展上来看。经典著作的理论研究和"祛魅"论的方法论研究,正像一对孪生兄弟是互相依赖的,方向是一致的。所以越来越走向一个方向。在评价马哲史学科成就的时候,它们走到了一起,不是偶然的,是历史的必然。

2024年1月3号,中国人民大学马克思主义学院和中国马克思主义哲学史学会联合举办纪念庄福龄教授的学术讨论会。会上学校党委副书记齐鹏飞教授提议出版庄教授的纪念文集,评价他在学科建设上的贡献。这个建议得到一致赞成。纪念文集的编辑人员安昊楠约我写一篇纪念文章。此前,北京大学聂锦芳教授曾经写过一篇《马克思主义哲学史研究的奠基、拓展和深化——庄福龄的学术历程及贡献》,已经比较全面地介绍了庄老师在马哲史学科方面的贡献。[①]我们的评论就是在聂教授文章的基础上进行的。现在我们知道了《回到马克思》"祛魅"论的方法论。马哲史学科的贡献和发展怎么评价?这是一个问题。

四、"一旗双剑"的论点

庄老师的贡献,因为有聂教授的文章,我们就不单独来评说了。我想就"一旗双剑"的论点做一下比较。

[①] 聂锦芳:《马克思主义哲学史研究的奠基、拓展和深化——庄福龄的学术历程及贡献》,《中国高校社会科学》2023年第2期。

（一）马哲史是我国学科建设上的一面旗帜

经典著作的理论研究和"祛魅"论的方法论研究是在这面旗帜下的两把利剑。我国学术界的马克思主义是"喂养"的，这是《回到马克思》一书的用语。"喂养"一词是指我们的理解，不是从马克思的经典著作研究中自己做出来的解读。马克思主义是这样，马克思主义的哲学原理也是这样。不是黄皮肤、黑眼睛式的。可是它却成了主流学派。它不是"本真"是"魅"。《回到马克思》说的"主流学派"是"魅"，是要"祛魅"的。

这里我们要说的是，史论结合的理论研究和"祛魅"论的方法论研究，在我国的马克思主义理解中是后出现的。这些术语都是由于马哲史学科的建立才有意义的。史论结合在前，"祛魅"论在后，它们在马哲史学科建设的历史上都有着独特的贡献。

首先是经典著作的研究。目前主要的代表人物是安启念教授、魏小萍教授、聂锦芳教授等；方法论方面的研究，现在我们知道的是张一兵教授一人。他的"祛魅"论可以说是独树一帜的。

（二）"一旗双剑"是历史性的会合

"一旗双剑"不是南北地域的表示，主要是历史发展的结果。从马哲史学科的发展来说，对马克思主义的理解是一个极其曲折的过程。这里我主要说两个阶段：

第一个阶段是从"献疑"到"主流学派"的提出。这种发展都是在学者的研究中进行的。对马克思主义的理解从"喂养"到自我解读是一个极其艰巨的过程。"献疑"到"主流学派"只是一个阶段。这个阶段从2001年到2007年。"献疑"是2001年湖北大学法学院郭大俊教授《马克思主义"三个组成部分说"献疑》一文中提出的。作者认为，列宁在1913

年所写的《马克思主义的三个来源和三个组成部分》提出的马克思主义包括哲学、政治经济学和社会主义的三个组成部分的说法,是对马克思主义的误解。他认为,三个组成部分说不符合马克思主义的理论内容,马克思主义就是科学社会主义,也就是说马克思主义就只有一个组成部分。①2004年9月13日在《北京日报》上,郭大俊同志对他的观点又进一步做了阐发。他认为,长期流行的"三个组成部分"之说游离了马克思主义的原生形态。随后高放教授指出:"我认为他提出这些看法是事出有因的,有值得我们反思与改正之处。然而从总体来看是有偏颇的,是难以成立的。"②"虽然我不同意郭大俊同志否认'三个组成部分'的观点,但是我认为郭文所提到的马克思主义教学中存在的问题确实是值得我们研究的。"③

"献疑"的讨论历经七年。为什么会是这么长的时间呢?这七年也正是马哲史学科一些学者所经历的时间,也可以说经历了众多学者的讨论。综合起来,主要是两类问题在学者中展开讨论:一类是中国的社会主义是"早产儿"还是"跨越"发展?这样的问题,在马克思主义哲学原理里面是无法解决的。在教科书的哲学原理中重视的是五种社会形态的依次演进。马哲史学科重视经典著作的研究,马克思的跨越"卡夫丁峡谷"的跨越理论就是在马哲史学科中进行讨论的。再一类很重要的原因是在大学中过去设置的三门政治课。对社会主义的理解,这种教学体制是一种平行结构,"三驾马车"并行。跨越发展,主要是和经济学相关。搞哲学的缺乏经济学的研究,成了跛脚的马克思主义研究者。突破口在哪里呢?这只能在马克思主义经典著作的研究

---

① 参见郭大俊:《"马克思主义三个组成部分说"献疑》,《江汉论坛》2001年第2期。
② 高放:《马克思主义与社会主义新论》,哈尔滨:黑龙江人民出版社2007年版,第41页。
③ 高放:《马克思主义与社会主义新论》,哈尔滨:黑龙江人民出版社2007年版,第46页。

中。三门政治课的设置重视的是一些原理。这样的"三个原理"的教学结果，正如高放教授所说的，使一些学生学了马克思主义，还不知道马克思主义为何物。

马克思主义"献疑"的讨论，无论是问题的提出，还是问题的争论，都是在十分精通马克思主义理论教学和研究的学者之间进行，而且用"献疑"的方式，是很合时宜的。

第二阶段是主流学派从潜意识到显意识的发展。"非历史"论点提出的意义。这是对马克思主义"献疑"讨论的继续，是对马克思主义哲学原理献疑的献疑。在这个过程中，主要的表现为原理与经典著作的矛盾。重视原理就会轻视经典，反之亦然。这个过程是在马哲史学科建立之后进行的。那个时候这种矛盾只能用"献疑"的方式提出来和进行讨论。到了一定的时候这个矛盾必然显露出来。1999年《回到马克思》一书出版，马克思主义"献疑"的三个组成部分的马克思主义变成了主流学派。这时的主流学派，不再被理解为正统的了，而是"魅"，被否定的马克思主义了。这是研究经典著作的结果。

这里我们要讨论一个新的概念："非历史"。"非历史"是《回到马克思》一书非常重要的概念。它的重要性在现在的阶段上，我只能够这样说，它是在回答郭大俊同志最初发难的"献疑"中的马克思主义的原生态的提问，也是在回答张一兵自己要寻找的马克思主义的本真。

"历史"性在马克思那里是一个重要的方法论的内容之一，是马克思主义本真理论的来源。要溯源到马克思哲学和马克思主义的本真，这是要下真功夫的——马克思主义经典著作的来源——回到马克思。

张一兵教授的"非历史"就是要揭露马克思主义"三个组成部分"哲学原理假冒的方法。

在马克思那里，"历史的"是他的方法中重要的一个部分。马克思在论证历史方法的时候还有一个重要的内容：历史的逻辑的，是和逻辑一块提出的。历史的是什么意思？在马克思那里，这是指客观存在的，或者是发生过的客观的历史现象。这个现象是包含着偶然性的。所以要有一个更重要的环节——主体性的逻辑。逻辑是什么？是规律性的认识。规律性是包含在历史现象中的，认识是一种认识主体的能力。这种能力是要力求探寻到事物的本质规律性。

张一兵说的"非历史"就是说马克思主义哲学原理的马克思主义是非本质的、非原生态的，是通过喂养来的。

第三阶段，按图索骥的要害是在捉魅。捉魅——探讨马克思哲学原理中的马克思主义如何变成主流学派的。我们称为变魅术。《回到马克思》一书中，按图索骥作为方法起着很重要的作用。我们说它是变魅术是就形式来说的。实质上它是一种根本的方法。这个方法的根本就在于，哲学原理是刚性的。哲学原理是预设的，不管马克思主义怎么发展变化，哲学原理就像影子一样跟随其后。这就是按图索骥。骥就是教科书式的哲学原理。按照这一哲学原理来解释经典著作，用我们现在的话来说，就是以经典注原理。哲学原理是不变的，用哲学原理来改变经典著作。教科书式的哲学原理成了解读马克思整个理论的方法论。这样马克思主义的经典著作从第一篇到最后一篇都变成了同质（哲学原理式的）。按图索骥对马克思主义来说，具有颠覆大厦的作用。

第四阶段，"祛魅"阶段的会合。马哲史这面旗帜的建树是想"祛魅"的，理论和方法论都做出了自己的历史贡献，但都没有完成"祛魅"的任务。但是这应该是它们的期盼。

五、研究马哲史学科的意义

什么是马哲史？马哲史就是马克思主义哲学理论与实践相结合的历史。研究马哲史，按照习近平总书记的说法，就是"读经典，悟原理"解决实践中的问题。马哲史学科的建立，对中国特色社会主义的理解具有重要的意义。这里主要讲的是特色的理解。主要讲五个特色。这是从理解马克思主义经典著作的角度说的。

特色一：中国特色社会主义是建立在马克思主义理论基础之上的。这就是社会发展规律和社会发展道路既是统一的，又是有区别的。规律——共产主义的宏伟目标是以确立信仰为基础的，社会发展道路是以具体情况为基础的具有实践的意义。理论和实践的结合，这是理解马克思主义理论为指导的要义。

特色二：跨越发展。中国是以农业为基础的民族，要向现代化发展，必须借鉴先进的技术、资金、经验发展自己。只有跨越发展一条捷径。跨越发展是马克思主义的重要理论。

特色三：工农大众的结合是中国革命成功的一个重要经验。中国广大的农村储备着巨大的社会能量，发掘这个力量是中国智慧的一个具体表现。

特色四：理论的不断创新。以上的三点决定了中国革命的实践要不断总结经验，实现理论创新。从新民主主义革命创新开始，到改革开放、"三个代表"、科学发展观，再到中国式现代化。每一个新的发展时期，实践不同，需要的理论不同，但都是在马克思主义理论基础上的理论创新，都是在奔向共产主义高级阶段的道路上的理论创新。

特色五：中国共产党人的睿智：坚持以人民为中心，集中力量办大事。这一特点是中国共产党独具的。

习近平总书记在纪念马克思诞辰200周年的座谈会上说："读经典，悟原理"，以上的五个特色都可以说是在中国实践的基础上悟出来的原理。这些原理的内容又成为思政课的重要教材。因为这些都是通过马克思主义的理论、实践总结出来的。我认为马哲史的经典理论与方法论和思政课应该很好地结合起来。一些年轻人的思想不过是三种：一种是理论的，一种是实践的，再就是创新方面的，这些在马克思主义的理论中都可以找到答案。

习近平总书记在人民大学调研时强调，思政课的本质是讲道理，要注意方式方法，把道理讲深，讲透，讲活。老师要用心教，学生要用心悟，达到沟通心灵，启智润心，激扬斗志。

马哲史学科和思政课的结合，是我们时代的需要，是马克思主义发展的需要，是启智固脑的良方。

六、对马克思主义新的认知

对马克思主义的认识从"喂养"到自己的解读是一个在实践中不断学习经典著作的过程，从"献疑"开始到"非历史"，"按图索骥"识破哲学原理"魅"的马克思主义，是一个十分困难而曲折的道路。可喜的是，我们在史论结合与方法论的融合的时候认识到了马克思主义，它既不是一个组成部分，也不是三个组成部分，而是一个艺术的整体。这个艺术整体是由两个不同的方面组成的。一个是理论的内容，一个是方法论的内容。

先说马克思理论的内容。马克思的理论应由马克思和恩格斯的理论构成。为了说明问题，这里我们主要是指马克思自己的经典理论。

马克思自己的理论应怎么理解呢？只有用他的理论研究来说明。马克思的理论主要是来自他的实践。查一下马克思的一生，他有两次重大的实践，同时也有两个重要的理论研究。这就是从实践回到书斋。两次实践，一次是《莱茵报》，一次是第一国际。我们说的马克思的理论研究，主要是说这两次实践后回到书斋的理论研究。这两次理论研究，前一个有15年，从1843年到1858年，主要的成果是为《资本论》奠基的几部重要笔记和《政治经济学批判大纲》；后一个理论研究，是从第一国际解散到他逝世，即从1873年到1885年，也有十几年的时间。主要的理论成果是《哥达纲领批判》、"跨越卡夫丁峡谷"理论。后面的这两个理论，都是和《资本论》的理论相联系的，是马克思自己的理论创新。马克思主义理论是一个开放性的在实践中不断创新的发展理论。不是非历史的用刚性的哲学原理假扮的。这个任务，只有在史论结合的理论和"祛魅"的方法论相结合的形式下来完成。这就是我们要用历史的逻辑的统一的方法和"非历史的"方法相对立起来的原因。

再说方法论这个特点。这比较复杂，我们还是用引文来说明。这是马克思就他的《资本论》的方法来说他的方法论的："不论我的著作有什么缺点，它们却有一个长处，即它们是一个艺术的整体；但是要达到这一点，只有用我的方法，在它们没有完整地摆在我面前时，不拿去付印。"①

马克思的方法是什么样的呢？简单说就是"从后思索"。这一方法马克思又形象地表述为人体解剖有利于猴体解剖，又说这是溯源法、透视法。

---

① 《马克思恩格斯〈资本论〉书信集》，北京：人民出版社1976年版，第196页。

"从后思索"方法是有条件的,即需要选择一个典型的形态,从事物的完成形态或者是典型形态历史地逻辑地探索事物的发展规律。马克思的这个方法,可以简称为历史的逻辑的统一。其中历史的内容是非常重要的;哲学原理式的马克思主义是"非历史"的。

　　马哲史学科的发展,既需要史论结合,又需要科学的方法论,使二者结合起来正是我们研究马哲史功勋取得一定成就的时候得到的。二者的结合,既是马哲史学科的需要,也是马哲史学科进一步发展的契机,是我们科学理解马克思主义"本真"的金钥匙。

钱学敏

▶ 中国人民大学马克思主义学院教授。

感恩与怀念

钱学敏

一、与庄福龄老师初相识

在纪念庄福龄教授诞辰95周年之际,我要说,他是我的恩师,永难忘怀。回顾20世纪那些动荡的年代,老伴因一次重体力劳动,双目失明了,两个孩子幼小,在人民大学解散,教职工到江西干校劳动之际,我们一家虽然被留在北京,但我每日早出晚归,教学、工作、操劳家务,孤立无援。八年后,终于筋疲力尽病倒在床上了。

就在我极端痛苦危难之际,是庄教授设法于1978年早春,把我调往北京大学哲学系工作,待人大复校以后,我得以顺利调往人民大学马克思主义学院,与双目失明的老伴合作,用德语和俄语翻译了有关研究马克思主义哲学史的德国和俄国学者的重要著作,并且参加了黄枬森、庄福龄等领导编写的《马克思主义哲学史》(八卷本)等的写作,也做了些教学工作。八卷本后来获得了全国"五个一"工程大奖和吴玉章奖。

20世纪80年代中期以后,拥有15个加盟共和国的苏联解体,东欧发生剧变，如何评价第一个无产阶级专政的社会主义国家苏联及其领导人列宁和斯大林的功与过，是撰写马克思主义哲学发展史的难题。

庄福龄教授主动联合北大哲学系主任黄枬森教授和中国社会科学院哲学所的马泽民研究员（后为苏联问题专家林利），共同组成中国马克思主义哲学史学会（时称"全国马克思主义哲学史研究会"），在全国范围内，与有关专家学者进行十几次深入细致的研究讨论，获得比较明确的共识。随后，才正式组织我们完成写作《马克思主义哲学史》这套八卷本史书。

1956年秋天，我从北京地质学院转到中国人民大学新成立的哲学系（后改为哲学院）学习。当时给我们讲"辩证唯物主义"专业课的老师就是庄福龄。他讲课言简意赅，不苟言笑。课下几乎不与学生往来。

1959年秋冬，人大哲学系几位主要讲课老师集体编写一本哲学教材，为全国其他大学参考使用。我和另一位同学负责给老师们提供写作参考资料。那一天，庄老师看到我给他提供的许多写作参考资料，非常高兴，便笑着对我说："谢谢你啊，钱学敏！"庄老师竟然知道我的名字，我低着头默默地走开了。

1961年我大学毕业后，回到北京地质学院给高年级学生讲哲学课。无意中用了庄老师的教学模式：简明扼要，不苟言笑。但是每次上课前总听到学生们轻声的唱："来吧，快来吧，我的那玫瑰花，你快过来呀！" 我假装没听见，只说一声"上课！"就开始讲课了。后来我再也没见到这些可爱的物探地质学家们的身影了。

二、十几年风云变幻，危难中庄老师突然出现

20世纪60年代中期以后，乱云飞渡，中国最重要的科研成果和高级的科研人才，最宝贵的名胜古迹和传统文化等，都受到了冲击。撤销大学，

大学教师到农村劳动改造接受贫下中农再教育。这十几年间，我和庄福龄老师失去了联系。

就在1979年早春的一天，我留在北京，教学、上课、工作、照顾家庭八年多，终于累倒在床上，正当我生死未卜的时候，庄福龄老师突然推开我的房门，看见小儿子把含着绿芽的春柳，铺在我的身上，并趴在我的身边。我满含泪水对着庄老师说，我不知道今后这个家怎么办？庄老师仍然站在我的房门口，说了句，我想办法吧，他把门一关，就走了。

三、竭尽全力参加科研，报答师恩

很快，北京大学正式来了调令，调我到北京大学哲学系担任教学科研工作。我惊喜万分，尽职尽力。人民大学复校以后，我随之调来人民大学马克思主义学院，在庄老师的领导下，与双目失明的老伴合作，努力完成各项科研任务。

我没想到，在我退休以后，庄老师仍然安排我和几位老师给中国科学院研究生院的研究生们上政治课，让我讲钱学森，很受欢迎。大约20世纪90年代中期，庄老师作为中国马克思主义哲学史学会的会长，让我在井冈山上的一次会议上系统地介绍了钱学森的科学和哲学思想，大家感到很有启发，十分赞赏。我也很受鼓舞！

最后一次见到庄老师，是他决定要离开校园，搬到世纪城去住了，我双手捧着一束鲜花，来到庄老师面前，恭恭敬敬而又深情地对他说："庄老师，我非常感谢您对我的鼓励和帮助，我永远不会忘记！"庄老师接过花来淡淡的一笑说"没什么，都是我应该做的。"不曾想，这竟是我们最后的永别。

曾枝盛

▶ 中国人民大学马克思主义学院教授。

庄福龄教授印象记

曾枝盛

我是1978年11月到马克思主义学院前身马列主义发展史研究所工作的,一开始就认识庄福龄老师。因为我第一次参加全所大会就知道,全所有五个室:哲学研究室、科学社会主义研究室、马克思主义经济学研究室、编译室和资料室。那时我虽在编译室,但各研究室的人员配置我还是记得的。记得那时哲学研究室人数最多、力量最强。除庄老师之外,还有徐琳、刘炯忠、陈先达、冯景源、马绍孟、靳辉明、唐源昌、俞长彬、钱学敏、金羽等,还有一个叫谢淀波的,真可谓是精兵强将,人才济济。后来的发展事实充分说明了这一点:上述人中,陈先达曾任哲学院院长并被评为一级教授,庄福龄担任六届中国马克思主义哲学史学会会长并被评为名誉一级教授,马绍孟曾任校党委书记,靳辉明(曾任马列所所长)升任为中宣部理论司司长、中国社会科学院马列所所长、中国社会科学院学部委员,其他人也都被评为教授。

庄老师是个精力旺盛、勤奋工作的人。1980年我搬到红三楼居住。红三楼后面就是林园,庄老师就住在林园4号楼,楼后头是学校的幼儿园,我因接送孩子,能时常碰到庄老师,不过多在傍晚时分。傍晚6点钟左右,常常看见庄老师在通向幼儿园的路上走步,他走步的速度很快,跟他打完招呼,人已经出去老远了。他就是以这样的方式来锻炼身体的。与其他老师不同,比如住在林园的许征帆老师是爱打乒乓球、靳辉明老师爱打篮球、冯景源老师爱游泳,庄老师则是快步走,从他家往北,出了门往东走百十步,再往南走二三百步,进入学校正大门后,再往西往北,又到幼儿园西路了,一圈下来,大约一千五百米左右。事实上,他这种锻炼方法是有效的。因为庄老师每天工作很勤奋,除了工作,再看不出他有其他爱好了。有一次我替办公室送文件给他,到了他家,只见他埋在桌子上的稿堆里,正在忘我地工作。我想,如此忘我的工作,最健康的身体也坚持不了多久。然而,庄老师却几十年如一日,写作、备课、讲课、主持或参加研究生答辩、主持各种会议等,像陀螺一样转个不停,从没听说他生过病。他始终保持着旺盛的精力去工作,在他年近八旬时还被师生一致评为"健康老人"。

庄老师是一个十分平和、易亲近的人。从外表上看,他表情严肃,谨言慎行,从不轻易言笑;但实际上,他为人和蔼亲切、善解人意。1980年春,中国马克思主义哲学史学会成立大会前夕,我在路上碰见他,我说:"庄老师,我申请参加大会好吗?"他笑着说,"好呀,你不用申请。"这样,我有幸得以参加在浙江杭州举行的第一届中国马克思主义哲学史学会年会,有机会参观鲁迅故居和诸暨名山。在这次大会上,庄老师被一致推选为全国马克思主义哲学史学会会长(另外还有马泽民和黄枬森)。1979年,我校招收了复校后第一届硕士研究生,马列所总共招收了4个学生,庄老师带了2个。大约是1980年春,庄老师为研究生开设了《列宁与哲学》的专题课,我又一次请求旁听他的课,他简直连想都没想,就说:"这没什么,你去听课就是了。"就这样,我得以有机会全程听完庄老师的课。庄老师的课的确十分精彩,他讲到列宁哲学的产生及其意义等内容时深入浅出，鞭辟入里，发人深省，使我终身难忘。后来我发表了一篇题为《正确对待列宁主义》的文章，其中的观点大多就是受此启发而来的。

庄老师勤奋工作，成果丰硕，科研成绩突出，是我们的光辉榜样。自20世纪80年代以来，庄老师出版的著作主要有：《马克思主义哲学史纲要》、《马克思主义哲学史教学资料选编》（上、中、下）、《毛泽东哲学思想史》（三卷本）、《中国马克思主义哲学传播史》、《马克思主义哲学史》（八卷本）、《马克思主义史》（四卷本）、《简明马克思主义史》、《马克思主义中国化伟大理论成果》、《马克思主义中国化研究》（第一、二卷）、《为什么马克思在中国能成功》，等等。上述成果中，获得国家级奖项三项、省市级奖项四项，庄老师也曾获得市级先进教师的荣誉。

90年代末，根据需要，学校成立了马克思主义学院，由原马列主义发展史研究所、马克思主义理论教育研究所和中共党史系组成。马列所仍由哲学教研室、科学社会主义教研室和马克思主义经济学教研室组成。当时由我负责哲学教研室的工作。其时庄老师已近退休年龄，工作又很忙，但他总能为教研室提出指导性意见。每学年的教学工作会上，庄老师均对研究生的教学工作以及教师的科研工作提出过指导性意见。

今年是马克思主义学院建院60周年，其间经过10多年的磨难，至今成为全国的马克思主义重镇，出版了马克思主义分科史和综合史多卷本，初步实现了周总理当年的规划和设想，并培养了数百名硕士生和博士生，为全国大专院校、研究机构、理论刊物等单位输送了大量理论人才。回顾马克思主义学院60年发展和成绩，我们倍加思念我们老一辈的师长、同事和战友！

张云飞

▶ 中国人民大学马克思主义学院教授。

一位纯粹的马克思主义者
——追忆庄福龄先生

张云飞

庄福龄先生仙逝之后，我一直想写点儿东西作为纪念。2024年春节期间，冯景源先生将他老人家写作的纪念庄先生的雄文发我以"征求"我的意见，更激发了我写作的"冲动"。但是，由于各种原因一直迟迟没有动笔。眼见纪念庄先生的文集即将进入出版程序，唯恐错过机会，我匆匆忙忙写下这些文字，以表达对庄福龄先生和袁寿庄先生的缅怀之情。

我认识庄先生是在我攻读硕士期间（1985—1988）。当时，人大哲学系吴定求教授组织人大哲学系的系友撰写《辩证唯物主义新论》《历史唯物主义新论》等书，讨论马克思主义哲学体系的改革问题，我随自己的硕士生导师之一的新思教授参加了课题讨论会。参加这次会议的各位老师大多数毕业于庄先生当班主任的人大哲学研究班，因此，会议组织者邀请庄先生参加会议的午餐，与大家见面。午餐的时候，一位身体挺拔、白发梳理得一丝不苟、面带微笑的长者进入教工食堂（现在的服务大厅），大家起立，纷纷起来握手问好。听着这帮五六十岁的老师谦恭地问候"庄老师好！"，我才知道这位长者就是庄福龄教授。我此前已经认识的陈先达先生和冯景源先生也参加了聚餐。这两位先生是我硕士生期间讲授马克思主义哲学史专题的老师，一位讲授《1844年经济学哲学手稿》，一位讲授《资本论》中的哲学思想。我的另外两位硕士生导师赵凤岐研究员和陈良瑾教授，都是庄先生的熟人。在此期间，中国马克思主义哲学史学会在内蒙古包头市举行过一次年会。在这次年会上，庄先生认识了作为内蒙古哲学学会副理事长的且大有教授。且大有先生毕业于北京大学哲学系，师从金岳霖先生，是我的岳父。后来我的妻子在中国人民大学统计系和厦门大学统计系参加培训的过程中，听过包括袁先生在内的许多人大统计系老师讲授的课程。1986年，我发表了《生态伦理学初探》一文。后来，苦于外文资料短缺，我就转向研究中国古代哲学当中的生态伦理学思想，写作了关于孔子、孟子、荀子等先秦儒家生态伦理学思想的论文。在写作荀子文章的时候，我阅读了庄先生等人注释《荀子》的书籍，才知道庄先生不仅擅长马克思主义哲学史研究，而且有很深的国学功底。如果他老人家健在的话，我想一定会写出关于"两个结合"的雄文。

1994年，我考入中国人民大学哲学系，跟随黄顺基先生攻读科学技术哲学（自然辩证法）博士学位。由于在此期间已经出版了《天人合一》《中国农家》两书，在《中国人民大学学报》《自然辩证法研究》上各发表了一篇学术论文，在《天津日报》理论版和人大哲学系内部刊物《慧泉》上也发表过文章，因此，1996年，我提前通过博士学位论文答辩并顺利毕业。当时，中国人民大学马克思列宁主义发展史研究所（马列所）马克思主义哲学史研究室计划招聘一名新的教师，由于与我同时毕业的聂锦芳教授准备到中央文献研究室工作，因此，在时任马克思主义哲学史研究室主任张新教授热情无私的介绍下，马列所准备留我工作。庄福龄先生以及顾海良、吕小明、梁树发、徐志宏等马列所领导都支持我留校工作，学术关系在马列所的学校党委书记马绍孟教授、学校党委副书记沈云锁教授也同意我留校工作。我答辩的时候，庄先生是答辩委员会的成员。我博士学位论文的题目是《持续技术——生态哲学视野中的技术》。答辩的时候，庄先生给我提出的问题是，马克思在《1844年经济学哲学手稿》《资本论》等著作中是如何阐述生态问题的。由于我熟悉这方面的情况，迅速而准确地回答了庄先生的问题，因此，庄先生肯定了我的专业素养，认为我可以胜任马克思主义哲学史的研究工作。这样，我就顺利留校工作。

1996年留校后，恰好赶上了马克思主义发展史研究和马克思主义哲学史研究方面的几件大事。一是由庄先生主编的四卷本《马克思主义史》由人民出版社出版。研究所派我到中央党校、北京大学给有关的领导和专家送书，我由此知道了一些重要的理论家和哲学家。我对庄先生说能否送我一套，庄先生爽快地说，没有问题，给你一套。要知道当时的经费很紧张。在召开出版座谈会时，我参与了一些会务工作，聆听了专家的发言后，增强了对"马克思主义史"的科学认知。就是在这次座谈会上，庄先生提出了编写多卷本马克思主义史的建议和设想。在这个过程中，我认识了人民出版社负责这套书出版的责任编辑郇中建先生。二是成立中国马克思主义哲学史学会国外马克思主义研究会。成立大会在人大第二招待所（即今天的留学生旧楼）举行，研究所让我协助相关老师做好筹备工作，由我负责为外地老师订车票。召开会议的时候，黄枬森先生、庄福龄先生、崔自铎先生、徐崇温先生等前辈都来了。聆听了专家的发言后，我进一步增强了对国外马克思主义的了解。在这次会议上，我认识了复旦大学的陈学明先生，后来我俩成为忘年交。三是编写"伟人传记丛书"。当时，庄先生的学生、在中联部工作的沈强同志通过梁树发教授邀请人大马列所的老师为中联部旗下的当代世界出版社撰写一套"伟人传记丛书"。

大家商议后，决定由魏小萍教授和我撰写《马克思传》。魏小萍老师负责1871年之前的部分，占全书的三分之二；由我负责1871年之后的部分，占全书的三分之一。看着我用手写，担心影响写作进度，魏小萍老师建议我的妻子为我购买一台电脑用于写作。当时我的工资一千元左右，购买电脑花了一万元，足见当时大家对写作此书的重视。在魏小萍老师的帮助下，我迅速掌握了电脑写作的技巧，极大提高了工作效率。庄先生对写作给予了耐心的指导。该书于1998年出版后，得到了人大高放教授等专家的好评，增强了我从事马克思主义研究的自信。这样，在庄先生的支持和指导下，我就进入到了马克思主义发展史和马克思主义哲学史研究领域当中了。

我留校之后，交给我的教学任务是给马克思主义哲学史专业硕士研究生讲授专业方向课"马克思晚年思想研究"。由于黄顺基先生和厦门大学周济教授联合主编过目前世界上可能是唯一的一部《自然辩证法发展史》，因此，我对马克思主义发展史不是太陌生。1996年暑假期间，我以相关文献为依据，编写了"马克思晚年年表"；根据这一年表，阅读了马克思《法兰西内战》《哥达纲领批判》《人类学笔记》《历史学笔记》以及"俄国村社问题通信"等文献，大体上掌握了马克思晚年思想的脉络。在此基础上，以冯景源教授留下的一份教学计划为依据，参考庄先生主编的四卷本《马克思主义史》和黄枬森、庄福龄、林利三位先生主编的八卷本《马克思主义哲学史》以及其他材料，我编写出了讲义。在讲授的基础上，1997年，我以"马克思晚年思想与当代社会发展理论"为题申报国家社会科学基金青年项目。由于我当时是讲师，必须有两位专家推荐才能申报。我找到庄先生寻求指导和支持，庄先生爽快地答应了我的请求，迅速写出推荐意见，由师母袁先生誊写后交到了我的手里。该项目获批之后，经过艰苦的写作最终完成了一部40余万字的学术专著《跨越"峡谷"——马克思晚年思想与当代社会发展理论》。在郇中建先生的大力支持下，由人民出版社2001年7月出版。随后，该书获得北京市社科优秀成果二等奖（2002年）、教育部社科优秀成果三等奖（2006年）。这样，在庄先生等学界前辈的指导下，我研究马克思主义史的水平得到了提升。

在这个过程当中，学校进行机构调整，将马克思列宁主义发展史研究所和马克思主义理论教育研究所合并，于1996年底成立了马克思主义学院。同时，将苏联东欧问题研究所并入国际关系学院，将清史研究所并入历史学院，将区域经济研究所并入经济学院。这样，独立的成建制的科研单位在中国人民大学就不存在了。马克思主义学院成立后，将重点放到公共政治理论课的教学上，当时主要的任务是在本科生当中开展邓小平理论教学，亟需大规模充实教学队伍。因此，当时的学院领导多次找我谈话，希望我能够从事这方面的教学。当时，哲学专业有十多位教师，但是，研究生院每年只给一位硕士生的招生名额，这样排下去的话，我可能要在十多年之后才能带硕士研究生。学院领导表示，如果我愿意承担邓小平理论课程的教学，马上就可以到"马克思主义理论与思想政治教育"专业带硕士研究生。由于当时一家三口住在筒子楼当中，工资很低，迫于压力，不得不为五斗米折腰，于是，我就转到"马克思主义理论与思想政治教育"专业去了，成为这个专业的副教授和硕士生导师。一个礼拜五天，天天都在上公共政治理论课，有时候甚至一整天都在上课，这样，就不能全心全意做研究了。庄先生对我转换专业，表示了理解。但是，我自己一直觉得愧对他老人家。

2004年中央开始实施"马克思主义理论研究和建设工程"，由中央编译局牵头负责马克思主义基本观点研究这一重大课题。中央编译局负责的这个重大课题下设众多子课题，其中，庄先生为"马克思主义经典作家关于辩证唯物论和历史唯物论一般原理的基本观点研究"课题组的首席专家。

他老人家热情地邀请我参加这一课题，由我负责马克思主义经典作家关于人与自然关系问题基本观点专题的研究。按照课题组的统一要求，在原有的收集马克思主义经典作家在这个问题上的主要论述的基础上，我以帕森斯的《马克思恩格斯论生态学》（*Marx and Engels on Ecology*, edited and compiled by Howard L. Parsons, Greenwood Press, 1977.）一书作为线索，重点阅读了《马克思恩格斯全集》中文第二版已经出版的卷次，进行了详细的摘录，并初步进行了分类整理。与此同时，以这些材料作为基础，我个人以《唯物史观视野中的生态文明：理论和实践》为题申报国家社会科学基金，成功获批。这个项目结项的成果公开出版以后，获得第四届马克思主义研究优秀成果奖（著作类）二等奖（2015年）、北京市第十四届哲学社会科学优秀成果奖一等奖（2017年）、第七届吴玉章人文社会科学优秀奖（2017年）、第八届高等学校科学研究优秀成果奖（人文社会科学）二等奖（2020年）等奖项。可以说，没有庄先生高瞻远瞩地将马克思主义经典作家关于人与自然关系问题基本观点这一专题列入他老人家主持的上述课题中，我不可能取得这些成就。正是他老人家重新唤醒了我从事生态文明研究尤其是马克思主义生态文明思想研究的意识和执着。与拒斥"自然辩证法"的"时髦"潮流不同，庄先生坚持马克思主义自然观和马克思主义历史观的统一，集中表明了他老人家对马克思主义整体性的坚守和拓展。

庄先生主持的这个课题，还出版了一本题为《唯物史观的坚持与发展》的专题论文集，作为中央编译局主编的《马克思主义研究论丛》的第3辑由中央编译出版社于2006年出版，分为"唯物史观研究的一般问题""坚持唯物史观的基本原理""社会及其进步""知识经济、全球化和全球性问题的哲学思考""科学发展观与唯物史观的创新""正确认识资本主义等专题"等专题。在这部由庄福龄先生等主编的近40万字的论文集当中，收录了我撰写的《唯物史观视野中的"和谐社会"：方法论要求和现时代价值》《从唯物史观到科学发展观》两篇长篇论文。这表明，在坚持唯物史观基本原理的基础上，庄先生十分重视唯物史观的创新发展问题。

正是在庄先生的带领下，我才有幸参加了中央"马克思主义理论研究和建设工程"组织的一些重要学术活动。从中可以看出，庄先生具有坚持文本研究、历史研究、理论研究、现实研究相统一的宝贵的学术追求和学术品格，实现了哲学史家和哲学家的完美统一。

2011年，伊格尔顿所著的《马克思为什么是对的》一书中文版由新星出版社出版，受到了广泛的好评。新星出版社邀请庄先生主编一本呼应此书的著作，庄先生马上组织了一个来自校内外专家的兵强马壮的写作班子，指定由我来撰写《马克思的生态观在中国》一章。我将写作立意和写作提纲打印出来，委托学院办公室的朱胜利老师带给住在世纪城的庄先生。庄先生看后马上给我打电话，肯定了我按照马克思的"两大发现"的时间线索写作马克思生态观的思路，并提出了一些修改和完善意见，给了我极大的鼓励。最后，由庄先生主编的这本书以《为什么马克思在中国能成功》为题，由新星出版社于2012年底出版，同样受到了好评。庄先生去世之后，我才得知其大公子担任过北京市生态环境局的领导。也许因为这个原因，庄先生自始至终都大力支持我从事生态方面问题的研究。

2015年左右，在庄先生的倡议和推动下，中国人民大学开始组织编写十卷本的《马克思主义发展史》。起初，由于学校和学院出于保密的考虑，只有少数人知道写作的安排，我对此一无所知。结果有一天突然告诉我，由我负责撰写第三卷，主要考察从1875年到1895年期间的马克思恩

格斯思想的发展过程。之所以指定我负责这一卷，可能是考虑我写作和出版了《跨越"峡谷"——马克思晚年思想与当代社会发展理论》《马克思传》（魏小萍、张云飞合著）、《马克思恩格斯"论东方村社"研究读本》（袁雷、张云飞合著）等著作，适合承担写作这一卷。当然，没有作为十卷本《马克思主义发展史》总主编的庄先生的认可和支持，我不可能担任这一卷的主编。接到任务后，我马上组织自己的学生全身心地投入到了写作当中，较早地完成了写作任务。2018年，在纪念马克思诞辰200周年的时候，十卷本《马克思主义发展史》的前三卷由人民出版社出版，引起了国内外学界的高度关注。但是，令人十分遗憾的是庄先生没有看到后面几卷的公开出版。

在写作《马克思主义发展史》第三卷的同时，作为"副产品"，我和我的学生又完成了《马克思传：人间的普罗米修斯》《恩格斯传：将军和第二提琴手》两书。前书46.4万字，由中国人民大学出版社于2018年5月出版，获得北京市社科优秀成果二等奖；后书60.1万字，由中国人民大学出版社于2023年6月出版。这两本传记其实就是《马克思主义发展史》第三卷的补充，是对全世界无产阶级革命伟大导师马克思恩格斯的致敬，也算是我对庄先生良心债的偿还。当然，这是远远不够的。

在写作《恩格斯传》第八章《将军的兵法——创立马克思主义军事科学》的时候，在阅读恩格斯著作的基础上，我重点参考了八卷本《马克思主义哲学史》第二卷的第四章《马克思、恩格斯的军事哲学思想》。众所周知，这一章是由庄福龄先生自己亲自撰写的。尽管他老人家没有丝毫军事斗争和军事工作的经验，但是，凭借着对马克思主义的无限忠诚和个人的深厚学养，圆满地完成了这一章的撰写。恩格斯的《在马克思墓前的讲话》，将唯物史观和剩余价值理论看作是马克思在科学上的两个伟大发现。我们是否可以说，自然辩证法和军事辩证法（军事哲学），是恩格斯对马克思主义理论的两大独创性贡献。而创造性地将马克思主义军事哲学思想纳入到马克思主义哲学史书写当中，是庄福龄先生对马克思主义哲学史研究范式的重要创新。当然，中国人民解放军尤其是军事科学院等单位对马克思恩格斯的军事思想有专门系统深入的研究。

2021年6月，在中国马克思主义哲学史学会马克思恩格斯文本文献研究分会成立会议上，我作了题为《恩格斯曼彻斯特时期的军事科学著述（1850—1870）》的发言，梳理了恩格斯在曼彻斯特时期撰写的军事著述。这是为撰写《恩格斯传》准备的材料。2024年11月，在参加于曼彻斯特举行的2024年"马克思和恩格斯在曼彻斯特"国际学术研讨会的时候，我又作了题为"Engels' Writings On Military Science During the Manchester Period（1850—1870）"的发言。我是在恩格斯《自然辩证法》的感召下，开始研究生态问题的，因此，对一切与为了无产阶级和人类解放事业、为了马克思主义理论事业而无私奉献的恩格斯有关的人和事，都有一种特殊的感情。我之所以选择上述题目发言，就在于要在表达对恩格斯致敬的基础上，表达对庄福龄先生的缅怀之情。如果后面的时间和精力允许的话，我可能会写几篇研究恩格斯军事辩证法思想的文章。

庄先生在外表上不苟言笑，但内心上是一位热心肠的长者。每当我遇到填表需要推荐人的时候，我总会麻烦他老人家。庄先生不厌其烦，耐心细致地写出推荐意见，由师母袁先生誊写后交给我，着实让人感动。由于年轻气盛、不善沟通，我屡屡犯错，而庄先生总能包容，完全是一位宽厚慈祥的长者。在马哲史研究室工作期间，我曾经代收过一段时间党费，每当需要交党费的时候，庄先生总是在开支部会议之前将党费准备好装到信封当中，开支部会议的时候郑重地交给我，体现出一位新中国成立前就投身到革命当中的老共产党员的认真和严谨。改革开放之后，一些大学希望庄先生去当校领导，但他老人家一概拒绝，淡泊名利，全身心地投入到了马克思主义发展史、马克思主义哲学史、毛泽东哲学思想史、中国马克思主义传播史等方面的研究当中。每当有一些重大写作任务时,庄先生不仅仅从自己的学生当中选择作者,而且从校内外的同事和同行中物色作者,带领大家共同从事马克思主义研究,体现出一位马克思主义理论研究大家的高风亮节。我38岁的时候突然罹患疾病,给了我致命一击。庄先生见了我倒没有说什么,但是,袁师母在校园中见到我妻子的时候,嘘寒问暖,唠了好长一段时间,给我妻子以极大的安慰。想必庄先生和袁先生在家里谈过这件事情。由于我妻子听过袁先生的授课,到国家统计局工作后,局里的许多同志不是袁先生的同学就是袁先生的学生,因此,她们两位见面后有许多共同的话题。由于对庄先生和袁先生怀有崇敬之情,当庄先生主编的《为什么马克思在中国能成功》一书出版之后,作为一位数学系毕业的统计工作者,我妻子竟然通读完此书,摆在了她的床头柜上。后来,学校家属搬迁,庄先生住到了世纪城,我住到了回龙观,与庄先生和袁先生见面的机会就很少了。由于我在回龙观住在一楼,门前有一个小菜园,有一年南瓜大丰收,我就委托到家里来的学生带了几颗南瓜送给庄先生,让他们二位老人家尝尝鲜。庄先生拿到南瓜后专门给我打电话,表示感谢,显得多么平易近人。张新教授的爱女结婚的时候,在世纪城摆婚宴。我在参加婚宴的时候对侯衍社教授说,婚宴后我想去看看庄先生,让他提前告诉先生一声。当时袁先生已经仙逝,很担心庄先生他老人家的心情和身体,但是,我到家里一看,庄先生气色还好,看到大家来后很高兴,侃侃而谈。没有想到,这竟然成为我与先生的最后一面。先生去世之后,我们全家送了花圈,遗憾的是袁先生去世的时候,我们不知道,错过了哀悼她老人家的时间。

通过近40年的接触,我觉得庄先生就是暗夜当中的一道光,不仅给人以温暖,而且给人指明了方向。按照中华文化的说法,他老人家就是一个

"修身、齐家、治国、平天下"的君子。按照马克思主义的说法，他老人家就是一个高尚的人，一个纯粹的人，一个有道德的人，一个脱离了低级趣味的人，一个有益于人民的人。因此，我说，庄先生是一位纯粹的马克思主义者。我们每一位从事马克思主义理论研究和马克思主义理论教学的工作者，都应该像庄先生那样，成为一位纯粹的马克思主义者。

刘森林

▶ 山东大学哲学与社会发展学院教授。
庄福龄教授硕士研究生

不懈思考与创新：庄老师的教诲

刘森林

我是庄福龄老师1985级的硕士生。1985年9月入校后不久，我便到庄老师家拜见老师，那是作为学生的我第一次当面单独接受老师的教诲。临走之前，庄老师送给我三本书：一本是麦克莱伦撰写，夏威仪、陈启伟和金海民翻译，商务印书馆1982年出版的《青年黑格尔派与马克思》；另一本是兹维·罗森撰写、王谨老师翻译、中国人民大学出版社1984年出版的《布鲁诺·鲍威尔和卡尔·马克思》。这两本书因为都有庄老师的签名，我时常翻阅，所以记得特别清楚。第三本没有庄老师的签名，所以时间久了之后不能确定具体是哪一本书了。

因为有庄老师的签名，第一本和第二本对我来说非常珍贵，一直保留着，也经常在思考相关问题时找出来翻阅。每当阅读该书时总是想起这段师生情谊，因而比阅读一本随便购买的书感觉更有味道、更有收获。不过有些遗憾的是，《布鲁诺·鲍威尔和卡尔·马克思》一书，在我于中山大学哲学系工作期间记不很清楚被哪位学生借走没有还回来，为了弥补这个遗憾，我只好自己再买一本。然而，书一样，情不同，也终究还是留有遗憾。书里的文字都是完全一样的，但我阅读起来就没了先前的那种韵味，感觉就像喝杯白开水一样淡而无味，不像阅读老师亲赠书那般有情谊、有书香、有韵味，每阅读一次都像"吃"（庄老师习惯用语）了一杯老酒、"吃"了一杯浓茶一般十分过瘾。

庄老师的赠书目前就只剩下《青年黑格尔派与马克思》在我身边了。时光荏苒，扉页上有老师签名的这本书越发显得陈旧，但它就像陈年的老酒，经历岁月的洗礼，越藏越香，越香越显得弥足珍贵。

第一次单独拜访老师，老师没有提什么要求。记得第二、第三、第四次拜访老师时，老师总是提出同样的几个问题：最近看了什么书？思考了什么新的问题？形成了什么值得研究的课题？慢慢地，我也就形成了一个思维习惯，在见老师前，一定要梳理一下最近看的书、思考的问题以及还没有想清楚的难题。一则准备应答老师的提问，另外也是准备向老师请教，听听老师的高见。在日后读书的岁月里，我每次主动见老师时，如果没有新读几本书、没有思考新的问题，总是有些忐忑不安，为了缓解这种不安，我就要多读点书，多思考几个问题。我想，这大概就是老师无形之中对学生的要求和影响吧。师生交往时间长了，好像形成了一种师生对话的固定场景。有时不用现场相见，就是每每想起老师，我也会进入这种场景，仿佛老师就在面前，又提问了那几个常问的问题。随着时间的推移，作为学生的我几乎已经把这种场景定格为无意识的习惯了。毕业之后，我也在大学里教书。大约工作10年后自己也开始指导研究生，我自然而然地开始按照这个习惯要求自己的学生。这种无意识的传承，就是老师的力量！这就是老师的影响！

庄老师第一次送我的两本书，都是谈论马克思与德国古典哲学关系的，具体说都是谈论马克思与青年黑格尔派关系的。马克思与德国古典哲学的关系，是直接通过马克思与青年黑格尔派的关系来展开的，所以这两种关系是直接联系在一起的。不知是受此书潜移默化的影响，还是历史的巧合，2019年我申请了一个国家社会科学基金重大项目，题目就是《马克思与德国古典哲学关系的拓展性研究》，项目正在快马加鞭的推进之中。接到召开纪念庄老师追思会的通知，我想这是要和老师再次进行心灵对话了。我梳理了正在思考的马克思与德国古典哲学关系的拓展性研究该从何处获得突破的问题，逐渐形成一个确定性的意见和做法（思路），就好像正在回答老师的提问：最近看了什么书？发现了什么新的问题？

我试着再次回答一下老师的提问。

39年过去了，庄老师，我还在阅读第一次见您时您赠送学生的两本书《青年黑格尔派与马克思》《布鲁诺·鲍威尔和卡尔·马克思》，沿着这个线索，我又进一步阅读了谢林和黑格尔的一些著作，以及研究性著作，比如古留加的《德国古典哲学新论》《谢林传》，诺曼·莱文的《马克思与黑格尔的对话》、瓦尔特·舒尔茨的《德国观念论的终结——谢林晚期哲学研究》，Manfred Frank讨论马克思与谢林关系的博士论文"Der unendliche Mangel an Sein Schelings Hegelkritik und die Anfänge der Marxschen Dialektik"等。这些阅读让我意识到了几个对于理解马克思主义哲学至关重要的问题。

第一个问题，马克思、恩格斯与晚期谢林到底是什么关系？

如果把马克思恩格斯放在一起来说，德国古典哲学四大代表人物中，他们唯一见过、听过课的只有晚期谢林。这个一直批评黑格尔的谢林，对他们有什么影响？众所周知，德国古典哲学四大代表人物康德、费希特、谢林和黑格尔，马克思都没有能够亲自听过他们的课。康德、费希特、黑格尔在马克思读大学之前都已去世，比较长寿的谢林倒是一直活到1854年，并且在1841年马克思大学毕业后来到马克思的母校柏林大学担任教授，宣讲《启示哲学》，可惜与马克思擦肩而过。在柏林服兵役的恩格斯倒是亲临现场听了谢林的授课，并在课后连写三篇批评谢林的文章，在思想史上留下了宝贵的材料,当时和至今的影响都比较大。

但是,仔细梳理起来,马克思显然比恩格斯更早了解谢林、评论谢林。我们知道,谢林与黑格尔是大学同学,甚至同一个寝室住过,谢林成名很早,才华横溢,是德国历史上第一个二十几岁的哲学正教授。虽然思想还在不断发展和变化,但1810年以后谢林就没有发表过一篇正式的学术论文,也没有出版过一本学术著作(有的著作都已刊印完毕,谢林不满意就是没有出版发行)。致使很多人不了解晚期谢林的哲学发展,只有很小圈子里的极少数人才了解。在恩格斯听谢林授课的5年前,马克思从波恩大学转学到柏林大学的第一学期(1836—1837冬季学期),马克思就知晓晚期谢林哲学。因为马克思这个学期修了谢林的学生亨利克·斯特芬斯(Henrik Steffens)主讲的人类学课程。在保留下来的给父亲的信中,马克思就说为了写"将近24张纸的对话:《克莱安泰斯,或论哲学的起点和必然的发展》"(可惜没保留下来),而"对自然科学、谢林、历史有了某种程度的了解,它令我费尽了脑筋,结果写得条理井然"。[①]

此时离谢林在慕尼黑讲授《启示哲学》提出否定哲学与肯定哲学的区分已有5年。自此推断,柏林大学第一学年马克思就知晓晚期谢林区分了否定哲学与肯定哲学。"肯定哲学"德文原文是positive Philosophie,以前的马克思恩格斯著作和费尔巴哈著作的汉译一直把它译为"实证哲学",相应地,positive Wissen和positive Wissenschaft也就被译为"实证知识"与"实证科学"。现在更多的学者主张应该把晚期谢林的positive Philosophie翻译为肯定哲学。否定哲学是在逻辑、绝对、必然、本质、永恒的传统形而上学世界中理解哲学,而肯定哲学则致力于在生命、生活、偶然、实存、生成的新世界中理解哲学。否定哲学欢迎思辨知识、先验知

---

① 《马克思恩格斯全集》(第47卷),北京:人民出版社2004年版,第13页。

识，肯定哲学欣赏实证知识、经验知识。虽然当时的马克思还不欣赏肯定哲学，但的确比恩格斯早几年知晓晚期谢林哲学，并且早于恩格斯对晚期谢林哲学做出评论。

在博士论文中，马克思一再谈及德谟克利特"不满足于哲学，便投入实证知识的怀抱"，"德谟克利特不满足于哲学而投身于经验知识的怀抱，而伊壁鸠鲁却轻视实证科学"[1]。从马克思在这里比较频繁地使用"实证知识""实证科学"来看，此时的马克思熟知谢林关于否定哲学与肯定哲学的区分应无须怀疑。当马克思说，德谟克利特"把偶然从人的生活和经验的自然中排除掉"，"德谟克利特使用必然性，伊壁鸠鲁使用偶然"[2]；以及德谟克利特"把感性世界看作主观假象"但却"注重经验的自然科学和实证的知识"，"力求解释和理解事物的实在的存在"，而伊壁鸠鲁"把感性世界看作客观现象"或"把现象世界看作实在东西"，却"轻视经验"、欣赏内在的宁静，并"到处只看见偶然"时，[3]我们才会意识到，关于马克思的博士论文比较德谟克利特与伊壁鸠鲁是不是就隐含着在比较黑格尔与谢林的争论不是无意义的。无风不起浪，这里的确有值得进一步追究的问题。

马克思在博士论文最后部分直接谈到谢林的肯定哲学，指出哲学自我意识的双重性表现为两个对立流派：一是自由派；二是实证哲学，即"把哲学的非概念的东西，即实在性的环节作为主要的规定。这第二个流派就是实证哲学"[4]。可见马克思的评论不是心血来潮，而是深思熟虑的结果。

---

[1] 《马克思恩格斯全集》（第1卷），北京：人民出版社1995年版，第23、24页。
[2] 《马克思恩格斯全集》（第1卷），北京：人民出版社1995年版，第26、27页。
[3] 《马克思恩格斯全集》（第1卷），北京：人民出版社1995年版，第29页。
[4] 《马克思恩格斯全集》（第1卷），北京：人民出版社1995年版，第29页。

第二个问题：德国古典哲学的终结者到底是黑格尔，还是晚期谢林，抑或是费尔巴哈，甚至是马克思恩格斯？

恩格斯在《路德维希·费尔巴哈和德国古典哲学的终结》一书中所使用的"终结"一词是Ausgang。早就有学者指出，这个Ausgang既有"旧的终结"之意，又有"新的开始"之意；标志着旧路的结束、新路的开始。既然如此，黑格尔哲学、晚期谢林哲学以及随后的费尔巴哈哲学，哪个更符合"旧的终结"之意？哪个更符合"新的开启"之意呢？

晚期谢林区分否定哲学与肯定哲学的用意，就是批评德国古典哲学自康德到黑格尔都是否定哲学，还没有进展到肯定哲学。比如以恩格斯分析过的哲学"现实"概念为例，谢林就批评黑格尔那种本质和实存统一的"现实"概念其实根本就没有重视真正的"实存"。因为在晚期谢林看来，内部隐藏着本质、实际上就是"本质"的表现的"实存"那根本就不是真正的"实存"，充其量只是表面的"实存"，而实质上仍是"本质"。真正的"实存"是无法完全归结到"本质"中去的，而与偶然、不断变动、正在生成等内在相关。晚期谢林对黑格尔的这个批评，径直指向了黑格尔哲学的传统形而上学性质。这种哲学对应的是那个永恒、绝对、逻辑、本质、（传统）理性的传统世界，或古典世界。而向偶然、实存、不断的生成开放着的肯定哲学，则是通向未来现代世界的。康德、费希特、黑格尔都没怎么见识和体验过真实的现代世界，只有活到1854年的谢林才拍过现代照片、乘过现代火车，真正体验过变动不居的现代世界。在这个意义上，如果"终结"系指旧的结束的话，那无疑黑格尔才是德国古典哲学的终结者。他是传统形而上学的集大成者、传统哲学的代表。但他没有开启新的哲学。

通往未来新世界的新的哲学是谁开启的呢？那要看"开启"的标准如何确定。如果从德国古典哲学晚期当时的处境出发，看看是谁最早意识到了一个新的世界并喊出了新的思想，那无疑就是晚期谢林。他的肯定哲学就是新哲学的一种开启，虽然它还戴着很多旧的痕迹，还不够全新，并因此受到1841—1842年时的马克思和恩格斯的批判。但从万事开头难的角度来说，后人还是应该给予晚期谢林一个基本的肯定。

早在爱尔兰根大学时期就认识谢林并与之保持通信联系的费尔巴哈，就是这样看待谢林的。我们知道，费尔巴哈在1835年甚至1838年前是坚定的黑格尔主义者，坚定地为黑格尔辩护。但他比马克思更早就知晓晚期谢林的肯定哲学。至少，谢林1831年在慕尼黑讲授《启示哲学》时已明确提出否定哲学与肯定哲学的区分。在通读了谢林启示哲学讲稿后，费尔巴哈就在1838年的《肯定哲学批判》一文中从正反两个方面评论谢林的肯定哲学；并相继在1839年的《黑格尔哲学批判》中旗帜鲜明地批判黑格尔哲学了。

在1841年的《基督教的本质》中，更不用说此后在1842年的《关于哲学改革的临时纲要》中，费尔巴哈明确地肯定了谢林，认为黑格尔哲学是标准的德国思辨哲学，而谢林哲学则是从外国移植到日耳曼土地上的东方精神。认为黑格尔与谢林是对立的双方，"黑格尔代表独立性、自我活动的男性原则，简言之，他代表唯心主义的原则。谢林则代表承受性和感受性的女性原则……简言之，他代表唯物主义的原则。"[①]费尔巴哈由此接受了晚期谢林对黑格尔哲学的批判，认定谢林所说的黑格尔哲学是旧的否定哲学，是从神学和逻辑出发的传统形而上学，并进一步探究走向未来的新哲学。这种新哲学是对谢林肯定哲学的进一步发展和推进。在1842年的《关于哲学改革的临时纲要》中，他明确指出（谢林的）肯定哲学这种

---

① 《费尔巴哈哲学著作选集》（上卷），容震华、李金山等译，北京：商务印书馆1984年版，第113页。

"最新的哲学"还不够新，还必须进一步更新，建构一种"新的唯一肯定的哲学"①。这种"新哲学"继承谢林对理性主义的否定，去除谢林否定哲学的神秘主义，甚至超越传统的泛神论和人格主义，以及传统的无神论和有神论，达到一种新的统一与同一。由此，未来的崭新哲学既是对黑格尔的批判改造，也是对谢林的批判改造。如果说黑格尔哲学"作为旧哲学的完成，乃是新哲学的否定性的开始"，那么"谢林哲学是带着想像和幻觉的旧哲学，是新的实在哲学"②。

从此而论，在告别传统哲学（形而上学）的路上，晚期谢林、费尔巴哈都做过一定的努力，有过一定的贡献。如果按照一种较低的标准来看，晚期谢林和费尔巴哈都在"终结"德国古典哲学的路上做出了一定努力，取得了一点成绩。仅就黑格尔和谢林两个人而言，那终结德国古典哲学的，如果"终结"系指新的开启的话，那"终结"者是晚期谢林，而不是黑格尔。如果把费尔巴哈也包括进来，无疑费尔巴哈比晚期谢林迈出的步伐更大一点，因而，那"终结"德国古典哲学的，就是费尔巴哈。跟黑格尔比较，他们是一种有益的进步。但跟后来的马克思和恩格斯相比，他们则是明显不足的。按照更高的标准来说，真正终结德国古典哲学的，只能是马克思恩格斯创建的新哲学。

不过，在批判传统形而上学、开创未来新哲学的路途中，晚期谢林、费尔巴哈都是历史过渡的环节，都有一定的积极意义。在这个意义上，青年黑格尔派中讨论和处理的"黑格尔"，并不是与他人无关的、本来的黑格尔，而是先经晚期谢林后经费尔巴哈批判过的"黑格尔"。在这个向马

---

① Ludwig Feuerbach, Kritiken und Abhandlungen II（1839-1843）, Suhrkamp Verlag Frankfurt am Main 1975, S.240.
② 《费尔巴哈哲学著作选集》（上卷），容震华、李金山等译，北京：商务印书馆1984年版，第114页。

克思主义哲学过渡的过程中，黑格尔、晚期谢林、费尔巴哈都以复杂的方式和结构交织在一起。

当然，具体而言，考察马克思恩格斯与青年黑格尔派的关系，还要加上在爱尔兰根大学听过谢林第一次《神话哲学》讲座、一度想在批判黑格尔时师徒两人进行合作的卢格，以极端方式发展了晚期谢林和费尔巴哈的"感性"原则的施蒂纳，甚至还有开创青年黑格尔派的大卫·施特劳斯。施特劳斯所谓福音书不是有意虚构而是神话创作的观点，不仅有黑格尔关于人民的精神实体说的影子，也有谢林神话哲学的影子，是黑格尔和谢林思想的某种结合。而施蒂纳是把晚期谢林提出、费尔巴哈进一步肯定的感性、实存原则极端化了，即把其中的普遍性、本质性一概否定掉，只剩下个别性、唯一性、独特性、当下即是性了，从而显示了"感性"也可以是传统形而上学的，推崇"感性""实存"也可以陷入很荒谬的境地的。青年黑格尔派从施特劳斯到施蒂纳，都有很明显的晚期谢林的作用和影子，并不只是黑格尔哲学的余脉。青年黑格尔派中的"黑格尔"是经晚期谢林批评过的、与晚期谢林处在复杂关系中的黑格尔。

第三个问题：为什么早年的马克思恩格斯都不欣赏推崇"肯定哲学"（"实证哲学"）的晚期谢林，而后来却明确地赞赏"实证科学"？这个马克思恩格斯后来坚定拥护的"实证科学"与谢林最先倡导的"实证哲学"（"肯定哲学"）是什么关系？

1842年之前，甚至《德法年鉴》之前，马克思和恩格斯都对晚期谢林持明确的批判态度。马克思在博士论文中、恩格斯在三篇批评谢林的文章中的立场都是如此。这跟对谢林既有批评又有肯定的费尔巴哈是不一样的。但至少从1843年的《黑格尔法哲学批判》开始，马克思就开始批评黑格尔颠倒理念、逻辑与感性、经验的关系，从逻辑和理念出发去遮蔽和贬抑感性现实，用先验的理念、逻辑遮蔽实在、具体事物。"他不是从对象中发展自己的思想，而是按照自身已经形成了的并且是在抽象的逻辑领域中已经形成了的思想来发展自己的对象……这是露骨的神秘主义。"① 这种唯心主义认为对象的本质早在对象产生之前就存在了："对象——这里指国家——的灵魂是现成的，它在对象的躯体产生以前就预先规定好了，其实这种躯体只不过是一种假象"；这样，"'观念'和'概念'在这里是独立自在的抽象。"② 这跟晚期谢林批判黑格尔的观点非常类似。

宽特曾在《卡尔·马克思哲学研究》论及，马克思如此多地接受了黑格尔的命题，却又旗帜鲜明地批判黑格尔，并得出了如此多与黑格尔截然不同的结论。这是为什么？其中的一个原因就是他像青年黑格尔派的很多成员一样，接受了晚期谢林对黑格尔哲学的批评。谢林提出的肯定哲学当时得到的赞成和认同非常有限，但他对黑格尔哲学的批评（只是否定哲学、传统哲学，并且是从神学和宗教出发等）却得到了比较广泛的认同。克尔凯郭尔不用说，谢林曾经的学生卢格，特别是早就认识谢林的费尔巴哈都深受其批评黑格尔的影响。虽然谢林的讲稿当时没有正式出版，却在柏林有盗印版在流传，也就是说，大家在公开出版、发表的论著中都无法引用谢林的作品，致使谢林多隐藏在公开的文字后面，但柏林的青年黑格尔派成员是知晓甚至熟悉晚期谢林的。

只有费尔巴哈在公开发表的文章中对谢林有一定的正式肯定。或者说，因为谢林在政治上与普鲁士政府合作，倾向于对专制主义的支持，跟主张共和主义的黑格尔迥然有别，致使1842年前的青年黑格尔派对谢林的评论多是政治批评，对晚期谢林的哲学思想的复杂性关注不够。在1843年3月31日写的《基督教的本质》第二版序言附记中，费尔巴哈宣布"新

---

① 《马克思恩格斯全集》（第3卷），北京：人民出版社2002年版，第18—19页。
② 《马克思恩格斯全集》（第3卷），北京：人民出版社2002年版，第19页。

谢林哲学……经报纸正式宣布为'国家权力'",此后谢林的政治名声更加恶化,连费尔巴哈也开始不在公开著述中提及谢林了。在《未来哲学原理》中,谢林已经不再处于与黑格尔哲学对立的地位,而成了以黑格尔为代表的传统哲学阵营里的一位哲学家了。不过,政治上的谢林名声臭了,他论及未来哲学发展的思想、针对未来哲学提出的问题却得到了青年黑格尔派的重视和重新思考,特别是马克思恩格斯。当马克思恩格斯开始从哲学角度处理晚期谢林提出的未来哲学发展问题时,对谢林肯定哲学(实证哲学)的原则立场有了新的评价。

马克思恩格斯在《神圣家族》中进一步强调直接性、感性,批评抽象、观念,更加明显地批评"思辨哲学,特别是黑格尔哲学……把现实的问题变为思辨的问题"[①],并由此导向枯燥的形而上学。值得注意的是,在《神圣家族》中,马克思恩格斯开始正面使用"实证科学"(肯定性科学)一词,在《德意志意识形态》及其后的著作中一直都正面强调"实证科学"(肯定性科学)。马克思恩格斯在《德意志意识形态》中不再提"实证哲学"(肯定哲学),却用"实证科学"(肯定科学)取代了"实证哲学"(肯定哲学)。

这个"实证科学"与晚期谢林的"实证哲学"是什么关系呢?

其实不难发现,谢林在讨论否定哲学时也曾用过"唯理论哲学""纯粹的理性科学"这两个同等概念,而与之对立的"肯定哲学"也就是"实证科学"("肯定性科学")。[②]恩格斯在评论晚期谢林哲学时也说过"纯理性科学或否定哲学"[③]的话,这足以表明,否定哲学就是纯理性科学。

---

① 《马克思恩格斯全集》(第2卷),北京:人民出版社1957年版,第115页。
② 〔德〕谢林:《启示哲学导论》,王丁译,北京:北京大学出版社2019年版,第147—151页。
③ 《马克思恩格斯全集》(第2卷),北京:人民出版社2005年版,第344页。

既然"否定哲学"可称为理性科学，那么，作为"否定哲学"或"理性科学"对立面的"肯定哲学"也就可以称为"实证科学"或"肯定性科学"了。当时的机械自然观才明确区分自然哲学和自然科学，有机自然观就不会做这样的明确区分。谢林与黑格尔就是处在这样的时代。谢林比黑格尔更倾向于有机自然观念，更倾向于有机自然观基础上的哲学与科学的统一，更不主张基于机械自然观的哲学与科学的截然对立。在《德意志意识形态》中，恩格斯与马克思强调要建立"真正的实证科学"，而拒斥传统的思辨哲学。显然，《德意志意识形态》中这种"真正的实证科学"比之前《神圣家族》中的"实证科学"更进一步强化和提升了。这"真正的"针对的是谁呢？可能的对象也许包括费尔巴哈、晚期谢林，但谁更符合这个针对对象呢？从思想史根源来说，显然应该是影响了费尔巴哈的晚期谢林。无论如何，以建立一种"真正的实证科学"为目标的马克思恩格斯，对谢林—黑格尔之争中的肯定哲学（实证科学）明显存在着一种进一步改造、推进、超越和发展。其中有很多基础性问题需要我们进一步深究。

2023年底，当我再次面对老师的"最近看了什么书？思考了什么新的问题？形成了什么新的研究课题"的提问时，以上思考就是作为学生的我的回答。其中既有一些新的思考，更有一些新的疑问；有一些新发现的基本确定的事实和结论，更有一些尚未弄清的新的问题。倘若我目前的疑问能够再次得到老师的指导，那该是多么幸福的事呀！得益于庄老师的指导、要求、鞭策，真是学生的幸运，更幸运的是我还得到了庄老师特别的关心：庄老师一直关心我的工作，1997年，老师曾建议和帮助我接受叶汝贤老师的邀请到中山大学工作，在那里一待就是19年。十七八年前也曾劝我认真考虑母校哲学系的邀请回母校工作，由于各种原因，未能回到庄老师身边，却最后在老师离世前的几天回了读本科时的母校工作。做学生的我每每想起老师的关心和教导，从来不敢懈怠，唯有不断努力，不断拓展和提升自己，才对得起自己的老师。

学习老师的敬业精神，学习老师为人为学的境界，认认真真地搞好教学、科研和人才培养，是对老师最好的纪念和回报。谨以这些有限和笨拙的文字表达我对恩师庄福龄先生的悼念和缅怀！

魏小萍

▶ 中国社会科学院哲学研究所研究员,曾担任中国马克思主义哲学史学会副会长、法人代表。
庄福龄教授博士研究生

怀念恩师庄福龄先生

魏小萍

自1992年师从于恩师庄福龄先生至今已30年有余。直至2016年11月30日庄老师因病离我们而去，他不仅是我们学业上、工作中的导师，而且一直从各个方面关照着我们，每当想起庄老师生前的一点一滴和谆谆教诲，我们心中都充满着怀念和感激之情。7年来，我一直想着为庄老师写点什么，2023年12月3日，中国人民大学马克思主义学院、中国马克思主义哲学史学会举办了"庄福龄与马克思主义哲学史学科的奠基、拓展和深化"纪念与学术研讨会；2024年1月10日，中国人民大学又举办了由庄福龄老师牵头的《马克思主义发展史》（十卷本）出版座谈会，会后决定为庄老师编辑一本纪念文集，这给了我们一个机会，用文字的方式留下珍贵的记忆，并向庄老师表达我们的思念和敬意。多年以来，在不同场合，庄老师的指点与教诲，让我深深地体验到导师的分量和涵义。

最令我难忘的第一件事是博士论文的写作经历，选题就是第一道难关。记得当时庄老师说："博士论文选题很重要，你自己有什么想法可以先谈一谈，或者我给你一个选题。"我读博士时年龄已经偏大，有很多自己的想法，读博士是带着自己的问题来求教的。所以我回答说："让我自己先试试吧！"庄老师非常和蔼地说："好。"

过了一段时间，我捋了捋自己的思路，向庄老师口头介绍了自己的初步想法，由于紧张和准备不充分，我的表达显然是不成功的。听完我的陈述，庄老师"似懂非懂"，不知我所云，说："你如果说不清楚，那就让我来给你出题吧。"我不好意思地说："下次吧，我再整理一下自己的思路。"

第二次，我做了精心的准备，抱着厚厚一摞手稿去见庄老师，那时还没有电脑，每个字都是一笔一画写出来的。我鼓足勇气再次向庄老师陈述自己的想法，庄老师非常耐心地倾听着。由于准备充分，这一次的陈述，比较清晰地表达出了自己的思路。终于能将自己的真实想法和架构陈述出来，有种如释重负的感觉，但我还是怀着忐忑的心情等待着庄老师的反应。

这次庄老师初步明白了我的想法，并且给我提了非常中肯的建议。我关注的问题是历史主客体问题的概念、理论史与实践，是硕士论文未竟的想法。最初的思路，正如大多数学生喜欢做的那样，故事从古希腊哲学讲起，纵向的思考穿越整个欧洲重要的古典哲学家的相关论述，马克思主义发展中的理论与实践，一直延续到当下改革开放的历程；横向的思考从意识到存在。

庄老师明白了我的思路后说："内容太庞大了，我们是不是把它分开，只写原计划的后半部分，马克思主义经典理论与实践，前半部分建议完全放弃，留待以后再说吧。"

我听从了庄老师的建议，论文做的非常顺利。论文完成以后，很快被北京出版社以《历史主客体导论》的书名出版了。只是论文前半部分的设想，再也没有机会重拾。人生有限，在这有限的时间里，我们能做的非常有限，只能用有限的时间，做更有价值的事情。论文的写作过程让我深切地体验到导师驾驭问题的能力，没有庄老师的循循诱导，我不可能在有限的时间内完成论文的设想与架构，尽管如此，还是有很多不尽人意之处。

每每回想到跟随庄老师学习的过程，总是有一种满满的幸福感，从论文的选题到写作，我从中学习到太多的东西。与导师交流的经历是无比珍贵的，导师那么耐心地倾听着我的陈述，并不时提出宝贵建议，这样的机遇一生中难有第二次。

第二件对我产生深刻影响的事情是工作学习中的另外一个重要关口。1999年我已经在庄老师门下工作，通过了国家教委的出国留学外语考试，并且在北京语言文化大学接受了一年的德语培训，要去德国柏林自由大学跟随沃夫冈·豪格教授进行为期一年的访学。我向庄老师汇报了此事，并聆听他的建议，他说："你去德国以后，一定要多多关注新MEGA版的出版和研究资料。"导师的这一建议，竟然开启了我往后学术研究生涯中的一个重要方向。非常巧合的是豪格教授为配合MEGA2新版本的陆续出版，正在主编《〈马克思恩格斯全集〉历史考证版词典》。每隔一段时间，他的工作组就在柏林自由大学召开一次选词和解词研讨会。在柏林期间，我全程参加了他的研讨会，由于会上的讨论都是用德语交流，那时的我常常是似懂非懂，现在回想起来，语言能力是个真功夫，功夫不到家，交流中很多有价值的因素就这么流失了。为了提升我的德语，豪格教授指派了一个他的学生帮助我，同时豪格教授将我推荐给柏林勃兰登堡科学院《〈马克思恩格斯全集〉历史考证版》编辑部主任Manfred Neuhaus教授，Neuhaus教授又将我介绍给编辑部其他工作人员，这为我的学习提供了极大便利。我利用这个机会轮番地向编辑们请教问题，即使由于语言问题打了折扣，但还是从中受益匪浅。

第三件让我非常感激的事情发生在2002年，当时中国人民大学马列所与马理所合并，马列所本来是专业性研究所，没有公共课，只招收研究生，我们有很多时间可以静下心来做研究工作。马理所的情况就不同了，马理所承担着全校马克思主义理论公共课。合并后,我们要共同分担公共课,公共课的任务很重,而且要求我们进入邓小平理论研究室。当时我感到非常为难,MEGA2为马克思恩格斯经典文本文献的研究提供了难得的机遇,长期以来受着苏联教科书模式的影响,我们的研究有着太多待开发的领域,庄老师常常挂在嘴边的一句话是正本清源,这对于当时中国的马克思主义哲学研究来说,确实非常重要。如果进入邓小平理论研究室,专业非我所长,我将难以集中精力就已经积累的信息、资料和思考进行开拓,而且时政性的理论工作有一个重要的特点就是重在阐释和宣传,并不需要深入的哲学性追问和反思,我因此萌生了去专业哲学研究单位的想法。

此时,正好哲学所的几位前辈老师都在琢磨为开辟MEGA2研究工作而物色研究人员,我毕业时就和吴元梁老师谈过自己想进哲学所的想法,我一直向往着能够沉下心来读书思考的地方,后来导师通知我留校工作,我也就打消了去哲学所的念头。

也是机缘巧合,我刚从德国回来,经吴元梁老师推荐,李德顺老师为此专程来到我们家商谈此事。我立即向庄老师进行了汇报,想听听导师的想法,并征求他的意见。没想到,庄老师的想法几乎和我不谋而合,他说:"哲学所是一个能够坐冷板凳,静下心来进行学术研究的地方,你去吧,到了那里以后不要承接太多的行政任务。"导师的支持让我激动不已,如果导师不支持,也许我会犹豫。后来知悉,庄老师一直在努力恢复马列所,由于种种原因,导师在这一问题上是留有遗憾的。当时,除了导师,我咨询的其他同事鲜有支持的,因为那里在物质待遇上和正在腾飞的高校不能相提并论。导师对待学术的态度,和他那宽容大度、高瞻远瞩的品格,一直是我追随的榜样。

最令我难忘且感慨的经历是2011年5月1日,我接庄老师和师母来家里做客。2005年我搬了新家以后,庄老师就说,要来家里看看,我说:

"好啊，等我准备好以后。"2010年买了新车，并且能将车开稳以后，我就考虑着兑现我的承诺，接庄老师和师母到家里坐坐。我打电话告诉庄老师，说我已经可以自己开车接送他们，庄老师非常高兴，那天还请了张新师兄、师嫂和他们的女儿婷婷作陪。我们非常轻松随意地聊天，庄老师和袁老师都显得非常开心。我们一起在家里吃了便饭。那真是非常温馨的一天，饭后我开车送庄老师和师母回家。在搀扶袁老师的时候，我被袁老师胳膊的瘦弱和无力惊着了，袁老师如此羸弱的身体让我感到非常揪心。那时庄老师已经病了，袁老师又是那么的瘦弱。早就知道袁老师也病了，但是没想到如此虚弱，心里好担心、好难过。送庄老师和师母回程的路上，庄老师聊了一些马列所老同事的情况，他对大家都是那么关心。到家以后，庄老师说："到家里坐坐吧。"我怕两位老人已经太累了，需要休息，就依依不舍地告别了。现在回想起当时的情景，还会一阵心酸。

庄老师在北医三院住院期间，一次我去看望他，他和我聊起了《马克思主义发展史》十卷本，那时他心心念念的就是十卷本了。他和我谈到国外马克思主义，说："你下次来，我和你好好说说国外马克思主义的情况。"我说："好，您先好好养身体，不急啊。"这次，我的这个承诺没有兑现，等我下次见到庄老师时，他已经不能说话了，这成为我无法弥补的遗憾。

庄老师是通史型专家，对马克思主义发展史的整体把握，对马克思主义中国化与时代精神的宏观把握，是非常令人钦佩的，但是我很少聆听他对国外马克思主义发展史的解说，所以这一聆听机会的失去，让我久久难以释怀。

庄老师离开我们已经7年有余，恩师的音容笑貌总是浮现在眼前，恩师的谆谆教导总是萦绕在耳边。今天我们大家共同努力，就是对恩师的最好报答。请庄老师放心，我们会将您呕心沥血、奉献一生的马克思主义事业传承下去。

怀念庄福龄老师（札记七则）

聂锦芳

（一）2016年12月1日，星期四

我读博士期间的导师庄福龄教授去世了。相伴一生的师母是年初走的，庄老师在医院和疗养所昏睡了三个半月，只是偶尔才醒来，但已经几乎认不出家人和弟子，却总念叨着"十卷本"《马克思主义史》的撰写、自己文集编辑和出版的事。庄老师一生应该说是比较遂顺的，他虽然从来没有在政治上谋求过发展，始终是一个大学老师，但其观点、为人和在学界的地位一直被官方和主流意识形态所认可，所以他没有像我的硕士生导师张恩慈教授那样有过大起大落的经历。但也正因为如此，他可能从来没有想过换一种思路，反思一下自己毕生从事的研究和长期付出的得失，也就没有张老师晚年所感到的落寞、虚无和幻灭。

作为他们两位的学生，我进入这一行业也三十年了。今天在办公室枯坐了五六个小时，除了让学生在马哲史学会的微信公众号上发了关于庄老师的讣告和生平外，一直在校对即将出版的一本新书。看着自己写下的东西，虽然与老师们还在同一专业领域，但在兴趣、思路、观点、论证乃至表述方式诸方面已经很不相同。学术上我没有传承，在无限的孤寂、困惑

和怅惘中明天去送庄老师最后一程……

父母已故，导师又去，逢年过节没有了探望的老人，我成了真正的孤儿。

（二）2016年12月9日，星期五

　　　　昨夜庄师入梦来

　　　　依稀病榻话匣开

　　　　一念文集编纂事[a]

　　　　又问何日搬新宅[b]

　　　　醒来怅然难再眠

　　　　往事帷幕习习来

　　　　父母已逝师又去

　　　　上无可侍成孤儿

　　　　人世冷暖谁人诉

　　　　庄子群里寄情怀[③]

打油几句，聊寄对庄老师的怀念！

---

① 今年春节期间与王东、梁树发、邱守娟老师一起去看望庄老师，他殷殷嘱托两件事：一是编纂、出版其文集，二是调整三卷本《马克思主义中国化》丛书的结构和人员，尽快出齐。
② 以往每次去探望老人，庄老师和袁老师都非常关注我的住房问题。
③ "庄子群"为庄老师门下学生的微信群名称。

（三）2017年8月16日，星期三

"至少有十年不曾流泪

至少有一些人给我安慰

可现在的我会莫名地心碎

当我想你的时候……"

昨夜在汪峰的歌声中入睡，凌晨闯入梦境来的竟是庄老师！恍惚间传来他病愈的消息，我与梁树发老师匆匆赶了去。庄老师站在客厅的台阶上迎接我们，背后是他家里那位年纪大一点的保姆。庄老师胖了很多，面色红润，腰板挺得很直，身材更显得高大了，我向上伸展手臂才能够得着他的肩膀。握着他的手，我很激动，向他叙说学界近年的变化和我的一些遭遇，他安慰说：历来如此，以往就是这样的……梦就醒了。

不觉间，老师去世已经大半年了，除了清明节与同门去墓地拜祭，没有场合表达怀念之情，传说中的追思会也没有了下文。幸得广洲兄提醒，我才在夏天于银川举行的中国马克思主义哲学史学会年会期间主持学会换届结束时，提议与会者以鼓掌的形式向庄老师表达敬意。多少年来，也算忙于所谓"学问"，其实自己心里很清楚，这学问是不关乎个体生命体验的，这是我，也是大多数哲学研究者内心的矛盾和分裂！下定决心，在手头这套书弄完后，一定花时间写点悼念张恩慈老师和庄老师的系列文字，不想叙述他们的学术成就，只想谈谈毕生投身于这样一种思潮和社会运动之中对他们的"塑造"、他们的际遇以及我的理解。多年来总抱有一种情怀，我却一直回避着（以至于被误解为研究文本就是远离现实），就是好好讨论一下被舆论和学界言说得太多的"马克思主义中国化"，只是我与大多数论者有着很不一样的感受、理解和评价，又不知道该怎么来表达，或许梳理与马克思主义相关的几代政治家和学者的命运、探究如果坚守的是一种"没有马克思的马克思主义"会对中国产生什么样的影响等，是更

接近本质的方式？

哦，暑假！在持续的工作和孤独中度过，这是我的宿命吗？活得太紧张了，我有点放不开，像西西弗一样，老在推那块巨石呢，而加缪原书的副标题就叫——"论荒谬"！

抽空写下这样的文字，我只能自嘲和苦笑了。

（四）2019年11月30日，星期六

今天是庄福龄老师的忌日，今年又正值其九秩冥寿。年初的学会常务理事会曾经规划，要在年内与庄老师生前所在单位联合举办一次研讨会，以资纪念。但大家都很忙，而庄老师生前社会地位并不"显赫"，也不是什么当红"理论家"，所以协调他几乎工作了一辈子的学校、学院领导和有关专家的时间比较困难。再加上我这一年可以说是病、伤相连，上半年做了一个小手术，养病一个半月；下半年又腰椎压缩性骨折，卧床十二周，因此没有督促和张罗成此会——这是我作为学生的"罪过"和秘书长的失职！

现在又快到学期末和年底了，大家也愈加忙碌，再操办会议已经不太可能。为弥补内心的愧疚，养伤期间虽然写作不便，但我还是伏在床上，不惮浅陋地"敲击"出《马克思主义哲学史研究的开拓和深化》的短文发表，以表达对庄老师的怀念。当然，自己对这一领域研究现状的一点反思，并未在文中深入地表达出来，这是我的无奈。

我个人真实的感受是，如今中国的马克思主义研究，虽然有党和政府的重视与支持，文章、著作喷涌，讲座、会议不断，但于热闹乃至喧嚣中，多急功近利、随风起意、大言矫饰之举，少潜沉积累、独立省思、深入透析之念，新旧杂糅，诸象并现。马克思当年即有"赞誉"与"侮辱"的洞察、"龙种"与"跳蚤"的警示，现在我们某种程度上竟将其变成了事实！

必须明白，一哄而起、众声喧哗造就不出深刻的思考和厚重的学术成

果。对于真正的思考者、研究者来说,"孤独"可能是其永久的宿命。马克思诚然是社会革命家,其学说也注重现实和实践,但就其一生最基本的职业和身份而言,他始终是一个学者、一名理论家。马克思是马克思主义研究者的楷模,《资本论》是这一领域的范本。不妨去伦敦寻访和考察一下迄今为止依然留存着的马克思当年生活和工作的地方,沿着大英博物馆周围几处居所到圆形阅览室的路线走一走,就会更加清楚地了解他客居那座城市30多年的恒常状态。虽然有国际工人运动包括"第一国际"等事务的参与,但绝大部分时间,马克思基本上保持着雷打不动的生活节奏和工作规程:早上去博物馆的圆形阅览室,伏案阅读和写作一白天;傍晚回家,继续工作至深夜,在短暂的睡眠之后,第二天凌晨再去博物馆……周而复始,直至生命的终点。对照这样的先贤及其工作态度和思想建树,我们何以自处、焉不汗颜?

基于上述思考,我认为,对庄老师最好的纪念,是拒斥时尚、潮流和虚浮,在前辈开辟的领域和探索的基础上,直面文献的浩繁、思想的驳杂、历史的曲直和实践效应的多样性,据此寻找更为合理而到位的"框架"、线索和方法,予以新的把握、梳理和阐释,并结合全球化时代的现实境遇、置于世界历史和思想发展的总图景中做出客观而理性的评价,真正实现马克思主义哲学史研究的拓展、深化和超越。

今晨醒得早。思及马克思、马克思主义的原始样态、发展演变及其在中国的命运,回想庄老师一生所处的时代和他的经历,他对"马克思主义哲学史"学科和中国马克思主义哲学史学会的付出,他与黄枬森老师团结全国五十多位同行编撰完成八卷本所建立的伟业,还有他去世前对王东教授、梁树发邱守娟夫妇和我念叨十卷本《马克思主义史》的设想及其文集编辑的情景,特别是1993年投身"庄门"以来老师对我本人的关照、帮助、理解和支持……往事历历浮现,内心不能平静,聊发几句感慨,又言不尽意。

"心动神疲",思绪浩渺。在无尽的怀念中,敬祝庄老师和袁老师于九泉之下遂顺、安康!也祝愿我们这个学科的从业者能够自我反思,摆脱困境,融文本与思想、理论与实践、历史与现实于一体进行深入探究,使马克思主义研究取得长足的发展。

(五)2020年9月11日,星期四

昨天是教师节,收到很多学生的问候,内心感到温暖。念及到了自己这样的年纪,老师已经一一故去,连当面祝福的机会都没有了!于是,就又落寞起来。竟日总在看书、写东西,但授业老师庄福龄教授、张恩慈教授去世之后,竟没有为他们专门撰写并发表过纪念文章,愧疚之感和笔债压力一直纠缠着。也曾多次尝试动笔,但总犯踌躇:敷衍和颂称之言,老师不需要;但要说出自己内心真实的看法,又不知道该怎样表述,于是就放弃了。只有自己心里清楚,实际上是很想念老师的,尤其是在观察到我们这一学科一些特殊状况的时候,特别想和他们说点什么。今天来办公室办事,处理完后坐在沙发上发呆,想写点什么,思路却照例不畅,就调出以往的日记,看到有几篇谈论两位导师的文字,也算情真意切,再次读来,感受依旧。谨选择留存在电脑中的几则札记在自己的微信公众号上刊出,心香一瓣抛向虚空,由衷地道一声:"庄老师、张老师,节日快乐!"

(六)2023年12月3日,星期日

很怀念庄福龄老师!我甚至觉得,随着时光的流逝、社会的变迁和学术的转型,这种怀念已经与专业研究没有太密切的关联了,更多熔铸的是学生对老师、后辈对前辈一种深厚的情感。前一段时间确定要开"庄福龄与马克思主义哲学史学科的奠基、拓展和深化"学术讨论会后,庄老师的

学生搜集了一些保存下来的当年的照片,张琳自告奋勇承担了制作视频的任务。昨天下午她把自己和学生制作的样片发到同门群中,我当时看了就很激动。晚上近12点,我们才根据大家的意见把完善后的定稿发给会务组。刚才在开幕式上又看了一遍,内心的冲击依旧。真正是睹物思人,感慨良多!

整整30年前,我来到庄老师身边学习。当时人民大学招收的博士生非常少(马列所当年只招了我和陶文昭两人),而且普遍年龄偏大。我是一直读书上来的,之前没有任何工作经历,与其他同门相比年龄最小,所以老师对我多有关照。博士二年级开始,庄老师带我参加中国马克思主义哲学史学会的活动,印象最深的是在江西南昌—井冈山召开的纪念恩格斯逝世100周年学术讨论会,使我得以有机会结识了很多学界前辈。博士毕业之后,我去了一个研究类型的机关工作,感到不是很适应。以往长达22年连续的学校教育,养成我带有浓厚的学院化特质的思维方式、价值观念甚至为文风格,不善处理复杂的人际关系,也不愿意花很多时间和精力在这一方面经营和维护,而写下的文字也不符合官样文章在格式、思路和表述等方面的要求。在这种状态下度过了两年迷茫的时光。

我去看望庄老师时,向他吐露了心中的苦闷和困境。他听后对我说,他刚刚参加了北京大学百年校庆的活动,了解到哲学系马克思主义哲学学科因大部分老师集中退休,原来三个教研室合并后总共才7个人,亟需年轻教师补充队伍。于是,他建议我与当时任系党委书记、评审过我的博士论文的赵家祥老师联系,看能否调往北大工作。他还特别说:"那是一个可以安心做学问的地方。"没有想到,我的调动办理得非常顺利。作为必要的环节和手续,得有校内、外各一名资深专家的推荐信。赵老师告诉我说,最好由庄老师和黄枬森老师撰写,这样就有足够的权威性了。庄老师知道后很快就将推荐信写好,怕黄老师与我不熟悉、对我的情况不了解,他又专门打电话做了沟通。这样,我很快办妥了全部手续,于1998年9月来到北大哲学系工作。现在回味起来，往年的情景依然历历在目。

时光飞逝。从那时到现在，不觉间我做老师也已经25年了。与当下不在少数的师生之间无事不联系、平常很少见面的情形不同，我属于那种与学生交流非常密切、沟通很深入的老师。多年来，只要我不外出或者有特别的事，我们都会在固定的时间，一起聚在我的办公室交流学习情况和详细地讨论学生们的论文。每次活动完毕，望着学生离开的背影，我在办公室呆坐或者在回家路上瞎想的时候，就会回忆起自己做学生时的状态，也就格外感念当年老师的培育和帮助。自己现在这般悉心对待学生，也算是对老师的报答和传承吧。

去年秋季学期，有一次我在北大图书馆查找资料，无意之中瞥见书架上庄老师那本厚厚的《庄福龄自选集》，心头不禁一怔。抽出来翻了翻，感慨油然而生——自己也算发表过很多论文了，但竟然没有一篇是讨论老师的学术工作及其思想的，这是多么惭愧的事！于是我放下手头的工作，花了十几天时间，集中阅读庄老师的著述，对其学术贡献及其思想进行了梳理，敷衍成一篇论文。因为当时就设想要在报纸上刊发，所以我只能按照其惯例和要求来写作。这就是后来由编辑稍作删节、在2022年11月21日《光明日报》上整版刊出的《马克思主义哲学史学科的奠基、拓展和深化》一文，后来全文又刊登于《中国高校社会科学》2023年第2期。

尽管文章如愿发表，让我感到自己还了一点心债，但必须如实地承认，我并没有写出自己最想表达的真实的思考，特别是没有对庄老师这代马克思主义研究者作出深入的透析。看到有青年学者承担了有关中国马克思主义哲学史方面的国家社科基金重大课题，我对其说："就这一领域的研究来说，仅仅根据先辈留存下来的著述进行梳理和概括，可能触及不到真实的状况和问题的本质。知人论世，以事测人，20世纪太过复杂了，专业的马克思主义研究者在其中的浮沉、转换需要结合其具体的人生历程和感悟来把握，才可能透视得更深入、到位一些。"

如同人的生命历程一样，学术事业也是有代际间的传承和更替问题；就是说，一代有一代特殊的学术视野、思维、方法、成就、局限和命运。就以马克思主义研究来说，现在已经很难产生像黄枬森、庄福龄老师那样贯通历史—现实、理论—实践、纵横捭阖的学者了，所以我自己在研究中选择了收缩范围，一直在马克思本人的文本及思想园地内耕耘，如果不得已越界讨论，则表现得非常犹豫和谨慎。但作为一个中国的马克思主义研究者，很难回避诸如马克思主义中国化这类特殊的课题，也会有报纸、杂志编辑约请我写这方面的稿件。我之所以感到踌躇和为难，主要是觉得自己对此思考得并不深入和到位。相反，我认为，要达至这种效应，必须放在20世纪中国社会变迁和理论沉浮中看待几代马克思主义专业研究者的工作及其成果。因盛情难却，我最近勉为其难，应约撰写并发表了一篇有点"另类""奇特"的论文（《珍视20世纪中国马克思思想研究的学术传统》，《海南大学学报》2023年第5期），竟然将吴恩裕、黄枬森、张恩慈、熊子云这几位生活年代、研究风格和人生命运很不相同的前辈学者放在一起进行了讨论，意在从中探寻切入个中内核和脉搏的渠道。

马克思主义在中国已经走过远不平坦的120多年的历程。就专业研究来说，庄老师这代人与1949年之前就开始研究马克思主义的学者、与改革开放之后接受教育并成长起来的学者都有比较大的区别。就前者来说，李大钊、陈独秀、瞿秋白等身兼革命家和学者于一身者不算，就我查阅到的资料来看，吴恩裕先生是唯一在国外以马克思思想研究为专业领域接受教育、撰写博士学位（《马克思的政治哲学》）并获得学位者。虽然中国人接受马克思主义受到苏联深刻的影响，但我请教过安启念老师，并一起核查过有关材料，包括新中国成立后委派过那么多留学生赴苏联、东欧学习，但没有一位进入那里的教学、培养体系，系统地接受过完整的马克思主义专业教育和训练，撰写过副博士、博士论文并获得学位。这些情况说来真是令人感慨不已。虽然庄老师这些人转向马克思主义领域的学习的时候，也曾经受过苏联来华专家的辅导、培训，但只限于一些基础性的马克思主义基本原理的初步掌握，并没有达到系统的学位教育和专业研究的水准。改革开放之后，他们获得了很好的研究条件和机会，"焕发了学术青春"，做出新的奠基、拓展和深化，取得了比较大的学术成就。但受主客观因素的左右，其工作只能在既往的学术视野、思维方式、基本观点和研究思路上展开，其学术工作的代际特征与他们自己培养的学生相比体现得非常明显。

当然，我还想特别指出另外一种情况，即同代学者鉴于特殊的境遇和条件，确实会表现出相当程度的"同质性"，但那些卓越的研究者又会在其中体现出"差异性"。前面领导和老师们的发言中都谈到庄老师一生始终致力于马克思主义史的研究。举凡其所主持、参与的《马克思主义哲学史》（八卷本）、《马克思主义史》（四卷本）、《毛泽东哲学思想史》（三卷本）、《简明马克思主义史》《中国马克思主义哲学传播史》《毛泽东思想概论》《中国大百科全书·哲学》《马克思主义哲学史辞典》《马克思主义哲学史教学资料选编》（三卷本）等著述，可以看出，他在马克思主义众多的研究领域中，并没有"全面开花"，而是以其自觉的思想史选择一以贯之，正是基于这一点，确立了他在马克思主义史研究领域中的"宗师"地位。

这种情况在其他研究者身上也有体现。

比如，前段时间我参加了91岁高龄的冯景源教授新著《马克思主义理论整体发展史论纲》（光明日报出版社2021年版）的研讨会，鲁克俭教授在发言中做了非常到位的梳理和分析，认为即便没有这本新著，冯老师也会因其所著的《马克思异化理论研究》《新视野——〈资本论〉哲学新探》《人类境遇与历史时空——马克思的〈人类学笔记〉〈历史学笔记〉

研究》而在中国马克思主义研究史上留下浓墨重彩的一笔。

由此我还想到，最近北京大学赵光武教授的学生在其去世一周年之际举行了追思会，我虽然没有受邀参会，但看到相关报道也让我进一步思考：究竟该怎样理解和评价赵老师晚年的学术追求和工作。大家知道，赵老师可以说是马克思主义哲学界最鲜明的"辩证唯物主义派"的坚守者、捍卫者，令人深思的是，他的坚守和捍卫方式相当特别——不是深入到马克思、恩格斯的著述及其思想中进行辨析和深究，而是致力于对现代科学技术成就的哲学概括和"后现代主义"的追踪研究；他退休之后坚持在每学期都开设这方面的两门选修课，寒暑假则要举办相关的研讨班，直至身体状况不允许才终止。从当代科学哲学和"后现代"视角寻求对马克思主义传统观点和理解的佐证，在很多论者看来，这可能多少有点"对不上号"乃至"南辕北辙"，但赵老师真实的意图、苦心显然不能轻率视之，相反，需要认真体味、思考。

这就是庄老师这代学者身上的"复杂性"。必须承认，我对此理解得也很不深入，利用这个机会提出来，供大家思考。

（七）2024年1月10日，星期三

很高兴出席《马克思主义发展史》（十卷本）出版座谈会，衷心祝贺中国人民大学同行所取得的这一重要学术成就！我和魏小萍老师作为校外学者来参会并发言，还有一份特殊的感受，就是我们的导师庄福龄教授是这部书的首席总主编，正是在他的推进下启动了这一巨大的工程，并且由他设计了大致框架。2016年在生活历程的最后时刻，他念兹在兹、最放心不下的就是这部书。下周17号是庄老师95岁诞辰纪念日，这部书的出齐和这个会的召开是献给这一特殊的日子最好的礼物；老师如果地下有知，可以肯定，这是他感到最欣慰的事！

郗戈把这部书寄给我之后,我完整地浏览了一遍,觉得这确实是一部鸿篇巨制。最突出的感受有三点:

一是框架结构的设计。通史性著述最不好处理的就是"结构",对此马克思当年在其漫长的理论探索和思想建构过程中有最深切的体会和表述,将其称为"德国科学最伟大的成就";他大半生孜孜以求的就是要把《资本论》设计为一个"完整的艺术整体"。"十卷本"的编写者显然深得其中三昧。180年波澜壮阔的历史、极其复杂而深刻的思想演变,浓缩在一部书中集中呈现,尽管有十卷本的规模及篇幅,也是十分不容易的。我们可以从每一卷篇章结构的设计中看到主编和作者下了多么大的功夫,比如,有关20世纪上半叶的两卷将中国与外国的情况放在同一部书中梳理,我甚至能体会到编者这样做时是多么"左右为难"。这种方案当然还可以再斟酌和讨论,但它以时间尺度缓解了叙述上的困难,是可以理解的,也有合理性。

二是对国际上最新学术成果的吸收。在新的时代境遇下编写马克思主义史,当然要借鉴、传承以往的经验和思路,但更重要的是超越,所以某种程度上这更是一种"重写""改写"甚至"新写"。从世界范围看,进入21世纪以来,无论是全球化态势、社会实践的发展,还是马克思主义专业研究都取得了重大进展,"十卷本"的编写者自觉地将国际上经得住检验的最新成果引入,值得赞赏。就我熟悉的研究领域来看,举凡对"巴黎手稿"、《神圣家族》《德意志意识形态》和《资本论》及其手稿的最新文献学成果都做了介绍,这对重新把握和理解马克思思想的复杂性、突破以往解释中的偏差和简单化倾向具有重要的价值和意义。

三是作者群体的代际涌现。除了大家都提及的从总体上考量、发挥了核心作用的总主编庄福龄、杨瑞森、梁树发等老师,我格外看重每一分卷主编的情况。这里有张雷声、郝立新、秦宣、张新、黄继锋等老师,以及基本与我同龄的朋友衍社、文昭、云飞、秀琴等,更为欣喜的是峰宇、郗戈作为新一代学者成长起来,也挑起了"大梁"。敝帚自珍,我觉得这是已经成为历史、刚才梁树发老师提及的中国人民大学"马列主义发展史研究所"学术传统和育人模式的延续。与此形成鲜明对照的是,现在整个马克思主义界十分热闹乃至喧嚣,名目繁多的荣誉、项目、教学等裹挟着、操控着、左右着学者,不究内容和质量,只注重形式和级别,致使急功近利、浮躁之风充斥和蔓延,十分不利于长期潜心积累、艰苦细致的探究,严重影响着马克思主义专业水准的保持和提升。

此外,我还想谈点希望。如果将我们面前这部大书放在世界学术视野内,我首先想到的就是作为剑桥大学出版社"震社之作"的"剑桥五史"(《剑桥中国史》《剑桥世界史》《剑桥科学技术史》《剑桥资本主义史》《剑桥艺术史》)。它们有一个突出的特点,就是研究者在撰写时力求代表西方学术界在相关领域的最新成就,但在出版之后又并不以此满足、就此止步,而是开始不断地修订、再版。通史性著述的水平有赖于断代史、专题史研究的深化,将后者不断涌现的成果纳入其中是分内之事。此外,如何将浩繁的史料通过准确的线索和一致的逻辑阐释出来,更是关键。我感到,现在这部书有些篇章还存在史料铺陈弱于理论分析的问题。比如,最后两卷有关中国部分框架的设计不仅要考虑到当代的情况,还必须与前三卷的内容、议题关联起来,因为中国特色的社会主义只有与经典马克思主义紧密结合起来思考,才能彰显出其真正作为当代马克思主义的意义。在这方面,马克思1861—1863年所写后来被称为《剩余价值学说史》带的手稿可以说提供了最佳范例。面对纷繁复杂的古典经济学代表性人物和著述,马克思没有平均用力,没有平铺直叙,其清理、评论和阐释工作始终服务于他对"资本一般"的深入把握以及《资本论》结构由"六册计划"向"三卷四册"的转变,更蕴含和表征了马克思政治经济学研究的新进展、资本理论的新建构以及唯物史观的新突破。从这个意义上讲，我们还需要悉心地向马克思请教、向《资本论》学习。

最后，我有一点疑问：这部书的书名为什么要加上"发展"两个字？我认为，从学术的客观性、科学性角度考量，还是以《马克思主义史》为宜。

杨 奎

▶ 首都经济贸易大学党委常委、副校长。

庄福龄教授博士研究生

庄先生为我推开了两道门

杨 奎

作为一名在新疆从事高校教学和管理工作10年的后生，2004年我是怀着无比崇敬而又战战兢兢心情，报考的庄福龄先生的博士研究生。说"无比崇敬"，是因为我们这一代人都是读着萧前、庄福龄、黄枬森等老一辈马克思主义哲学大师们的著作成长起来的，能有机会当面聆听教诲、得道解惑，自觉是此生求知求学的最大幸事。说"战战兢兢"，是从庄先生著作字里行间所流溢出的广阔视野、深厚学养、严谨作风、思想震撼，让我深感高山仰止、自惭形秽。也许是后一种感觉在考生中所占的比例更高些吧，当年参加考试时，我发现报考庄先生的人并没有当初想象的那么多。入学后，我才从师兄师姐那里逐渐知道了答案，原来之所以许多人没有选择报考老师的门下，是因为他们深知先生治学严谨、一丝不苟，担心入门后无法完成繁重的学习任务（众多经典文献需要研读），毕业论文达不到导师要求，会造成如期"出门"难。

一、做人之门

常怀感恩之心，始终平等待人。师母名为袁寿庄，与先生庄福龄名字中都有一个"庄"字，且师母"寿庄"二字与先生"福龄"二字相应，合在一起寓有"添福增寿"之意，细细想来，二老的姻缘真是冥冥之中的天作之合。师母曾经告诉我，庄老师1929年出生于江苏镇江一个贫民家庭，父亲去世后是母亲含辛茹苦供他读完了高中，可能是穷人的孩子早当家吧，生活的艰辛锻造了他勤勉上进的意志和热心爽朗的性格。1947年考入上海商学院，因为品学兼优，他不仅靠奖学金和在夜校兼职来维持学业，而且还经常用自己微薄的收入接济一些家境困难的同学，甚至有时在冬天把自己的棉褥子借给买不起被褥的同学用，自己却冻得经常夜不能寐，只好在灯下读书。虚心好学的求学态度、自立自强的顽强品格、热心助人的善意善举，使他在师生心目中逐渐赢得了广泛的尊重和爱戴，一群来自社会不同家庭背景追求进步的青年学子，慢慢地都聚集在了他的身边，让他成为了校园里当之无愧的学生领袖。虽然当时的物质生活依然拮据，但求知求真的火焰却在他的身上涌动，在上海地下党的关怀和领导下，他接受了革命思想的启迪，逐渐认清了现实社会剥削与压迫的反动本质，更加激发他将全部热情投入到了火热的革命运动之中，历经数次生死考验，他逐渐成长为上海地下党学运组织的骨干。1949年经党组织批准，他成为上海解放后第一批秘密发展的党员。

无论顺境逆境，保持一颗赤诚之心。记得国内主流媒体一篇纪念庄福龄先生的文章中，曾有这么一段描述："庄福龄教授人如其名，庄重厚道，和蔼可亲，是一位备受尊敬的长者。他潜心治学、披荆斩棘，为马克思主义中国化不懈注解60余载，奠基中国马克思主义哲学史和马克思主义发展史学科。他笔耕不辍、著作等身，《马克思主义哲学史稿》填补了我国马克思主义哲学史教材空白，20余卷专著洋洋八百万言，在马克思主义哲学史、马克思主义史及马克思主义中国化方面取得杰出成果……"如今透过这位哲学名家的耀眼光环，我们看到的是庄先生无论身处顺境逆境，都能顺其自然，始终如一保持坚定的信仰和高洁的人格。淡泊名利，他毅然放弃了上海优越的工作走上北京高校讲台；矢志不渝，60年他全部身心投入到了马克思主义的教育研究和传播事业。

据师母袁老师说，"文革"期间，人民大学的老师分批下放到江西"五七干校"参加集体劳动，她和庄老师住在不同的农场，由于当时两个儿子年纪还小，经过商量庄老师带大儿子东东，自己带着小儿子强强，平时一边带孩子一边下地干活，一家人一两个月才能团聚一回，每回见到大儿子被父亲带得脏兮兮的像个泥猴，做母亲的真是心疼他们父子俩的生活不易！因为师母知道，即使农场劳动再累，条件再艰苦，都不会动摇庄先生思想之路的执着，更不可能扑灭他理论思考的热情。"五七干校"劳动期间，他利用一切时间开始了中国哲学史上的唯物主义传统的分析研究，评析和注释《荀子》的《荀子新注》就是在这个复杂曲折中开始并在"拨乱反正"中得以完成的。

二、治学之门

为党和人民述学立论，为马克思主义奋斗不熄。庄先生经常用恩格斯的这句话来鞭策自己——"在一个历史事例上，哪怕有一点收获、做出一点成绩，也是常年努力劳动的结果，如果不肯付出常年的努力劳动，就没有办法完成自己的任务。"[1]政治上的坚定源自理论上的清醒。60年马克思主义哲学史和马克思主义发展史教学研究工作的累累硕果，就是源于他始终将马克思主义信仰与探究马克思主义真理性实践，自觉统一于"为党和人民述学立论"的平凡教学和科研生活之中。正如他在《马克思主义史》（四卷本）"导言"中所指出的，"过去和现实之间有着内在的联系和一脉相承的关系，历史的东西熔铸在现实之中，现实的东西又不断转化为历史，历史也随之无限地延续下去。马克思主义史就是这样一部生生不

---

[1] 参见《马克思恩格斯选集》（第2卷），北京：人民出版社2012年，第9页。

息、有无限未来的历史，也是一部现实性很强的历史。"① 中国特色社会主义现代化建设伟大实践迫切需要马克思主义中国化最新理论成果的指引，解决前进中的诸多新挑战和新问题，迫切需要用党的创新理论武装干部群众头脑。作为一名马克思主义理论工作者，他愈加感受到自己肩上的责任重大。为此，在多种场合他都反复强调，"马克思主义的延续和发展不是要求人们对它的著作和论断无条件地、绝对地信奉而延续下来的。它的延续和发展靠的是本身的科学性和真理性，靠的是随时代变化而变化的实事求是的根本原则，靠的是只承认实践的权威性而坚持解放思想的创新精神。"

因此，只有从时代的特点、时代的实践和时代的运动中研究马克思主义的变化和发展，才能如实地反映客观的历史辩证法，如实地反映这部复杂而变化的历史；才能使这部历史充满生机和活力，再现马克思主义在历史发展中的活的灵魂。为此，他将毕生精力投入到了马克思主义哲学史和马克思主义发展史学科体系的建设上，即使在病榻之上，他虚弱到已经无法正常进食，每日依靠鼻饲维持生命之际，只要有短暂清醒的时刻，他依然关心询问人民大学马克思主义发展史学科建设、青年人才培养情况，时时牵挂着《马克思主义发展史》（十卷本）的编写进程，直到生命的最后时刻……这就是一位伟大的马克思主义理论战士的庄严告别！

谦逊包容唯实，在不断探索中练达学问。作为马克思主义哲学史学科创始人，庄先生深刻地指出："马克思主义这种现实性极强的历史特征，决定了马克思主义史的发展既充满生机活力，同时也充满着无数的挑战和论争。这些挑战和论争有来自敌对营垒的，也有来自朋友和自己内部的，有公开责难的，有质疑讨论的，也有从内部修正的。"这就需要马克思主义史的研究者养成不断汲取新知的习惯，及时分析同马克思相关的或相

---

① 庄福龄主编：《马克思主义史》，北京：人民出版社1996年，导言第5页。

对立的各种思潮，要具体分析这些思潮及其代表人物在不同时间、不同场合、不同问题上的变化和差异，不可笼统地一概而论，更不能简单地排斥于研究之外。他是这么说的更是坚持始终的，每回到先生家探望求教，我基本都能在书房的写字台上或客厅的茶几上看到最新的《哲学动态》和一些西方马克思主义思潮代表人物的最新译作（作者或出版社赠阅）。即使到了85岁高龄行动不便的情况下，他依然坚持让在人民大学工作的弟子每周把最新的报刊资料拿到家里阅读分析，并经常与来家探望的从事国外马克思主义研究的学界名家讨论交流，其广博的视野、敏捷的思维和独到的见解，常常令一旁侧耳倾听的我汗颜不已。庄先生时常严肃而平静地对我说："再深奥的理论也不可能代替实践出真知，做到理论联系实际，就是要用好马克思主义哲学的武器，在调查研究中领悟世事练达皆学问的道理。"

遵照老师的教导，毕业到单位工作伊始，面对北京市马克思主义理论研究与传播基地"首都市民价值观调查"的研究任务，我沟通协调高校和研究机构多学科力量组成调研团队，并与市属多个区（县）建立了调查联系点，通过一年多地反复论证、实地考察、问卷调查、座谈访谈、数据分析与结果校验，出色地完成了主持项目，调研报告得到了时任北京市委书记等主要领导的肯定。随后经过多年的跟踪研究，课题组不仅构建了37万个样本的数据库和数据分析模型，而且申请立项了多个国家或省部级基金项目，成果得到多项省部级以上奖励，对策建议多次得到领导肯定并被有关部门采纳，一支以中青年学者为骨干的战斗团队由此形成并走向成熟。

2016年是农历丙申年，庄老师和袁师母相约相伴相携着在这一年离我们而去了。8年来他们的音容笑貌时时浮现在我的脑海，萦绕在我的梦境，是那么的清晰却又那么的遥远，既有无法触及的惆怅也有举首可现的惊喜。感谢上苍给了我在恩师关爱下12年的成长滋养！感恩先生高尚的灵魂和圣洁的人格给予我的精神洗礼！我想念庄先生，永远以先生的伟岸为灯塔，义无反顾地走下去……

刘宏元

▶ 对外经济贸易大学马克思主义学院副教授。
庄福龄教授博士研究生

师德化雨　润物无声

刘宏元

不知不觉间敬爱的庄老师离开我们已经7个年头了。2023年12月3日，在庄老师作为总主编之一的《马克思主义发展史》（十卷本）皇皇巨著出版之际，中国人民大学马克思主义学院和中国马克思主义哲学史学会联合举办"庄福龄与马克思主义哲学史学科的奠基、拓展和深化"学术研讨会，这让马克思主义理论学界和庄老师的同门弟子能够有机会聚在一起来追思和缅怀敬爱的庄老师，来回忆与庄老师交往的点点滴滴，来回顾和总结庄老师为马克思主义哲学史学科奠基、拓展和发展做出的杰出贡献。

作为马克思主义哲学家、理论家、教育家，作为马克思主义哲学史学科、马克思主义发展史学科的奠基人和开拓者，庄老师的道德学问和学术贡献，各位学界大家和老师们在学术研讨会上从多个方面进行了总结和评价。作为庄老师的弟子，庄老师在我的心中，其为人为学，高山仰止、景行行止。读庄老师的著作和文章，感受最深的就是其中所体现的马克思主义理论的广度和高度，关注现实问题的力度和深度，行文运思和语言表达的气度和大度。回顾庄老师教育教学一生，可以说心有大我、至诚报国，言为士则、行为世范、启智润心、因材施教、勤学笃行、求是创新，乐教爱生、甘于奉献、胸怀天下、以文化人的教育家精神，在庄老师身上得到最鲜活的体现。庄老师堪称是"经师"与"人师"结合的楷模，就是我们常说的真正的"大先生"。

现回想起来，与庄老师交往中的很多事、很多情形，还历历在目、记忆犹新，其点点滴滴都让我感动和铭记。

犹记得第一次见庄老师的情景。那是在2002年报考博士前一年的一个冬夜，我带着我的硕士导师武汉大学雍涛老师的推荐信登门拜访庄老师。庄老师在人大校园的家里特别亲切地接见了我。第一次面对面见到庄老师，庄老师身材高大，语言温和，十分儒雅。在认真读了雍老师的推荐信后，庄老师深情回忆了与雍涛老师于20世纪50年代在中国人民大学马克思主义理论研究班和编写《马克思主义哲学史》（八卷本）中交往的情形，并仔细询问了我当时的学习、工作和生活的基本情况，最后鼓励我认真备考。庄老师在交谈中特别和蔼可亲，让我一下子就消除了初次见面的紧张感。

犹记得庄老师通知我博士录取的情形。我是2003年报考庄老师博士的，春季考试时正赶上当年北京爆发非典疫情。刚刚在人大考试结束从北京回到工作单位，北京就实行交通封闭了，要是再迟几天就可能被困在北京了。由于当时工作比较忙，自己也感觉考试准备得不太充分，考博后的事我就没有太关注，也没有与庄老师联系过。大约五月的一天，突然意外接到庄老师的电话。庄老师说："刘宏元，你知道你博士被录取了吧！"我说："是吗？我还不知道呢！"庄老师笑着说："你很淡定啊！别的考生早就忙着询问录取结果了，但我发现你没有反应，于是我就直接给你打电话通知你了。"接着，庄老师让我早点做好单位工作的交接，做好读博的准备工作，特别交代有时间时多读一些马克思主义的经典著作。说实话，接到庄老师这个电话，既高兴，又意外，但更多是感动。当时就想，能跟着这样一位平易近人、关心爱护学生的导师读博真是太幸福、太幸运了!

犹记得入学后庄老师对我学业规划的殷殷叮咛。2003年9月入学后,庄老师很快把我们两个博士新生叫到家里,交代了博士学业的基本要求,并送给了我们好几本书。这些书有的是庄老师自己的著作,有的是其他学者的著作,庄老师叮嘱我们多读书,多读马克思主义经典著作,读完后要有所思、有所悟、有所得。后来,每次到庄老师家,庄老师总会问我们这段时间读了什么书没有,这让我们都有一点紧张,当然这也成为我读书的一种动力。

犹记得庄老师对我的学位论文写作的悉心指导和答辩的精心安排。学位论文是衡量博士生培养质量和学术水平的主要标志,庄老师高度重视我们博士学位论文的选题和撰写工作。经与庄老师多次讨论后,我的博士学位论文题目最后确定为《邓小平的社会主义观研究》。在讨论选题的过程中,庄老师既考虑专业研究方向,又结合学生已有的研究基础;既充分尊重学生的想法,又能够高屋建瓴给出指导意见。由于庄老师的悉心指导,我后面的论文开题和写作过程都十分顺利。博士论文的专家评审和答辩环节,庄老师更是安排的井井有条。评审专家和答辩专家都是马克思主义理论界的知名学者,这些专家治学严谨,对论文评审和答辩工作高度认真负责,对论文都给出了客观而中肯的评价,既肯定了论文的优点,又指出论文的薄弱环节,并给出了十分宝贵的修改完善意见。记得论文答辩完成后,庄老师还特别把我叫到家里,叮嘱我要把专家的修改建议认真吸收,努力把论文修改的更完善。现在自己也做研究生导师了,需要指导自己研究生的学业和撰写学位论文,这时更能深刻体会到庄老师对学生的深爱和付出。

毕业后,有时在节假日,我会和爱人或同学结伴去看望庄老师和师母。每次庄老师和师母都十分高兴,除了聊一些学术上的事以外,他们也特别询问和关心我们工作和生活上的事,暖心话语,滋润心田。

2016年秋,庄老师生病住院,梁老师和我们几个其他同门到医院去看他。在北医三院的病床上,由于病痛折磨,这时庄老师已显得十分瘦弱。在记忆力和意识已经不太清晰的情形下,他仍然说着一些学术上的事,闻之既令人心酸,更让人敬佩。

2020年,我与陈辉师弟曾一块儿相约去青龙山墓地祭拜庄老师和师母。秋高气爽,晴空万里,我和陈辉给庄老师和师母献上鲜花,并在墓前伫立良久。青山为伴,历史为证,这里长眠着一位杰出的马克思主义哲学家、理论家、教育家,这里长眠着一位真正的"大先生"。面对肃穆的墓地,当时心里特别感慨!师生缘分是人生中一种特别的缘分。人们常说,一个人一生中遇到好老师是人生最大的幸运。我一生中遇到了像庄老师、雍老师等这么多的好老师,这是何其的幸运啊!

永远铭记和怀念敬爱的庄老师和师母!也特别高兴因投学庄老师,而结识这么多优秀的老师和师门。

师德花雨,润物无声。投学师门,何其幸哉!

王金磊

▶ 中央民族大学马克思主义学院教授。
庄福龄教授博士研究生

风范长存,师恩永记

王金磊

我是2000年从广西师范大学硕士研究生毕业考入中国人民大学师从先生的,是先生新世纪指导的第一批博士生,一同入学的还有来自河南的汤清典和韩国的留学生李旻泰。

我的硕士导师潘宝卿教授,早年毕业于人民大学马列研究生班,是先生的学生,也是交往几十年的挚友。潘老师对先生的人品、学问十分敬重,积极建议并推荐我报考先生的博士研究生,先生就答应可以先见我一下。

1999年暑假,先生在人大林园的居所接见了我。记得那是早上八点,先生亲自给我开的门,先生身躯挺拔、鹤发童颜、精神矍铄,让我落座后,和蔼地询问了我的学习工作情况,鼓励我积极备考。当我说起正在看四卷本《马克思主义史》和八卷本《马克思主义哲学史》时,先生说太多了并向我展示了最新出版的《简明马克思主义史》,说看这个就可以了。谈话过程约半个小时,告辞出来后真是沐浴春风,先生是学术泰斗,却是那样的谦虚和蔼、平易近人,极大地增强了我备考的决心,于是马上去朝阳门的人民出版社读者服务部,购买了《简明马克思主义史》。后来的考试和面试果然一帆风顺。

2000年9月，入学的第三天，先生就亲自到培训楼六楼的博士生宿舍，给我们送来了他亲自拟定的博士培养方案和主编的《毛泽东哲学思想史》，并特别叮嘱我们，读博期间是难得有的大块读书时间，以后工作了，就很难有大块的读书时间了，一定要静下心、多读书、多思考、多动笔。

我大学专业是中文，而且是二年制专科，理论基础比较薄弱。虽说硕士期间比较努力，在潘老师的指导下有了较大的提高，但是来到人民大学后倍感压力。针对我们的具体情况，先生亲自设计课程，还亲自给我们讲授《毛泽东文集》第六、七、八卷。通常先生先给我们布置阅读篇目，上课时由我们先谈读后感，先生再给讲解，真是高屋建瓴、醍醐灌顶、收获满满，这也为我后来选择毛泽东哲学思想作为博士论文选题方向提供科学指引和坚实基础。只是当时条件限制，没有录音录像，甚为遗憾。

在先生的指引下，在集中精力阅读经典著作的同时，关注党的理论不断创新发展和社会主义实践的高歌猛进，学业上也有所进步。记得2001年秋中期考核时，当时想先生会出什么题目考察呢？在2001年"七一讲话"中，江泽民提出了马克思主义具有与时俱进的理论品质，当时是个理论热点问题，就又翻看了一下《简明马克思主义史》。果然，下午先生与马老师、梁老师一起对我们进行考核时，抽考的题目就是"为什么马克思主义具有与时俱进的理论品质"，回答的较为流畅，以至于讲得太细了，主持的梁老师打断了我，让概括一下，最后导师组给的成绩竟然是优秀，甚为意外。

在前三个学期认真阅读了《毛泽东选集》全四卷、《毛泽东文集》八卷和《建国以来毛泽东文稿》十三卷及各类毛泽东的专题文集和先生主编的三卷本《毛泽东哲学思想史》，在先生指导下确立了"毛泽东经济哲学思想"作为博士论文选题，并数次指点修改提纲后，论文写作比较顺利。

2003年春节前完成论文初稿送到林园先生家中，寒假后根据导师的意见进行认真修改并定稿。虽然2003年春突如其来遇到了非典，但是在先生的周到安排下,论文的评阅和答辩都很顺利。令我终生难忘的是答辩结束后的第三天(第二天是我的同学蒋旭东答辩,先生担任答辩委员会主席)早上八点,电话突然响起,电话里传来先生亲切的话语,让来家里一下。到家坐定后,先生开门见山地指出,论文答辩虽然通过了,但是研究不能停止,要趁热打铁,不能答辩了就万事大吉,扔到一边,荒废了;对于其他专家的意见与建议要批判地吸收,论文的总逻辑、总思路不能动摇;对于毛泽东哲学思想及中国特色社会主义理论中的哲学思想的研究,要坚持理论与实践相统一的原则,不能泛化、贴标签。

遵从先生的指导,毕业到中央民族大学工作后,继续深化毛泽东经济哲学思想的研究,部分研究成果先后在《思想理论教育导刊》《求索》《北京行政学院学报》等刊物发表,最终成果《毛泽东经济哲学思想导论》由湖南人民出版社在2006年夏出版,先生欣然作序。毕业后去看望时,先生总会把出版的学术著作赠送学习,《庄福龄自选集》、新版《毛泽东哲学思想史》《毛泽东思想概论》等,不仅当时认真学习了,现在每每遇到学术困难时,第一反应是翻看先生的著作,寻找灵感,看着凝结着智慧和心血的文字,先生的音容笑貌又浮现在眼前,先生的殷殷期望激励着我克服倦怠和懒惰,奋力向前。

中央民族大学离中国人民大学较近,每逢教师节、元旦与同门师兄师姐相约共同看望先生、与先生餐叙,聊学术、聊工作,其乐融融。后来先生与师母健康渐下,住院治疗时也陪护过两次,但病疴渐重,无力回天。尽管如此,先生以卓越的远见卓识和强烈的使命责任,在2013年提出并布局了《马克思主义发展史》十卷本的写作,学生有幸承担了第六卷(1921—1945)毛泽东思想两章和第九卷(1978—21世纪)的一章共近20万字的写作,并担任第六卷副主编协助郑吉伟主编重点审读中国部分稿子。这套巨著现在已正式出版,社会反映良好,算是对先生的告慰吧。

朱胜利

▶ 中国人民大学马克思主义学院办公室工作人员。

滴水映辉张典范,厚谊长存魂梦中

朱胜利

时光如梭、光阴似箭,我还时常回想起和敬爱的庄福龄教授同在中国人民大学马列所工作的短暂岁月,庄老师认真严谨、润己泽人的学风、真诚待人的大师风范,像那陈年老酒一样,时间越久远,酱香越醇厚,回味无穷。

1991年,从人大档案学院(现为信息资源管理学院)大专毕业的我调到马列所办公室担任教学秘书,领导安排我负责学院研究生的招生、培养、答辩工作。沈云锁书记亲自向我介绍马列所是1964年经周总理批准,教育部专门成立的研究马克思主义发展史的科研机构。所里专家荟萃,科研力量雄厚,特别提醒我:"马列所最重要的任务就是为国家培养高层次马克思主义理论人才,所领导几经研究才确定把这个工作交给你,马上招生工作即将开始,一定要认真负责,千万不能出现任何差错。"听完这话,我是既激动又紧张。

马列所的办公地点在资料楼(现为人文楼)七层,每周三下午是固定开全体会的时间。

只见一位个子高高的、瘦瘦的、身材挺拔的、头发灰白、穿着一件灰色横条纹T恤衫的、精神抖擞的老师走进会议室。我正好奇,旁边的吕小明副书记赶快相互介绍,这是我第一次见到庄老师。

询问几句后,庄老师特别高兴,"欢迎来到马列所,又增加一位热爱马克思主义的年轻人,我们的队伍更壮大了,要尽快胜任工作,咱们一起研究宣传马克思主义。"庄老师真诚朴素的几句话,说得我心潮澎湃,顿时让我内心充满了职业神圣感。

那会儿我刚结婚三四年,一家三口挤在东风楼2楼13平米左右的一间教工宿舍。儿子刚刚一岁多还不到进幼儿园的年龄,常常带着他上班,困了就在710房间沙发上歇会儿。

清楚地记得有一天下午,正好庄老师来面试,一推门看见孩子睡得正香,他就和另外几位老师搬了几个方凳坐在旁边,还提醒老师们说话小点声,最后索性面试改成了笔试。

因为我负责学院的研究生招生工作,每到招生时都要去庄老师家里取回考题。临走时庄老师和夫人袁老师都要拉住我,拿出几包小零食,并嘱咐我:"今天来我这取考题,一定耽误你去幼儿园了,这是爷爷奶奶给孩子的补偿,和妈妈一起加班,真是个好孩子。小朱,一定注意孩子要从小把字写好,当初让我上台讲课时,板书不好看,主动提出到马列所来做学术研究。"

直到后来我去世纪城时雨园庄老师家中送材料时,依然有小食品拿出,我连说感谢您还记得他,只是当年的小朋友现在已是大学生啦,字写的也不错,还参加了篆刻比赛。

在别人眼里庄老师是高山仰止、德高望重的学界大师,在我眼里您就是一位谈笑风生、热情慈祥的长者。

由于您的学术威望高,经常出去参加学术会议、评审,安排用车的事就由我负责。庄老师每次打电话都是非常谦逊有礼、从不啰唆。车队师傅经常跟我说,庄老师对我们特别尊敬、理解,司机本可以到楼下接的,您坚决不让,每次都是提前站到时雨园北门等候。有时因路上堵车晚到,您也从不着急催促,还安慰司机安全第一。

庄老师不仅自己做学问,还与所领导一起带大家搞研究。从1994年开始,汇集全所力量编写《马克思主义史》(四卷本),该书荣获1997年中宣部"五个一工程"奖。我一个大专生能参与学术巨著的编写、名字能出现在后记中,真是莫大的荣幸和鼓励。让我明白除了做好行政管理工作以外,还要术业有专攻,不断提高理论水平,努力挖掘自己的专业爱好,我为自己立下目标:从2005年1月1日开始写日记。直到现在,仍在继续。

退休后,我陆续在报刊上发表一些小短文,之所以有一点小成绩,离不开庄老师的谆谆教诲和悉心指导。目睹了您是如何培养研究生做人、科研的全过程,所有这些,都是您潜移默化的结果。

1993年,现为北京大学哲学系的聂锦芳教授考入马列所,跟随庄老师攻读博士研究生。时隔25年,我又和聂老师的博士生王莅共为同事,真是既高兴又欣慰。亲眼见证了马克思主义学院马克思主义哲学学科的薪火相传,发展壮大。

庄老师始终坚定的马克思主义信仰、一丝不苟的严谨学风、刻苦钻研的认真精神,时刻激励着我,继续写更多、更好的故事。

刘召峰

▶ 浙江大学马克思主义学院教授、副院长。
庄福龄教授博士研究生

牢记恩师谆谆教诲，传承庄门优良学风

刘召峰

2007年，我考入中国人民大学马克思主义学院师从庄先生攻读博士学位。读书三年期间，先生在做人上给予我的谆谆教诲、在学业上给予我的悉心指导，使我受益终生。先生仙逝后，我脑海中时常浮现他老人家当年指导我进行学术研究的情景，也不时地问自己：我怎样做，才算对得起先生的培养，才能回报师恩？目前，我对自己的上述追问的回答是：先生"育"我，不求我的回报；我沉下心来，钻研马克思主义基础理论，写出精品佳作，尽心教书育人，传承庄门优良学风，就是对先生的回报了。

一

现在，我依然清晰地记得，先生给我们上课时针对同学们读书的涉猎面过于狭隘而发表的如下见解：只有在"全面"阅读的基础上才谈得上抓"重点"，否则，就不是抓"重点"，而是抓"孤立的点"。先生此论，针对时弊，一语中的，发人深省。

牢记恩师教诲，我需要开阔学术视野，避免"就事论事"。我本科是在曲阜师范大学读的，学的是历史学，对马克思的唯物史观、中国共产党的指导思想发展史特别感兴趣，读了一些书、初步思考了一些学术问题；硕士研究生是在中国社会科学院研究生院读的，师从哲学研究所的魏小萍研究员，学的是马克思主义哲学专业，特别想搞清楚马克思的哲学变革与经济学研究的内在联系问题；在中国人民大学跟随庄先生攻读马克思主义哲学专业的博士期间，我主要研读的经典文本是《资本论》，并将"马克思的拜物教批判理论"作为自己的博士学位论文选题；博士毕业后，我进入中国社会科学院马克思主义研究院，在程恩富教授的指导下做博士后，主要研究的是马克思主义基本原理的整体性问题；博士后出站，我来到浙江大学工作，进行《资本论》基础理论问题研究、拜物教批判理论研究、社会形态理论研究，讲授《中国近现代史纲要》《马克思主义基本原理》《马克思主义经典著作选读》《〈资本论〉选读》等本科生课程和《马列经典著作选读》《马克思主义基本原理前沿问题研究》《中国马克思主义与当代》等研究生课程。从历史学到马克思主义哲学、《资本论》基础理论、马克思主义基本原理，我的学术视野逐步开阔了；从主讲一两门课程，到每学年通讲六门课、参与讲授六门课，我的知识水平和教学能力也有所提高。此时，可以告慰先生的是：无论是做学术研究，还是教书育人，我都不再是"就事论事"、抓"孤立的点"，而是"全面"得多了。

先生在马克思主义史、马克思主义哲学史、马克思主义哲学的中国传播史、马克思主义中国化等研究领域，都有自己的卓越建树。我常常以先生为榜样，引导自己的学生，突破二级学科的边界，在更为宽广的视野中来审视学术问题、写作学术论文。学生们虽然有点畏难情绪，但还是去认真读书、思考，以弥补自己在马克思主义哲学、政治经济学、中共党史、社会主义发展史等方面的不足。为国家培养从事马克思主义研究的"通才",是我今后的努力方向。

二

2007年,先生专门撰文谈"尊重历史"之于马克思主义哲学史研究的重要性,他说:"马克思主义哲学史这一学科最重要的历史经验就是尊重历史,尊重马克思主义哲学近一百六十年来形成、发展和创新的历史。"[①]对于先生的这一论断,我的学习体会是:尊重历史,就要认真研读既有研究文献,不能"自言自语";就要认真梳理相关学术争论及其发生缘由,不能"一抄了事";就要回应历史上的争论,不能"装聋作哑"。

牢记恩师教诲,我近些年来认真梳理研究史、分析研究分歧、回应学术争论,完成论文十余篇。我梳理了关于马克思拜物教批判理论的相关争论,发表《Fetischismus及相关词在马克思著作中的话语变迁》《物象化、物化与马克思的拜物教批判》《马克思拜物教批判的三重指向与历史性自觉》《透视资本世界的假象:马克思拜物教批判的当代价值》《商品世界的物化现实、社会认知与行为逻辑——对马克思与若干后世研究者的拜物教批判的比较》等论文[②],回应学术界的相关争论;认真梳理马克思社会

---

① 庄福龄:《尊重历史:深化马克思主义哲学史研究的一个基本原则》,《河北学刊》2007年第4期。
② 参见刘召峰:《Fetischismus及相关词在马克思著作中的话语变迁》,《现代哲学》2017年第1期;《物象化、物化与马克思的拜物教批判》,《浙江大学学报》(人文社会科学版)2018年第1期;《马克思拜物教批判的三重指向与历史性自觉》,《马克思主义研究》2019年第4期;《透视资本世界的假象:马克思拜物教批判的当代价值》,《新视野》2022年第6期;《商品世界的物化现实、社会认知与行为逻辑——对马克思与若干后世研究者的拜物教批判的比较分析》,《浙江大学学报》(人文社会科学版)2023年第10期。

形态理论在中国的百余年传播和研究史，评析了学术界在社会形态、经济的社会形态和社会形式等核心概念理解上的分歧，回应了学者们关于马克思社会形态理论的争论（特别是"五形态说"与"三形态说"）[①]；我认真梳理了学术界关于《资本论》的哲学意蕴、孙冶方价值理论、《资本论》开篇商品的性质、资本本性等问题的争论，撰文参与了相关讨论[②]。希望我的上述研究成果，没有辱没恩师的威名。

导师示范如何梳理研究史、剖析研究分歧、回应学术争论，并让学生选择一个研究课题从而亲身经历、体验这些研究过程，是提升研究生学术研究能力的重要途径。我把自己写作、发表一篇学术论文的通常过程告诉自己的研究生：搜集、梳理既有研究文献、写出研究综述（不一定以发表为目的），把别人的学术分歧内化为自己的思想斗争、找寻既有研究的缺陷，形成并论证自己的学术观点（写出论文初稿）、对论文进行修改、补充、定稿、投稿、再修改、发表。依次经历上述阶段，才算做到了庄先生说的"尊重历史"，也才能写出精品力作。学生有时也诉苦："老师，我的某某同学很快写好了一篇论文，也没有剖析、回应学术争论，跟导师一块儿署名还发表了呢。"此时，我会说："一篇'自言自语'的文章，没啥学术价值；庄门有优良学风，你们要传承下去。"

[①] 参见刘召峰：《马克思社会形态理论在中国：百余年传播和研究史的回顾与反思》，《浙江工商大学学报》2023年第2期；《社会形态、经济的社会形态、社会形式——马克思社会形态理论的核心概念考辨》，《浙江大学学报》（人文社会科学版）2020年第4期；《马克思社会形态理论：逻辑探究与争论评析》，《教学与研究》2022年第5期。

[②] 参见刘召峰：《〈资本论〉的哲学意蕴——从哲学与经济学类比的视角看》，《教学与研究》2019年第4期；《孙冶方的价值理论：一个批判性剖析》，《当代经济研究》2021年第2期；《关于〈资本论〉开篇商品性质的争论：一个批判性评述》，《厦门大学学报》（哲学社会科学版）2023年第4期；《当代中国关于资本本性的争论剖析——基于物质要素与社会形式区分的视角》，《马克思主义研究》2023年第11期。

三

在先生的指导下，我2010年完成博士学位论文《马克思的拜物教批判理论及其学术价值》并顺利通过答辩。毕业后，先生依然关心着我的"《资本论》哲学思想研究"。2014年11月27日，中国人民大学庆祝马列主义发展史研究所成立50周年，我在世纪馆又见到了先生。那时他老人家身体还很硬朗，大会讲话时声音洪亮、思路清晰。会议间隙，先生特意叮嘱我："《资本论》哲学思想研究，很有意义，你要继续做下去。"

遵听恩师的教诲，十年来我不曾放松对《资本论》（特别是其中的拜物教批判理论）的研究，取得了一系列研究成果。目前，我已完成书稿《马克思拜物教批判理论及其当代价值研究》，跟出版社签订了出版合同，书稿已完成两轮审校，将于近期出版。我将在这本专著的扉页写上：谨以此书纪念恩师庄福龄先生！

在我的引导下，我指导的研究生多数选择了跟《资本论》相关的研究课题作为他们学位论文的主题。目前，已有两名博士生顺利毕业到教育部直属高校从事马克思主义理论研究与教育工作，还有十余名硕博研究生已踏上《资本论》研究的征途。此时，我可以告慰恩师：先生关心的《资本论》研究，后继有人了！

高惠芳

▶ 北京联合大学马克思主义学院教授。
庄福龄教授博士研究生

师恩如海 永铭于心
——忆我的恩师庄福龄先生

高惠芳

初秋，是兰州这座处于中国大陆陆域版图几何中心的省会城市最美的季节。就在2006年那个最美的季节，中国马克思主义哲学史学会年会在兰州大学召开，来自全国各地的70多名专家学者参加了会议。时任会长的是我的恩师庄福龄先生，他当时做了《论马克思主义发展观及其在新世纪的理论升华》的主题报告。

专门提到这次年会，是因为它对我的人生轨迹产生了重大影响。当时我是一名在兰州大学哲学社会学院攻读马克思主义哲学专业硕士学位的二年级学生，还有一个身份就是参加了多年工作的一线警察。可能正是这个原因，当年承办那次年会的哲学社会学院的院长，也是我的硕导连珩教授安排我协助办公室的老师全程负责会议的接待工作，因此我得以全程旁听了为期两天的学术研讨会，也全程陪同专家学者们进行了在甘肃的实地考察。当时，与会专家学者们的精彩发言让我对仅学习了一年的马哲专业产生了浓厚的兴趣，而精神矍铄的庄先生和慈祥和蔼的袁先生相扶相携的身影也深深地镌刻在了我的脑海里。

年会结束后，一切都回到了原有的轨迹，似乎没有什么不同，但每每想起这次年会和年会上见到的可敬可爱的人，尤其是我的恩师庄先生，心中总有一份不甘和一丝冲动，抱着试一试的心态我报考了庄先生的博士。复习过程是艰辛的，但有目标就是坚定而温暖的，通过两年的努力，我终于如愿以偿成为了庄先生的弟子，而且是关门弟子。在这里，那次年会期间的一个小插曲就不得不提了。在会议茶歇期间，杨奎师兄说："你考博士吗，要考的话报考庄老师吧，或许会成为关门弟子呢。"当时我只是当作一句玩笑话，因为觉得自己这个保守的人，不大会放弃一份稳定工作去考博，但多年后，杨奎师兄一句不经意的话竟真的成为了现实，让我不得不心生感慨。总之，求教于人大，始于缘分，更知感恩吧。

师恩难忘。读博期间，庄老师由于身体原因，一般不再来学校上课，但他给我一个特权可以随时登门求教。于是，三年中，我可能成了经常出现在庄老师家中的学生之一，在恩师家中也碰到过很多看望先生的师兄师姐，而在校内，先生也嘱咐我有问题可以随时求教于梁树发师兄，有需要可以找侯衍社师兄，爱徒之心溢于言表。尤其在博士论文的撰写期间，先生更是要我随时汇报进度，见面经常会约在下午三点，每每怕影响先生休息，我都会有意晚到一会儿。每次家里保姆阿姨开门后，第一句话就是："庄老师说了你要过来，已经在等着了"，随后庄老师就会一边回应，一边走出卧室招呼我去书房，师母袁老师精神的时候还会端着一盘洗好的水果过来，问一问我在学校的学习生活情况，每次非要看着我吃一些水果才放心。有一次，时间晚了，袁老师执意留我吃了晚饭再走，那顿晚饭是袁老师亲手下的饺子，至今想起都会特别想念。有时候，庄老师还会说起他们年轻时候的过往，我的师兄师姐的情况，袁老师总会不时的插话更正，袁老师的思维敏捷、幽默健谈，让我每次在先生家里，感觉都是愉快和放松的。气氛的放松，并不影响先生治学的严谨，每次见面，先生便把问题梳理得很清楚，记得那时先生说得最多的一句话，便是"论从史出、以史立论"，概凡理论都要从历史、史实说起，我想这就是一个马克思主义哲学家、马克思主义哲学史学家最基本也是最为珍贵的治学理念了。我受用于这句话，在以后的教学生涯中也秉承这句话来教导我的研究生们，以此作为对恩师的纪念。

论文答辩前，由于一次不慎摔倒，先生身体每况愈下，但他还是坚持给我指导论文。先生的声音没有以前洪亮了，有时候常常一个问题反复地讲，好多次还会说着说着再回到前面一个问题上去。当时我一直以为是因为先生的身体健康影响到了思维。直到从事教学和研究多年后才理解，先生当时是努力尝试从问题的多方面去联系，尝试将问题立足于更广阔的视角，尽管这些视角不能够完美地表现出形式上的统一性，但有一点可以肯定，那就是先生在这样的反复中，想让我对问题的理解能更加深刻，能从问题各方面的联系中去把握对问题的总体性认识。我清楚地记得，每次谈话的最后，先生都会留给我一些问题，需要我一点点去厘清并加以阐发。我清楚地记得，每次谈话的最后，先生都会嘱咐我要多找梁老师请教，所以三年读博期间，梁树发教授亦如恩师般给予我悉心的教导。

毕业时，先生更是挂念着我的工作问题，当时的我对于将要从事的职业是迷茫的，先生主动联系我的师兄师姐希望能给我更多的指导，而我也在大家的关心和鼓励下，成为了一名高校教师。工作后，每次去见先生，先生问得最多的，便是我的教学和研究两方面的事情。先生从来都是给我更多的鼓励，说我转行不易，要有信心，路要一步一步走，不能急躁，书要反复读，读得遍数多了，理解得自然更加深刻；文章要一点一点写，更要注重修改，修改一遍也是重新理解问题的过程，正如在课堂讲授一样，每讲一次要有更多的收获，边读、边学、边看、边想。这是先生用最朴实的语言留给我的最朴实的学习方法，让我受益匪浅。

最后一次见先生是在北医三院，等我和我爱人赶到医院的时候，师兄侯衍社老师已经在门口等着我们了。侯老师领我们进入病房，看到老师躺在病床上羸弱的身躯，万般滋味涌上心头，希望奇迹出现，但奇迹终究没有发生。不觉间，先生离开我们已经整整七载，岁月荏苒，先生教导须臾不敢忘怀，今天的一切收获虽不及各位优秀的师兄师姐分毫，但我一直在努力，也将会一直努力下去，因为这是我的恩师庄先生所希望的。师恩难忘，唯以此报答！

别林斯基说过，一切真正的和伟大的，都是纯朴而谦逊的。我的恩师庄福龄先生就是这样一位纯朴而谦逊的人，我将永远怀念先生！

编后记

　　庄福龄（1929—2016），江苏镇江人。1947年进入国立上海商学院学习，1951年起担任上海财经学院教师。1953年至1955年在中国人民大学马列主义研究班学习，毕业后留校任教。1964年参与筹建中国人民大学马列主义发展史研究所，先后任该所马克思主义哲学史研究室副主任和主任。庄福龄是中国人民大学荣誉一级教授、中国马克思主义哲学史学科的开拓者之一，参与策划、主编的《马克思主义哲学史》（八卷本）是该学科具有奠基性意义的巨著；《马克思主义史》（四卷本）、《毛泽东哲学思想史》（三卷本）、《简明马克思主义史》《中国马克思主义哲学传播史》《毛泽东思想概论》《马克思主义哲学史辞典》《马克思主义哲学史教学资料选编》（三卷本）和《庄福龄自选集》等，在学术界均有重要影响；还是在学界引起极大反响的新近出版的《马克思主义发展史》（十卷本）的筹划者和首席总主编。他是中国马克思主义哲学史学会的创立者之一，担任该学会会长长达28年（第一至六届，1979—2007年），为中国马克思主义哲学史学科的建设和发展作出了杰出贡献。

　　2024年是庄福龄先生诞辰95周年。2023年12月3日，中国人民大学马克思主义学院、中国马克思主义哲学史学会联合举办了"庄福龄与马克思主义哲学史学科的奠基、拓展和深化"学术研讨会。与会专家学者围绕会议主题，共话马克思主义哲学史学科的发展，追忆庄福龄先生为学科建设作出的杰出贡献。在会上，时任中国人民大学党委副书记的齐鹏飞教授提议编辑、出版一部纪念文集。遵照这一指示，会后我们发出了征稿通知。陆续收到庄先生朋友、同事、学生和亲属撰写的文章，大家认真总结和高度评价了庄先生在马克思主义研究领域重要的学术成就，深情回顾了与他交往的漫长历程和感人细节。据此，我们将其汇编成此书，分"学术贡献""缅怀回忆"两辑，收文34篇，借以表达对庄先生的缅怀和纪念。本书征稿、编辑的具体事宜由聂锦芳承担，梁树发确定了篇目顺序并审阅了书稿内容。

在此，我们谨向提议编辑此书的齐鹏飞教授和给予大力支持的中国人民大学马克思主义学院的郗戈院长、陶文昭副院长，向慨然接受本书的中央编译出版社张远航副总编、李媛媛编审，向庄先生的亲属庄志东、庄志强，向撰写纪念文章的各位前辈、庄先生的朋友、同事、学生，向参与书稿资料收集、编辑的王苤、安昊楠、刘召峰、郭弄舟等，表达衷心的感谢！

梁树发　聂锦芳

2024年11月于北京